陳涌泉

诗人剧作家陈涌泉
艺苑栋梁材
辩证地解决传统道德的内在矛盾
探隐发微写人性
思如泉涌
一座沟通古典与现代的桥梁

河南省艺术名家推介工程丛书

杨丽萍 主编

陈涌泉——文如泉涌

张炜 编

中原出版传媒集团
大地传媒
大象出版社
·郑州·

图书在版编目(CIP)数据

陈涌泉——文如泉涌/杨丽萍主编;张炜编. —郑州:大象出版社,2015.11

(河南省艺术名家推介工程丛书)

ISBN 978-7-5347-8617-4

Ⅰ.①陈… Ⅱ.①杨… ②张… Ⅲ.①陈涌泉—传记 Ⅳ.①K825.78

中国版本图书馆CIP数据核字(2015)第254222号

河南省艺术名家推介工程丛书

陈涌泉——文如泉涌

杨丽萍 主编

张 炜 编

出 版 人 王刘纯

责任编辑 李建平

责任校对 裴红燕

装帧设计 魏 珂 王 伟 韩 雪

出版发行 大象出版社(郑州市开元路16号 邮政编码450044)

发行科 0371-63863551 总编室 0371-63863572

网 址 www.daxiang.cn

印 刷 河南省瑞光印务股份有限公司

经 销 各地新华书店经销

开 本 787×1092 1/16

印 张 18

字 数 275千字

版 次 2015年11月第1版 2015年11月第1次印刷

定 价 48.00元

若发现印、装质量问题,影响阅读,请与承印厂联系调换。

印厂地址 郑州市二环支路35号

邮政编码 450012 电话 0371-63956290

编委会

陈涌泉，字思如，一级编剧，当代著名剧作家，享受国务院特殊津贴专家，“新世纪百千万人才工程”国家级人选，河南省优秀专家，中共河南省委宣传部“四个一批”人才，河南省学术技术带头人，河南省文化先锋，河南省自主创新十大杰出青年。现任中国戏剧家协会理事、中国戏剧文学学会副会长、河南省戏剧家协会副主席兼秘书长、河南师范大学兼职教授。

多年以来致力于传统戏曲现代化、民族戏曲世界化、戏剧观众青年化、戏剧生态平衡化。其作品多次实现中原戏剧历史性突破，在国内外产生重大影响，演遍内地和港澳台地区，并在意大利、法国、美国等国家成功演出，登上百老汇舞台，在世界舞台上展示了中华民族戏曲艺术的魅力。

主要戏剧作品有《程婴救孤》、《风雨故园》(《朱安女士》)、《阿Q与孔乙己》、《婚姻大事》、《黄河十八弯》、《李香君》、《两狼山上》、《王屋山的女人》、《天职》、《陈蕃》等，主要影视作品有《程婴救孤》《咱们村的年轻人》《阿Q与孔乙己》《天职》等。作品曾囊括中国戏剧界和电影界最高奖：曹禺戏剧文学奖、国家文华大奖、文华剧作奖、国家舞台艺术精品工程十大精品剧目、中宣部“五个一工程”优秀作品奖、中国戏曲学会奖、中国艺术节观众最喜爱剧目奖、中国人口文化奖金奖、最佳编剧奖、全国少数民族文艺汇演最佳编剧奖、全国戏剧文化大奖、编剧金奖、中国戏剧文学奖金奖、中国电影华表奖、中国电影金鸡奖提名奖、美国洛杉矶国际家庭电影节最佳外语音乐片奖等，另累计30多次荣获河南省文学艺术优秀成果奖、河南省“五个一工程”奖、黄河戏剧大奖、河南省戏剧大赛金奖等省级奖。有多部剧本入选大学语文教材和《国家舞台艺术优秀剧目集》。

陈洞泉

总序

造就名家大师
促进文化繁荣

营造有利于高素质人才大量涌现、健康成长的良好环境，造就一批名师大家和民族文化代表人物，引领文化事业繁荣发展，是推动文化建设的重要基础和条件。

“河南省艺术名家推介工程”自2011年启动，旨在通过推介河南各艺术门类的领军人物，总结传播他们的艺术成就，激励文化艺术工作者百尺竿头再上层楼，引领河南文化艺术人才队伍健康成长，“河南省艺术名家推介工程丛书”的出版，就是对河南省艺术界各领域领军人物艺术成就的一次系统总结和展示。

一个时代的文明高度，往往是那个时代的领军人物所代表的。在文艺领域，可以说一个时代的文化名家的成就，代表着这个时代这个领域的最高水准。因此，总结艺术名家的艺术经验，推广艺术名家的艺术成就，彰显艺术名家的职业精神，是非常必要的。当然，在艺术领域里，这些艺术名家尚有更远的路要走，也希冀更多的人超越他们。而这些，正是我们所盼望的。

是为序。

2013年6月27日

序一

季国平

新世纪以来，河南出人出戏，领跑在全国戏剧界的前列，这是与该省剧作家群体的崛起，导演、演员等主创人员的强大实力分不开的。作为综合艺术的戏曲创作，首先需要有扎实的剧本，否则很难有二度创作和出神入化的舞台呈现。显然，戏曲编剧对于一个戏曲剧目的成功起着基础性甚至决定性作用。“河南省艺术名家推介工程”重视对以陈涌泉等为代表的优秀剧作家的推介，不仅在全国引人注目，充分表明河南各界对剧作家、对一剧之本的高度重视，而且是对陈涌泉多年来创作成就的充分肯定。

陈涌泉是中原剧作家群中一位富有实力、颇具影响的少壮派剧作家，他的作品的影响力并不局限在中原，已经辐射到了国内外。从他的成名作《阿Q与孔乙己》，到在国内外产生重大影响的《程婴救孤》，再到荣获曹禺剧本奖的《朱安女士》，他的作品成为戏剧界关注的焦点，深受业界好评和广大观众的喜爱。涌泉喜欢有挑战性的创作，尤其是赢得我们关注的三个作品，都是与经典、与名人相关联，没有相当的才华和胆识是不行的。27岁时他写《阿Q与孔乙己》，写《程婴救孤》时的年龄也就30来岁，正是“初生牛犊不畏虎”的时候，他是有这个才识和胆略的。可贵的是，他挑战经典剧目，大胆写作名家，是抱着敬畏之心，而不是简单地颠覆和盲目地挑战。这又说明这个年轻人有胆量、有勇气，更有头脑、有智慧。

特别是涌泉创作的《程婴救孤》，激活经典，推陈出新，已经成为新世纪以来河南在全国戏剧界影响最大的作品。应该说，河南戏剧在新世纪的崛起正是从该剧开始的。今天我们再次认识《程婴救孤》的价值，不只是该剧目本身的意义，而是这一剧目当年在全国产生的影响，以及新世纪以来对河南戏剧界的激励、引领作用，对河南新世纪戏剧繁荣发展的推动作用，而且对全国戏剧创作也具有很强的示范作用。我曾经较为系统地研究过"赵氏孤儿"这一题材在新世纪以来的创作情况，可以说没有任何一个题材的热度超越"赵氏孤儿"，并且有话剧、戏曲、歌剧等多种舞台形式，还是影视界的一大热门。但是，经过十余年的"大浪淘沙"，目前仍然久演不衰，并在国内外产生重大影响的却只有豫剧《程婴救孤》。豫剧《程婴救孤》的成功，作为编剧的陈涌泉要记首功。豫剧《程婴救孤》作为一个重要的艺术现象，是一个非常值得我们深入探讨的话题，其成功的经验更是值得当下创作者借鉴。

陈涌泉是一位有着高度的文化自信和文化自觉的剧作家。他的作品高扬民族的精神火炬，重视对人的精神世界的深度开掘和人性真善美的大力弘扬，重视对戏曲艺术的本质把握和"返本开新"的当代创造，打通与外面世界交流传播的审美平台。《程婴救孤》先后赴港澳台地区和欧美多个国家访演，并唱响了美国百老汇；《阿Q与孔乙己》《王屋山的女人》在台湾交流演出，反响也很强烈。他的经验告诉我们，面对各种文化的挑战，我们既要立足深厚的中华文化传统，又要敞开拥抱世界的宽阔胸怀，树立起高度的文化自信和文化自觉，把握好传承与创新的辩证关系，把我们最好的、最有价值的、最具风格特点和时代精神的艺术作品展示给世界。

陈涌泉不仅是一位成果丰硕的剧作家，还是一位勤政务实的戏剧管理者，有着出色的管理和组织才能。他担任河南省戏剧家协会副主席兼秘书长以来，立足河南，面向全国，推动河南戏剧事业不断迈上新的台阶。在他的谋划运筹下，完善了黄河戏剧奖的奖项设置，实现与中国戏剧奖各奖项的衔接，特别是新设立的黄河戏剧奖戏剧文学奖、理论评论奖、终身成就奖、新人创作奖等奖项，不仅使一大批颇具成就的幕后主创人员走到了台前，给他们应有的地位和尊重，也带动了一批年轻的主创人员茁壮成长，为他们施展才华、追求进步提供广阔的平台，为戏剧艺术的发展注入了新生力量，改善了河南戏剧创作局面。正如他自己所说的那样：如果我埋头创作，也许可以成长为一棵大树，名利双收，但我给了自己一个更大的使命——为河南戏曲发展营造一片森林。正是有了这样的责任意识、担当精神，他才无怨无悔地肩负起更大的职责。2011 年，中国剧协与上海戏剧学院联合主办了全国青年剧作家高级研修班，陈涌泉担任青年剧作家研修班的班长。他以自己的人格魅力和组织才华，把来自全国的青年剧作家们紧密凝聚在一起，抱团取暖，加强交流合作，实现共同发展。涌泉每年都要代表青年剧作家研修班向其他研修班通报同学们的创作成果，堪称当代青年剧作家的领军人物。

作为一位“双肩担”的剧作家和戏剧管理者，涌泉付出了超出常人的努力和辛劳。作为河南省戏剧家协会的负责人，他在做好方方面面工作的同时，去搞创作，只能是“5+2”“白加黑”。他的作品众多，囊括了国家一系列戏剧大奖，有的作品还入选了大学语文教材。面对诸多成功的光环，涌泉始终把自己定位为一个靠书写去表达情感的剧作家，一个靠艺术去为人民服务的文艺工作者，一个靠劳动而自食其力的普通人。不管工作多么繁忙，他始终没有停止戏剧创作，近年来的作品《两狼山上》《天职》《王屋山的女人》《陈蕃》《都市阳光》等，都是他在工作之余“挤”出来的。他没有沉溺于各种世俗的应酬，更没有停留在已经取得的成就上自我欣赏，而是坚持不懈地在戏剧王国里探索耕耘。正是由于比别人付出了更多的辛勤汗水，他才能成为当代中国实力派的剧作家和卓有成就的戏剧管理者。

我要祝福涌泉，我更期待涌泉多出佳作，再创辉煌！

（作者系中国戏剧家协会分党组书记、驻会副主席，兼任国际戏剧协会副主席，著名戏剧理论家）

序二

罗怀臻

我跟涌泉相识已经20年了，可以说，从涌泉初踏戏剧创作之路开始，我就有缘与他相识，并一直见证着他成长的经历，同时也见证了河南戏剧从一般走向卓越这样一个过程。参加“河南省艺术名家推介工程”举办的陈涌泉艺术创作研讨会，我真是感触良多，既为涌泉近些年取得的成就感到骄傲，同时更为河南省文化厅领导的气魄和胸怀而由衷感动。

近年来，河南努力推进舞台艺术的繁荣发展，不仅精品迭出，而且推出了一批在全国有影响力的各艺术领域的领军人物。由河南省文化厅主办的“河南省艺术名家推介工程”，是打造“中原戏剧家群”这一品牌的重要举措，也是繁荣河南文艺事业的重要内容，在全国具有带动作用和示范性意义。河南省文化厅领导不仅大力推介其下属的省直院团的艺术家，而且从涌泉开始，已将人员扩展到其他系统，我相信，接下来还会扩展到全省其他地市，这将对河南的所有艺术工作者都是一种鞭策和激励。

在推介的名家中，表演艺术家占据了相当的分量和比例，同时又将编剧、导演、作曲等也纳入推介范围，说明省厅领导对各类舞台艺术创作人员的重视，这也许就是河南戏剧能够在近些年取得突破性成就、引起全国关注的深刻原因。在河南戏剧界涌现出的具有全国影响的剧作家中，涌泉算得上是比较年轻的一位，也是令人钦佩的一位。我之所以钦佩，是因为他走进河南戏剧编剧队伍是在20世纪90年代戏剧发展相对萧条的时期，从河南师范大学毕业的他本可以有更好的选择，但是他最终还是毅然走进了这个相对冷门、不大引起别人关注的行业。如果没有对戏剧事业的挚爱，一般人难以做出这样的抉择，更难以在不长的时间内就取得令人羡慕的成就。20年来，涌泉先后创作了《阿Q与孔乙己》《程婴救孤》《风雨故园》《王屋山的女人》《天职》《丹水情深》《两狼山上》等一批在全国产生重要影响的作品，从河南电视台《梨园春》栏目为其打造的专场晚会上可见，他是凭借自己的实力和成就为自己赢得了今天的地位。

陈涌泉是中原剧作家群中的杰出代表，他的影响早已超出了河南，辐射全国，成为全国青年剧作家的领军人物。我认为，他的创作成就及在当代剧作家队伍中的地位应该放在三个维度来进行考量：

第一个纬度，就是从中原剧作家群来考量。进入新时期尤其新世纪以来，河南戏剧蓬勃发展，在全国各类艺术赛事和评奖活动中屡获殊荣，以其一系列丰厚而耀眼的作品吸引了全国戏剧界关注的目光。伴随着河南戏剧的强劲发展和铿锵崛起，一大批诞生和成长在中原大地上的剧作家，也以他们富有特色的卓越创作，产生了超越地域范围的巨大影响，其标志之一就是在全国具有较高权威的艺术赛事和戏剧文学评奖中屡获大奖。尤其是在全国戏剧剧本创作整体薄弱的当下，中原剧作家群却相对呈现出良好的创作态势，成为河南戏剧创作全面繁荣的一个重要标志和非常耀眼的亮点。

在这个具有全国知名度的中原剧作家群当中，我们可以列出一长串的名字，如孟华、金成、齐飞、贾璐、涌泉、杨林、明山、韩枫、长松，等等，这些人很多在戏剧界已经是耳熟能详的人物。在这个风格多样的创作群体中，年轻的涌泉可以说是一个承上启下的中坚力量。在我个人看来，他在中原剧作家群中的主要作用和最大特征，就是他的先锋性。从他早期作品《阿Q与孔乙己》开始，就鲜明地显示出这一特点。

在一个剧作家的成长历程中，总有一部对他来说特别重要的开启性作品。1995年，陈涌泉根据鲁迅文学作品中的两个极有特色的文学形象，创作了剧本《阿Q与孔乙己》。当时在省内有一定争议，王正卿团长一时无法作出判断，便想到找全国专家进行鉴定，于是就坐了16小时的火车去上海见我，征求我的意见。说实话，当时看完之后，我真的非常高兴，向王团长表达了我的看法。但王团长说，你说好没用，还得想办法跟我们主管领导说通，这样团里才能决定投入排练。我就给当时的文化厅厅长王传真、副厅长芦苇写信，详细阐明了我的看法，说明这个戏的与众不同之处及其优长。后来，这个剧本很快就投入排演了，而且事实也证明，这个戏的确产生了良好的社会反响。所以，我觉得这个"破冰"是最重要的，一个青年剧作家，如果他的第一脚踢开了，对树立今后的职业自信心是很重要的，涌泉的第一脚踢得还是比较漂亮的。

和其他河南剧作家相比，涌泉有着特别强烈和自觉的现代文学意识。这一点，我想可能与涌泉接受的教育有关，与他文学青年的身份有关。戏曲本是文化底蕴非常丰厚的文学样式，过去我们的文学史上，曾涌现出很多成就卓著的剧作家和流传久远的经典之作。但是，很长一段时间以来，由于过度强调戏曲的通俗性、现实性，使得近现代中国地方戏曲的文学性渐渐淡化了，学术界对近现代文化语境下地方戏的历史流布、剧目特色、文学价值与现代转型的研究也显得十分薄弱。而出身于大学中文系的涌泉，深受现代文学的影响，很自然地吸收了"五四"以来现代文学的传统养分，其创作特别强调戏剧文学作品的现代意识，同时注意把这个意识输入给我们的地方戏曲，因此，他的作品给人的感觉就是富有文学性。这个文学性不是华美的辞藻，不是古典文学的气韵，而是现代文学的气质，其表现为对自然人性的自觉关注、对人的生存的促进、悲剧的审美趋向、现实主义追求、戏剧结构的现代化等。这是他在整个中原剧作家群中不可替代的特殊贡献，也是他以后创作特别突出的优势。2012年，涌泉根据鲁迅和朱安不幸婚姻创作的《朱安女士》，之所以能在第四届"中国戏剧奖·曹禺剧本奖"的评选中以唯一全票获得通过，夺得第一名，就是因为评委们从戏剧文学的角度，看到了作品中透露出的鲜明的现代文学意识，而这正是我们今天戏剧创作最缺失的东西。

当这个先锋性成为他特征的时候，有着中文专业文化支撑的涌泉又开始自觉地向古典戏曲文学回归。这个回归，不是向20世纪上半叶杨兰春时代、吴祖光时代、田汉时代回归，甚至也不是向昆曲、京剧、明清传奇回归，而是向宋元杂剧的回归。中国古代文化中的伦理思想渗透在人们日常生活的方方面面，融化在人的感情中，对中国文学特别是戏曲、小说创作有着决定性的影响。尤其是宋元时期的政治、经济、文化和社会等多方面原因，使得这一时期的戏剧作品特别注重揭露社会黑暗，反映道德伦理，表现英雄主义，尤其是通过歌颂忠良、鞭挞奸佞，传达中原人的大义担当这样一种民族风骨、民族精神。

经历了20世纪八九十年代的戏剧探索革新，整个戏剧界开始出现了全面回归的趋势。这一时期，很多人开始重新转向对传统经典的改编，但是创作中大量引进的西方后现代主义文学思潮，使得改编变得花样翻新。比如，2002年，中国文艺界出现了大量改编自元杂剧《赵氏孤儿》的艺术作品，尤其是田沁鑫、林兆华版本以解构主义对原著所张扬的忠义、诚信等民族精神做了颠覆，对其独领风骚的悲剧意义进行消解，使原著张扬的精神受到质疑。豫剧《程婴救孤》之所以在同类作品中取得成功，是因为涌泉敏锐地感觉到，不能用西方的艺术理念生硬地对中国传统戏曲进行解构，因而他的回归就是一种现代意识的回归。反映到创作中，就是既尊重原作的精神，同时一改原作忠奸斗争的简单框范，也跳出传统复仇、封赏的结局，极大地增强了这一题材的悲剧意蕴和现代文化含量，更加适合现代观众的审美习惯。剧中忍辱负重的程婴，视死如归的公孙杵臼，慷慨就义的韩厥，宁死不屈的彩凤，这一血性的、正义的群体为救孤而大义凛然、舍生取义的精神品格，不仅是十分珍贵、值得肯定的，而且也正是我们这个时代所缺失、所呼唤的，也使得人们在观赏中心灵受到洗礼，精神受到感染。

第十届中国艺术节上获得文华优秀剧目奖的山东梆子《两狼山上》，同样体现出陈涌泉的这种创作特点。在剧中，作者没有停留在忠奸对立的简单层面，而是从历史、社会、人性等不同角度，着力刻画了以杨业为代表的杨家忠烈，在国家利益、民族大义面前舍生忘死的英雄情怀。像参加2014年第十六届上海国际艺术节展演的豫剧现代戏《王屋山的女人》，剧中彩云在面对丈夫死前留下的巨额外债时的态度和抉择，表现出当代普通女性身上所具有的博大胸怀、诚实品质、坚韧性格，这不仅是中华民族的优秀品质，更是全人类共同追求的精神价值。包括他的最新作品《都市阳光》，也是如此。可以说，涌泉的作品既充分尊重了戏剧的深厚传统，又融入了他鲜明的文化追求，这使得他在中原剧作家群中呈现出非常宝贵的先锋意识，这是非常值得我们爱惜的。

涌泉先锋性的第三个方面是非创作的。我也见到过涌泉比较纠结苦恼的时候，就是他作为剧作家，要不要捍卫自身的著作权益。虽然这是毫无疑问、理所当然应该受到理解和尊重的，但是在现实中贯彻起来并不容易。他说，我究竟是做一个很乖的好人，还是要做一个追求文明法制的人？我说，至少我坚定不移地支持你维权，因为你是在开创一种文明，会带动一种风气。而事实证明，涌泉自觉的维权意识，一定程度上带动了河南现在的著作契约意识。虽然现在这已经成为一种惯例，但是在10多年前的中原地区，他的做法确实有一定的冒险性，也有一定的争议性，这也是我敬佩他的地方。

第二个纬度，就是放在当代中国青年剧作家群体中来考量涌泉的作用。在这个群体中，我觉得涌泉有着自觉的引领性。如果说全国50岁以下的剧作家谁是领军人物，毫无争议就是陈涌泉。在全国这个年龄段的剧作家中，创作高峰在河南，而涌泉证明自己创作实力的代表作品是豫剧，而当代戏剧文学作品的高峰就是在豫剧，所以他的这个作用也是不可轻视的。

我之所以这样说，绝不是因为跟涌泉有私人的情感。在2011年全国青年剧作家研修班上，共有来自全国 29 个省份的 60 名编剧，其中有 10 多名一级编剧，而且不少都颇有影响。像喻荣军，是中国话剧史上必然载入历史的人物，他开创的商业戏剧，使得上海安福路一条街变成整个话剧的“大超市”，而且市场效益颇好，令人不得不赞赏称奇。还有跟涌泉同一届获得曹禺戏剧文学奖的罗周、余青峰等，这些人对涌泉都是深为佩服的。作为全国青年剧作家研修班班长，涌泉的艺术成就、艺术理念、合作意识、大局意识，使得他在这个群体中说话掷地有声。

新时期以来，戏剧艺术蓬勃发展，取得的成就大家有目共睹，值得肯定的地方不少，但其中存在的问题也十分明显，引领国人精神、代表时代风貌、展现时代风尚的作品的缺乏，即是其不足之一。要想产生引领时代的作品，就必须对时代有高度的认识和把握能力。有些剧作家，作品内容虽然看起来也是在表现时代，但并没有真正把握住时代本质，他们书写的只是时代的“表皮”。在此状况下，想要让创作引领时代是很困难的。同时，引领性的作品还要具有一定的创新性，现在，每年创作的戏剧作品很多，但真正具有创新性的作品不多，不少作品在创作题材、审美趣味、主题内涵上存在雷同的状况，而从某种程度上来说，创新的缺失也就意味着引领性的缺失。涌泉正是在把握时代和艺术创作方面表现出了令人欣喜的一面。

在成名作《阿 Q 与孔乙己》中，陈涌泉将鲁迅两部小说中极富特色的人物融合到一部戏里，让他们在同一时空环境中出现，在同一场景中进行情感和观念的交流碰撞，通过鲜明的对比，将特定时期知识分子和底层小人物的生存困境、悲苦人生展示得淋漓尽致。豫剧《程婴救孤》之所以能在全国同类改编戏剧作品中脱颖而出，荣获文华大奖、中国艺术节观众最喜爱剧目奖和国家舞台艺术精品工程十大精品剧目、中宣部“五个一工程”优秀作品奖、中国戏曲学会奖等一系列耀眼的成就，并被省内外几十家院团移植上演，演遍内地及港澳台地区，而且频频亮相于世界舞台，在国内外产生巨大的影响，就是因为涌泉能很好地在传统故事中挖掘出更具时代内涵的精神品格，且在艺术表现上有许多创新之处，很好地实现了古典名剧的现代转换。《风雨故园》是中国戏剧舞台上第一部描写一代文豪鲁迅与妻子朱安不幸婚姻的戏曲作品。在剧中，涌泉将一代文学大家从神坛上拉下来，还原其常人的真实一面，并将生活在伟人背后的旧时代悲苦女子作为关注的主体，细腻地展示出朱安几十年婚姻生活中企盼、等待、失望、绝望、醒悟的情感变化和心路历程，既浓墨重彩地体现出朱安的挣扎和对希望的执着，也深刻揭示了鲁迅的无奈和心灵突围的艰难。通过个体婚姻人生的悲剧，来表现封建包办婚姻对他们的伤害，展现20世纪初大变革时代一代人的遭际和命运，使得该剧具有了深沉的时代内涵，被专家称赞为是一部对中国近现代历史进行深刻反思的力作，是豫剧创作的一次突破。

凭借深厚的学养、创新的胆识、独有的眼光，涌泉创作出了一系列富有文化深度和崭新面貌的优秀作品，在全国剧作家队伍中赢得了自己的应有地位，而从其作品在专家评价、观众反映、演出市场和社会反响等方面来看，这些优秀剧作也的确起到了榜样、旗帜和标杆的作用。2004年，就在他的一些同龄人的创作还处在摸索阶段的时候，他的《程婴救孤》已经在第七届中国艺术节上获得了大奖，备受瞩目，这也在很大程度上给同行以鼓舞。《程婴救孤》和《风雨故园》能双双入选大学语文教材，在全国当时绝无仅有，再次显示了陈涌泉在戏剧剧本创作上的卓越成就。

除了剧作家的身份，涌泉还担任着河南省戏剧家协会秘书长的职务，同时身兼戏剧管理者的职责。对此，他曾明确表示，如果我埋头创作，也许可以长成一棵大树，名利双收。但到剧协工作之后，我就给自己定了一个更大的目标，那就是要为河南戏剧发展营造出一片森林。正是基于这样的胸怀和认识，主持省剧协工作短短几年来，他做了很多的切实有效的努力，使剧协真正成了全省广大戏剧工作者温馨的家园，促进了河南戏剧生态的平衡化，使河南戏剧事业走上了良性的发展之路。可以说，涌泉凭借自己的实力和影响，做人的素养和风度，赢得了省内外广大同行的尊重。

第三个纬度，就是把涌泉放在新时期以来全国优秀剧作家这个大的群体中进行考量。在这个群体中，涌泉具有一种可识别性，也就是风格感。最优秀的文艺作品往往都具有可识别性，这是一个剧作家创作成熟的重要体现，也是其独特艺术创造力稳定的重要标志。正如俄国文艺批评家别林斯基所说：风格是思想的浮雕性、可感性；在风格里表现着整个的人；风格和个性、性格一样，永远是独创的。可识别性的形成，受制于外在和内在因素，存在于艺术家立足的文化土壤里，存在于文艺作品的创造性建构中，存在于作家鲜明的艺术追求和创作个性中，无不显示出创作主体个性鲜明、与众不同的特色。

在当代中国戏剧界，一提起成就突出且创作个性鲜明的剧作家，大家就会想起郭启宏、魏明伦、郑怀兴、陈亚先等，只是能够达此境界的同行实在是屈指可数。像剧作家郭启宏，就特别善于写京派古代知识分子，他的作品，多以知识分子的命运与文化性格为反思对象，在个体命运和政治的关系中展开历代知识分子进退彷徨的两难境地。进入新时期以来，这些老将虽然有的宝刀未老，但是都不再能达到20世纪八九十年代那样的创作高度。而在新一代的剧作家中，有的虽然也很优秀，有那么一两部作品叫得很响，但是作品的风格感好像还构建不起来。相比较而言，涌泉的成就就显得非常突出，完全可以排入新时期以来中国当代最优秀的剧作家群体这个序列，从《阿Q与孔乙己》《程婴救孤》《朱安女士》《两狼山上》《天职》《都市阳光》等作品看，涌泉渐渐有了风格感，并且有了可辨识性。这种可识别性的形成，不仅因为他有着中原地区剧作家深厚的文化积累、生活积累和情感积淀，而且还源于他始终在用两条腿走路：一条是古典戏曲文学的传统，一条是现代文学的意识。这使得他的戏剧创作具有扎实的传统功底、鲜明的地域特色、强烈的时代意识和独特的个人气质，其风格是别人不可代替的。当然，这种风格也不是固定不变的，也会随着创作者生活阅历、文化修养、艺术追求、创作题材等因素而有所变化。

总之，涌泉通过这些年的努力，在戏剧创作上已经取得了令人瞩目的成就，不仅在全国戏剧界奠定了自己应有的位置，而且逐渐形成了自己独有的艺术风格。相信随着作品的增加累积，他的创作还能不断达到新的高度。

习近平总书记在京主持召开文艺工作座谈会时曾指出，我们现在的文艺创作虽然有大量脍炙人口的优秀作品，但是存在着有数量缺质量、有"高原"缺"高峰"的现象。这就需要我们的文艺工作者自觉坚守艺术理想，深入生活，扎根人民，不断提高自身学养、涵养、修养。前几天，《中国戏剧》杂志为查明哲召开了一个座谈会，这是新世纪以来戏剧界涌现出的一位杰出导演艺术家，如果把这一批优秀戏剧导演看作一片高原的话，查明哲就好像是这片高原中凸显出来的高峰。从以上三个纬度来看，涌泉也可能成为全国剧作家队伍中的高峰，因为涌泉的艺术创作还在继续提升，海拔还在增高。我也希望涌泉能超越包括我这一代，甚至比我更年长的魏明伦这一代，成为当下中国剧作家的优秀代表。这是我的期待！

（作者系中国剧协副主席，著名剧作家）

名家寄语

中原大地人杰地灵。陈涌泉先生是我多年的好朋友，他创作了诸多精彩的好戏。这一次河南省艺术名家推介工程推举涌泉，这是一段佳话，我从内心里由衷地拥护和支持。涌泉下笔笔下生辉，他的作品接地气，观众爱看，演员爱演，这样的人才难得。

——中国剧协主席、著名京剧表演艺术家　尚长荣

陈涌泉的成名作《程婴救孤》把赵氏孤儿这个司空见惯的题材冶炼成使人刮目相看的精品，在同题材的戏曲、话剧、电影、电视剧中别具一格，甚至高出一层。

而他的另一代表作《风雨故园》则是戏剧舞台独一无二的题材。作者独辟蹊径，敢于把鲜为人知的鲁迅与发妻朱安之间的故园轶事引进梨园，化为豫剧。其意蕴，近似我当年的杂文《雌雄论》。但此剧幸在没有争议，进而连续获奖夺魁。这一半说明作者高明，一半说明时代进步了。

仅举以上两手绝招，足见陈涌泉确是当代戏曲作家中的后起之秀。祝贺后浪催前浪，更喜吾道之不孤也！

——中国剧协顾问，著名剧作家、杂文家、辞赋家　魏明伦

我和陈涌泉先生结识时间不是很长，但是他在戏剧创作上所取得的成就，我早已是如雷贯耳，知道他在戏剧创作方面做出了突出贡献。他写出来的《程婴救孤》《阿Q与孔乙己》在传承历史文化、历史文明，宣扬当代人文精神领域里面都是有独特建树的，可以说给我们做出了很好的戏剧样板。

——中国作协主席团成员、著名作家　二月河

陈涌泉是我多年的朋友，也是我非常尊敬的一个剧作家。对于涌泉的剧作，应该给予深入研究，给予更多经验性总结和美学上的概括。祝愿涌泉真的像他的名字一样，把他的作品、他的才华、他的热情，涌泉相报给我们今天这个社会，我们今天这个时代，我们今天的戏剧艺术。

——中国剧协副主席、国家话剧院副院长、著名导演　王晓鹰

我跟涌泉兄有很多交集的地方和共同点，于是也就有很多共同语言，一见如故，成了过心的聊得来的好朋友。涌泉兄的戏我非常爱看，里面有人物、有背景，更有情怀。无论是他写的剧本，还是戏本身，几乎囊括了中国戏剧界的所有奖项，并且很多奖项都是第一名，可以说涌泉兄是当今河南编剧的领军人物，他已然成了一棵大树。表面上看起来涌泉兄很淡定，也很质朴，但是，这样的剧作家，他的内心一定有大情怀、大波澜。尽管获得了这么多的奖项，我相信他内心的终极追求绝不止于此。我自己大胆地揣测，涌泉兄一定是希望在自己的影响、带领下，将来有一天，中原大地能够有一片戏剧创作的森林。我相信，凭着涌泉兄强大的能量和气场，他一定能够实现这个愿望！

——著名电视主持人　白燕升

目 录

笔补造化

——剧作家陈涌泉传略

贺宝林

为什么我的眼里常含着泪水？

因为我对这土地爱得深沉……

——艾青

成功的花，

人们只惊羡她现时的明艳；

然而当初她的芽儿，

浸透了奋斗的泪泉，

洒遍了牺牲的血雨。

——冰心

一

从金碧辉煌的罗马音乐厅到法国美丽的港口城市巴约纳，从洛杉矶彩灯闪烁的华纳剧院到纽约久负盛名的百老汇，有一种最美的中国声音在回响——它是豫剧《程婴救孤》的优美旋律，是一个古老民族的生命绝唱，也是中华戏曲走向世界的华丽现身！

当西半球的观众第一次凝神倾听豫剧《程婴救孤》时，阿尔卑斯山投下了钦敬的目光，密西西比河掀起了悲怆的浪花，不同的民族发出了共同的赞叹，汇成了绵亘不绝的交响，地球的两面因豫剧而融合到了一起。同时，他们也记住了一个人的名字，他就是该剧编剧陈涌泉。

陈涌泉，这个活跃在当今中国剧坛上的实力派剧作家，多年以来致力于传统戏曲现代化、民族戏曲世界化、戏剧观众青年化、戏剧生态平衡化的创作和管理实践，《阿Q与孔乙己》《程婴救孤》《风雨故园》《婚姻大事》《两狼山上》等作品连续实现中原戏剧历史性突破，不断创造着中国戏曲新的纪录，多次登上世界舞台，在国内外产生重大影响。他以一个知识分子的情怀与担当，始终高举着民族火炬，传递着时代强音，中国戏曲因为他而多了一道亮丽的风景。

1967年10月23日，陈涌泉出生于河南省唐河县张店镇陈岗村。

唐河县位于南阳盆地的东部，因蜿蜒流淌的唐河而得名。这条清澈的河流，曾滋养过现代文化史上著名的“冯氏三兄妹”——哲学家冯友兰、地质学家冯景兰、文学家冯淑兰（沅君），滋养过著名诗人李季、著名作家田中禾……世纪之交，从唐河岸边这片深厚的土地上，又走出了一位闻名全国的剧作家陈涌泉。

陈岗村是一个贫穷落后的偏远村庄。陈涌泉家在这个村里，又是最穷的家庭。父母都是农民，没有多少文化，却为他取了一个充满诗意的名字——涌泉。小时候，陈涌泉和千千万万个普通农家孩子一样，放过羊、种过地、做过工……尽管后来随着求学和工作的经历，他一步步走进城市，伴随着他的作品走进意大利罗马剧院，走进欧洲文化中心法国巴黎，走进美国百老汇世界级的艺术殿堂，但这个生于斯、长于斯的农民的儿子，始终对那片土地怀着无限的感激与热爱，似乎正印证了他的名字的含意：滴水之恩，当以涌泉相报！

陈涌泉的爷爷去世时，父亲还不到3岁，奶奶20多岁就开始守寡，艰难地将两个儿子抚养成人。生计所迫，父亲勉强读完高小就到一家杂货铺“学相公”，即当学徒。因为他为人真诚，不会缺斤少两，老板觉得他不够聪明，就借故把他打发走了。父亲走后，老板从柜台下发现了一叠练毛笔字的黄表纸，上面密密麻麻地写着“诚信为本”“童叟无欺”等字句。老板被眼前的一幕感动了，他看到了这个少年金子般的心灵，于是就跑了很远的路程把父亲又追了回去。

20世纪40年代，紧挨桐柏山的唐河县是国共两党拉锯的地区。陈涌泉的大伯参加了共产党的地方武装，还在游击队里当上了小组长。这消息很快就传到县里，一天，国民党唐西保安团去抓人，大伯闻讯而逃，不料父亲却被保安团当成大伯抓走。父亲被带到乡里，吊在树上拷打半天，但他始终没有吭一声。后经村里人出面说明情况作保，父亲才被释放回家。多年之后，陈涌泉问父亲，他为啥宁肯挨打也不说明事实真相，父亲说，如果他说明自己是被误抓，保安团肯定还会去抓大伯。

大伯成家后没几年，伯母就因病去世了，留下两个年幼的孩子。后来大伯又被抓走，并被押解到唐河县城。父亲知道后，拿出自己所有的积蓄，戴个草帽，急急忙忙地赶到押解大伯的必经路口，在烈日暴晒下苦苦等了半天。等到大伯过来时，父亲将钱塞到大伯的兜里，又把草帽摘下来戴在大伯的头上。也许兄弟俩预感到这将是他们人生最后的诀别，大伯先是无限牵挂地说道：“老二，我的两个孩子……”还没等大伯说完，父亲就说：“你放心，我不死我的两个侄子就不会死……”大伯望着父亲坚毅的表情，一颗心总算放下，忍着眼泪大步而去，最后死在狱中。

大伯走后，父亲果然穷其一生，去履行他对大伯的承诺。父亲对两个侄子视若己出，各方面都照顾得无微不至。在那缺吃少穿的年月，父亲总是把吃的、穿的先给他们送去，然后才是自己的孩子。多少个漆黑的雨夜，两个堂哥偎依在父亲的身旁，父亲那宽厚的肩膀成了他们最有力、最安全的依靠。父亲不但将两个堂哥抚养成人，还历尽艰辛帮助他们盖起了新房。而自己的家人，一直住着透风漏雨的破屋。

守诚信、行大义的秉性，伴随了父亲的一生，不论身处何种境遇，他总能做到先人而后己。20世纪60年代初的经济困难时期，父亲携家带口到湖北钟祥讨生计，经过几年的苦干最终站稳了脚跟。其间不断有逃荒的乡亲来投靠父亲，不管如何艰难父亲总会热情地接待他们，给他们提供必要的生活物资，帮助他们寻找谋

父母在陈涌泉的婚礼上

生的出路，甚至有的乡亲惹出了事，父亲还会自己花钱出面找人把事情解决……“文革”中，所有外出谋生的人被打成“流窜犯”，集中到大队办学习班。大队干部要求他们相互揭发批斗。父亲只接受批斗，从不揭发别人。他宁肯自己被关在里面被人无休无止地批斗，也不愿违背良心说别人一点不是。大队干部说他思想落后、觉悟低，不让他过关。就这样，学习班的人新的进，老的出，父亲却一直出不去。

父亲这样一个好人，却偏偏命运多舛，两岁多成为孤儿，操劳半辈子，中年时又得了肺结核，由于治疗不彻底落下肺病。陈涌泉童年最深刻的记忆就是父亲彻夜不停的咳嗽声。

父亲晚年时，有一年春节亲手写了一副对联：“世上事自有天定，何须尔巧用机关。”这个一生饱尝艰辛的男人，他不相信命运，但他相信天理，在经历了风雨之后，虽然没有大富大贵，可他完成了对生命的庄严承诺。父亲这句饱含哲理的内心独白，与他小时候"诚信为本""童叟无欺"的童心一脉相承，恰似他人生的两行脚印，从少年走到了白头，真实地记录了他诚信担当、大义大爱的一生！

陈涌泉说，是父亲让他理解了程婴，是父亲让他亲眼看到、亲身感受到牺牲精神，是父亲为他确立了《程婴救孤》的创作思想。

陈涌泉本来弟兄五人，其中大哥七八岁时不幸夭亡，四兄弟主要是他母亲一个人照料。母亲时常一手抱着嗷嗷待哺的孩子，一肩挑着生产队的挑粪担子；有时候还不得不抱着孩子下地干活，锄完一垄地便赶快到地头喂孩子。尽管母亲不分昼夜地劳动，但仅凭一个女人还是撑不起那个贫穷的家庭，几个孩子仍然吃不饱饭。看着自己的丈夫顾不上自己的孩子，母亲伤透了心。

这个勤劳而又坚强的普通妇女，以她柔弱的肩膀撑起了那个风雨飘摇的家庭。虽然家里贫穷，她却能以一颗宽厚之心善待别人。为了贴补家用，母亲在村头自家宅基地旁开了一个小菜园，种上苋菜、辣椒、茄子。生产队收工后，路过的乡亲们总是喜欢顺手摘一把菜带回家去，母亲不仅从不阻拦，还总是笑呵呵地主动把菜送给人家。有一次，陈涌泉的哥哥发高烧，母亲到村里一家菜园里种有大葱的人家想借两棵葱做药引子，结果人家只给了几棵干葱核儿。母亲并没有因别人的吝啬而有任何改变，她依然如故，自家的小菜园仍然是谁想摘谁摘。

无论母亲多么宽厚仁慈，但她始终不能理解和原谅父亲。在那个物质匮乏的年代，父亲做到了先人，却没有力量后己。等到两个堂哥长大以后，父亲才回过头来照顾自己的家庭，此时他的身体已经垮了，和母亲的隔阂也已经无法填补。在儿子们自立之后，父亲和母亲就分开过了。

陈涌泉在本村上完小学三年级后，就到邻村刘庄学校读书。这是一个规模不大的普通农村学校，虽然条件不好，但从家里到学校就 1 里地，对于那些没有人关照的穷人孩子来说，这已算是上天的眷顾了。陈涌泉小学阶段一直成绩优异，进入初中后，由于交友不慎，开始逃学，成绩直线下滑，继而产生厌学情绪，一度对上学失去了信心，执意辍学回家放羊。后在父母和兄长们的反复劝说下，才又不情愿地回到学校。正当他痛定思痛，准备奋发学习时，刘庄学校的初中部被撤销了，他不得不转到另一个村办学校王营学校。在那里上了不到半学期，在家长们的呼吁下，特别是在夏国堂老师的奔走下，刘庄学校初中部又重新复学，于是，他又回到刘庄学校。但刘庄学校初中部复学后仅仅办了一学年，就再次被撤销，而且这次被一起撤销的还有他曾经学习过的王营学校初中部。在短短一年多的时间里，陈涌泉和那些与他一样贫穷的孩子，在两个学校间转来转去，最后两个学校竟然都被撤销了。他们像一群被抛弃的流浪儿，偌大的世界却找不到一寸可以让他们学习的土地，面对知识的森林，他们只能无望地在外面的草地上徘徊。

经历了几次三番的转学，又面临着如此艰难的学习环境，陈涌泉不知道这样的日子还要持续多久，也不知道这条道路最终会通向哪里。

就在陈涌泉陷入几近失学的痛苦之中时，一个下雨的早晨他突然听到一个令人兴奋的消息，张店镇中学（一个乡镇唯一的重点中学）正在招生，而且就在当天上午举行入学考试。当时，陈涌泉正在吃早饭，他没有过多地思考和犹豫，立即放下手中的碗筷，顶着一个塑料化肥袋子，一个人光着双脚很快就消失在雨中……其实，陈涌泉听到这个消息的同时也伴随着一种绝望！他心里明白，这个消息来得太晚了，陈岗村离张店镇还有七八里的路程，无论他跑得有多快，恐怕也难赶上当天的入学考试。可他还是报着一线希望一定要去看看，因为他太渴望能够尽快重新走进学校。此时的陈涌泉，忘记了风雨的侵扰，忘记了地上的泥泞，忘记了脚上的伤痛，他心中只有一个信念：快一点，再快一点，我要赶上考试，我要上学！可当他浑身湿透、光着双脚跑进张店镇中学时，看到校园里一片寂静——招生考试已经进行半天了。陈涌泉站在雨中空旷的校园，呆呆地望着正在教室里考试的考生们，脸上流淌的，分不清哪是雨水，哪是泪水。这时，正巧一个在此任教的同村长辈走出办公室，陈涌泉怯怯地走上前，想向他打听学校的招生情况，长辈一脸漠然地告诉他：你来晚了。

在这种情况下，陈涌泉就只好转到另一个村办学校同乐学校继续读书。这个学校的条件同样很差，学校里没有寝室，学生只能在晚上放学后把课桌拉开睡在地上；学校里没有操场，早上学生只能到校外的土路上去跑步。这个学校离家也挺远，有六七里路，从陈涌泉家到这个学校要翻过几条大深沟，特别是遇到雨雪天气，道路湿滑，相当难走。陈涌泉常常一个人走在那满是泥泞的道路上，无数次摔倒后又爬起来，他没有停下，也没有叫痛，因为他知道上天没有给他特别的关照，他必须咬着牙走下去。这也让陈涌泉少年时期就明白了一个道理：世上没有坦途，人生路上更不会一帆风顺，想前进就得翻过一条条沟、一道道坎。

多年后，他把这种感悟化为现代戏《都市阳光》的主题曲：

一道道岭来一架架山，
一条条沟来一道道坎。
越艰难越是要挺直腰杆，
不能倒在沟里边！
……

更糟糕的是，同乐学校的伙房只有一个厨师，一到农忙时他就回家干活，住校的学生必须自己动手做饭吃。每到这时，陈涌泉只好在放学后招集为数不多的住校生进行分工协作，有人去井里打水，有人到校外的地里去找野菜，有人烧火，有人做饭，吃完饭后赶快去教室上课。这群无助的孩子，生活迫使他们不得不早早地去寻找自己的出路，品尝人生的五味杂陈。

同乐学校的条件虽然艰苦，但陈涌泉很快发现，在这所普通的农村学校里，却聚集着王如元、祁振业、张保三等一批长期扎根农村、具有高度责任感、对教育事业怀着无限忠诚的辛勤园丁，很多老师已经在这里工作了很多年，青丝早已熬成了白发。多少个月明星稀的夜晚，陈涌泉透过那破旧的窗户，看到老师们在伏案工作，昏黄的灯光映照着那满是沧桑的脸庞，条条的皱纹分明是岁月刻下的印记。老师的敬业执着让陈涌泉无数次从心底涌起阵阵的暖流，同时他也明白了一个道理：上天不会完全抛弃任何一个人。自己虽然没有享受到当时最好的教育资源，但能遇到如此敬业的老师也算是不幸中的万幸。

陈涌泉暗自下决心，一定要发奋苦读，他知道自己的学习机会来之不易，因而对知识怀着一种强烈的渴求。除了周末回家，陈涌泉几乎没有走出过校园，院墙外的花开花落、草绿叶黄，他似乎全然不知。这种艰苦的磨砺、执着的追求，不仅让陈涌泉打下了坚实的知识基础，还让他始终怀着一个美好的梦想，他要走出那片贫瘠的土地，他要挣脱命运为他设置的藩篱……一年苦读，陈涌泉学习成绩突飞猛进，还被评选为乡级三好学生代表。在这个普通的农村中学里，这个荣誉是前所未有的，不仅被看成他个人的荣誉，更是被看成学校集体的荣誉。为了表示对这位优秀学子的褒奖和鼓励，参加代表大会的当天，学校师生敲锣打鼓把陈涌泉送出学校1里多地。当陈涌泉介绍完自己的学习事迹之后，全体代表报以雷鸣般的掌声，给这位勤奋苦读的学子以高度的评价。后经过民主选举，陈涌泉又连续被选为县级“三好学生”、南阳地区“三好学生”。接到消息的那一天，学校专门召开庆祝大会，当汪天留校长向全体师生宣布这一喜讯时，他嗓子沙哑，热泪盈眶，激动得几乎说不出话来，他为陈涌泉为学校赢得的荣誉而骄傲，也为那片贫瘠的土地上长大的孩子而自豪！在同乐学校，陈涌泉的成绩一直名列前茅，初中毕业时，他以优异的成绩考上了南阳地区的重点高中唐河一中。

而此时，陈涌泉的父亲已经先期到唐河县城两年了。

陈涌泉的父亲原本是个手艺人，他会做织布机上的杼（织布机上一个关键的部件，每根线都要从杼上穿过）和女人梳头用的篦子。农闲时父亲就会买来竹子，劈成竹篾，做成杼和篦子，然后再用布单子包好背在身上去“游乡”（即走街串村推销），换取微薄的收入以贴补家用。改革开放之后，随着中国纺织业的发展，传统的织布机逐渐被淘汰，加上农村卫生条件的逐渐改善，女人也不再用篦子梳头了，慢慢地父亲的手艺也就没有了用场。为了生计，父亲20世纪80年代初就进县城开始捡破烂了。

唐河一中有唐河的“小清华”之称，当然也是权贵和富家子弟的集中之地。每到周末总会有不少穿着时尚，甚至是开着小车的家长去接学生。与此形成鲜明对比的是，陈涌泉捡破烂的父亲每月拖着病体去给他送粮食和5元钱的生活费。不过，陈涌泉从来没有感到尴尬，更没有因为自己有一个捡破烂的父亲而感到低人一等。因为在他心中，父亲从来都是像山一样的伟岸。

陈涌泉至今清晰记得，进入高中第一学期深冬的一天，父亲到学校给陈涌泉送钱，当衣衫褴褛的父亲转身离去的时候，陈涌泉想起了朱自清的《背影》。同样是父亲，同样是背影，不同的是，父亲没有穿黑布大马褂，也没有肥胖的身子。这个把大半生最好的时光给了寡母和两个侄子，现在又拖着残破之躯供养儿子上学的男人，他的身躯是那样的瘦弱而单薄，他离去的脚步是那样的沉重而缓慢，似乎完全是靠心中的信念支撑着才能蹒跚前行。望着父亲渐行渐远的背影，听着风中父亲留下的咳嗽声，陈涌泉禁不住热泪盈眶。他知道，这带着父亲体温的5元钱，既含着父亲的艰辛，又带着父亲的希望，艰辛与希望就是父亲生命的全部！

捡破烂是一种在多数人看来很不体面的营生，可父亲没有觉得丢人，因为他心中怀着一个美好的愿望，他要挣钱供儿子上学，要儿子将来变得比自己有出息。这个昔日在重重困难面前从不低头弯腰的男人，依然选择有尊严地活着。当时父亲租不起房子，就只好借助一个故交家的山墙搭了一个窝棚。放假时，陈涌泉偶尔去给父亲帮忙，晚上就和父亲一起睡在那个窝棚里。和县城万家灯火相比，这个简陋的窝棚实在算不上什么，但陈涌泉睡在里面却感到特别温暖，因为那是伟大的父爱传递的热量。

1983年寒假，父亲一年里积存了一堆碎玻璃，需用架子车拉到废品收购站，就回家叫上儿子，拉起架子车去城里。那天大雪纷飞，路上积雪很深，父子俩一步一滑，踉踉跄跄地在雪地上艰难行进。途中要过几个深沟，一不小心，架子车陷到了雪窝里，当费尽力气把架子车拉出来时，父子俩已是满头大汗。到县城已是傍晚，在窝棚里休息一夜，第二天父子俩把碎玻璃装上架子车拉到收购站，一车碎玻璃最后只卖了5元钱，这就是父子俩顶风冒雪、奔波两天的所得。多年以后，当功成名就的陈涌泉叙说这一往事时，他的眼里闪烁着晶莹的泪花。那呼啸的寒风，漫天的雪花，还有父亲两脚的泥巴、满头的汗珠和那寒风中的咳嗽声早已变成他刻骨铭心的记忆。

1985年暑假，父亲积攒了一车纸箱子，为了能卖一个好价钱，要拉到几十里外桐河乡的一个收购站去。陈涌泉和父亲又上路了，父子俩拉着架子车从陈岗村出发一路向北，出张店镇地界，走过桐寨铺乡，然后再继续向北，最后到达桐河乡。他们顶着炎炎的烈日，穿过几十个村庄，来回足足走了60多里，一车废品卖了十几元钱。让陈涌泉没想到的是，父亲把钱都给了他，因为父亲知道他早想买一台小收音机，以便了解天下大事和辅助自己学习。而陈涌泉知道，当时家里非常困难，父亲经常忍受着肺病的折磨，而他却连一支青霉素都舍不得买。

几乎每一个伟大的作家都把自己的童年经历看成是巨大而珍贵的馈赠，看成是取之不尽、用之不竭的创作源泉。童年的幸福和苦难、欢笑和泪水，都将化为作家心灵深处最深刻的审美体验。陈涌泉亦是如此。父亲用一生去兑现对大伯的承诺，父亲的言行深深地影响了陈涌泉，更影响了他的戏剧创作。从某种程度上说父亲就是《程婴救孤》中的程婴，程婴舍弃亲生儿子去救孤儿，父亲丢下自己孩子去照顾他人的孩子，这是一种多么艰难的人生抉择，但在人生的两难之中，他们都选择了成全别人。勤劳善良、含辛茹苦的母亲，是陈涌泉心中一个挥之不去的情结。他从小目睹了母亲的艰难和不易，也体会到了一个普通母亲身上的那种坚韧和顽强，这使他在以后的创作中始终充满了对普通人民的敬仰与礼赞。

父亲的耿直、大义，母亲的坚韧、顽强在陈涌泉的生命中延续着，同时也在陈涌泉笔下的主人公身上传递着……

二

文学的梦想往往源于对生命的诉求、对苦难的抗争和对未来的憧憬。陈涌泉就是这样一个人，在那困苦不堪的岁月里，他最先用笔去描绘人生的未来蓝图，用笔去书写他对生命的万般感悟。进入高中后，陈涌泉的学习成绩仍然非常优秀，第一学期期末考试，全年级三百多名学生他成绩位列前十名。陈涌泉对文学却表现出更大的兴趣。

其实早在上初中时，陈涌泉就萌生了当作家的梦想，并在写作上开始初露锋芒，多次在作文比赛中获奖。上高中后，陈涌泉入学写的第一篇作文就被老师当范文来读。课外活动中，陈涌泉负责出的黑板报是全校最好的。很快，他在文学上的才华被学校的教务主任许照华、语文老师李文泉发现，他们对这位志向高远的年轻学子格外器重，共同扶持、指导创建了唐河一中竹林文学社，陈涌泉任第一任社长，并开始编印油印社刊《竹林》。竹林文学社成立后立即在校园里产生了很大反响，陈涌泉也很快成了学校里的名人。文学社之所以叫“竹林”这个名字，是因为唐河一中的校址就是原来全县闻名的竹林寺，这里有很多竹林和梨花，学校又位于唐河岸边，银色的沙滩、洁白的梨花、葱翠的竹林为这位怀着文学梦想的学子赋予了无限的灵感，并培养了他竹子一样的情操和精神，在他的笔下，人生的梦想在一页一页地展开……

高中阶段的学习非常紧张，然而即使在竞争激烈的高考独木桥上，陈涌泉也

陈涌泉初中时期照片

没有放弃对文学的追求。他一开始就侧重于叙事性文学创作，并表现出高超的叙事技巧，善于通过展示人物的命运，来揭示人生的哲理。1987年，陈涌泉开始在《作文与指导》报上发表作品。他的处女作《慈父的心哟》，写一个农村出身的孩子，承载着父亲望子成龙的强烈愿望发愤学习，希望通过上大学摆脱贫穷的命运。为了考出好成绩，他夜以继日地学习，常常在晚自习熄灯后到厕所门口的路灯下看书；为了保证第二天能够早早地起床，他甚至晚上睡觉前故意不解小便……这种超负荷的学习，以及心理上承受的巨大压力，让他患上了严重的神经衰弱，学习成绩也一落千丈。父亲最后不得不把他领回老家休学。看着父亲失望的表情，听着父亲无奈的叹息，他的精神压力不仅没有得到缓解，反而变得更加沉重，最终他走向了彻底的神经失常……陈涌泉通过这篇文章意在表明：父爱是一座山，有时是依靠，有时也是压力。这个故事在那个时代不是个案，有多少个这样的父亲，他们对孩子过分的期望最后变成了对孩子的摧残。因此，这篇文章有很强的现实意义，编辑老师还加了编者按，一经发表就在南阳地区中学校园里引起强烈反响。

1987年，陈涌泉高中毕业前夕，由于他品学兼优，学校推荐他为保送生。其实所谓的保送生，同样要经过严格的考试，同样要考查学生的综合能力，只不过是只考语文、数学、外语三门主科，比正常的高考略早了一点而已。可供选择的大学只有三所，即河南大学、河南师范大学、信阳师范学院。陈涌泉第一、第二、第三志愿分别填下三所大学，专业都是中文系。当年全省共有 360 多名学生在河南大学应试，最后仅录取了 83 名。意外的是，陈涌泉被他填报的第二志愿河南师范大学中文系录取，而且是河南师范大学中文系从校外考点录取的唯一一个学生。陈涌泉接到大学录取通知书的那天，父亲多年紧锁的眉头终于舒展开了，露出了平日难得的笑容……

进入大学之后，陈涌泉有了更多的时间和精力去从事文学创作。大学校园充足自由的学习时间，宽松浓厚的学习氛围，以及图书馆丰富的藏书，让这位胸怀大志的学子如鱼得水。他开始大量阅读古今中外的文学作品，在知识的海洋里不知疲倦地遨游，他似乎已经看到了地平线上喷薄欲出的朝阳，已经闻到了广袤大地上成熟果实的飘香……不久，在系领导的大力支持下，陈涌泉着手创办了河南师范大学中文系系刊《跋涉》，任首任主编，后又在此基础上成立了跋涉文学社。系刊和文学社的名字之所以叫“跋涉”，寓意是走文学这条艰辛而漫长的道路，需要有百折不挠的跋涉精神。从那时开始，陈涌泉就朝着他心中的目标开始了长途跋涉。

大学期间，陈涌泉取得了丰硕的创作成果，他先后在《河南师大报》《河南师范大学学报》《新乡日报》等各类报刊上发表小说、诗歌、散文、报告文学、杂文、论文等各种文体作品近百篇（首），并多次获奖，另外还创作电视剧本、电视专题片文本各一部。1990 年春，河南省教育委员会、河南省文化厅等单位联合举办河南省大学生艺术节“看今朝”征文比赛，陈涌泉的小说《映山红哟，映山红》、报告文学《共产党员的光辉典范》同时获奖。不同体裁两部作品同时获奖，陈涌泉是唯一一人。之后他的小说《合作》在“黄河杯”全国青少年文学作品大奖赛中又获奖。当时校园里的文学青年大多以写诗歌为主，尤其是朦胧诗歌被当时的青年学子们奉为圭臬。但陈涌泉没有追随这一流行，他的创作主要以叙事性的小说和散文为主，其表现的对象仍然是他深深眷恋的那片土地，仍然是他心中敬仰的那些平凡而伟大的小人物。陈涌泉这种自觉的创作追求，为他日后成为本色作家奠定了基础。当时，他被同学们称为“乡土文学专业户”。

陈涌泉从上大二开始，相继担任河南师范大学校广播站站长、中文系学生会主席、校报兼职编辑。这一系列的头衔和荣誉，对于一个还没有走出大学校门的学

● 陈涌泉大学毕业照

生来说，是何等的光鲜亮丽。然而，谁也不知道，陈涌泉的心中还有更高的目标。当他沉浸于知识的海洋，当他知道了“天地有正气，杂然赋流形”的人间正道，当他明白了“铁肩担道义，妙手著文章”的生命之责，就在心中立下誓愿，要做一个与时代同行的作家。由于学习成绩突出，加上文学上的“盛名”，陈涌泉在大四实习前夕，河南师范大学中文系已经决定把他作为留校对象培养，所以，当其他同学走出校门联系单位开始实习时，陈涌泉已经开始当 90 级学生的辅导员了，他从一个在校学生一夜间变成了一位大学老师。在别人看来，命运是何等地青睐于他，可是出人意料的是，这只是命运给他开了一个玩笑而已。到了 1991 年 5 月底陈涌泉毕业前夕，学校却突然通知他不能留校了。当时大学生毕业还是分配制，此时很多同学已确定了就业单位，怀着对未来的美好憧憬即将走上工作岗位。对于陈涌泉来说，这突如其来的变故无疑是一个沉重的打击，让他一时不知所措。但学校很快就给陈涌泉做出郑重承诺：学校还没有分配完的指标让他任意挑选，学校已经分配给其他同学的指标，如果他愿意也可以收回重新分配。面对眼前的情况，陈涌泉向学校明确地表示：他尊重学校的决定，学校既然不再让他留校，那么学校尚未分配完的指标他不会要，已经分配给其他同学的指标他更不会要，他要凭自身的能力去找工作。就这样，当别的同学享受着大学毕业生国家包分配的待遇时，陈涌泉却率先开始自主择业，背起行囊开始了他人生的又一次跋涉，他相信只要有太阳升起的地方就一定会有梦想！

1991 年 6 月初的一天，在河南师范大学苦读了 4 年的陈涌泉，背着入学时学校发的一个书包，里面装着他大学 4 年发表的主要文章和获奖证书，来到了郑州，经介绍到河南省文化厅主办的《河南文化报》联系工作，他认为当编辑天天和文字打交道，正好可以继续他的文学创作。可是到了一打听才知道，《河南文化报》没正式编制，所有编辑都是临时聘用人员。文化厅人事处有一位干部秦曙光，看到陈涌泉摊了一桌子的文章和获奖证书后，着实对他十分欣赏，告诉他河南省曲剧团缺少一个编剧，问他愿不愿意去。陈涌泉当时没有过多犹豫，就一口答应了下来。就这样，陈涌泉怀着对人生的梦想走进了河南省曲剧团，他是改革开放之后，河南省直艺术院团分配进来的第一个本科生。

这好像是冥冥之中的天意，陈涌泉似乎是误打误撞到剧团当了编剧。确实，陈涌泉在大学期间没有过多地去关注过戏曲， 也没有参与过与戏剧有关的活动，更没有到正规剧院去看过一场戏。他当时之所以自愿选择去剧团工作，缘于他童年的生活环境，缘于他少年时代埋在心底的戏曲种子，缘于他从小就编织的作家梦。

南阳盆地有着悠久的文化传统，艺术氛围十分浓郁，曲子戏、大调曲、河南坠子、鼓儿词等民间艺术流传甚广。陈涌泉的故乡唐河，在地理上与湖北相邻，自古有“楚腔汉韵，声闻于唐”之说，豫剧、曲剧、越调、宛梆、二黄、罗卷戏等都曾活跃在这片土地上，戏曲文化底蕴深厚，群众基础广泛。陈涌泉记事时，虽然大部分传统戏都遭到禁演，但坠子书、鼓儿词以及公社宣传队的小节目还十分活跃，无形中丰富了一个农村孩子的精神世界。改革开放之后，传统戏得到解禁，陈涌泉突然感到眼前绽放出一个多姿多彩的艺术世界，姹紫嫣红，美不胜收，为他的童年带来了无限的欢乐，并为他埋下了一颗戏曲的种子。

陈涌泉小时候物质文化生活相对匮乏，唱戏是农村最隆重的事情，看戏也就成了当时人们最高的文化享受。特别是春节前后农闲的日子里，几乎每个村里都要演戏，陈涌泉就和一群小孩子跟着大人、追着戏台不停地看，一追就能追出十里八里、十天半月。他围着戏台看了一场又一场，听了一遍又一遍，但总是感觉看不够、听不烦。当他追随着那些破烂的大车，追随着童年最大的欢乐，当他穿过一个又一个村庄，体味着舞台上的人生百相，不知不觉之中他的脑海里就形成了一个又一个梦幻般的意境……虽然那时的乡村舞台还十分简陋，大多是筑土为台，架箔为幕，但在陈涌泉看来却是那样的神圣、壮观，给他的震撼、惊喜丝毫不亚于后来他走进国家大剧院、美国百老汇剧院的感受；虽然舞台上的民间艺人表演水平有限，有的甚至还有点儿破喉咙哑嗓，但在他看来却是那样的光彩照人、魅力四射，他们的形象一点也不亚于现在舞台上的明星大腕儿。几十年后，陈涌泉还清晰地记得当时演员的名字（音）：刁桂芝、来同志、大金牙、宋小九、麻旦、姚娃……当时谁也不会想到，舞台上的刁桂芝更不会想到，台下有一个不起眼的男孩，20年后他会写出一部《程婴救孤》的戏，而其中饰演孤儿的赵君正还是她的女儿！世间的事就是这么奇妙，冥冥之中总有一种因缘把人们联系在一起。

陈涌泉所在的村子有几位长辈会唱戏、拉大弦（曲胡），他的三哥从小跟着他们学会了拉大弦。多少个农闲季节的夜晚，在三哥的伴奏下，几位长辈轮番上阵，一人一本戏，自己敲着梆子从头唱到尾。而童年的陈涌泉也一定会睁大双眼，默默地守在一旁做最忠实的听众，《杨家将》中精忠报国的英雄曾让他热血沸腾，《包青天》中刚直不阿的包公曾让他由衷钦佩，《墙头记》中不孝的儿孙曾让他勃然大怒，鼓儿词《拉荆笆》中的人世悲情曾让他热泪盈眶……没有文化的日子是黑暗的，童年的陈涌泉能在家门口享受到令他心驰神往的免费戏曲大餐，这无疑为他幼小的心灵照进了一缕明媚的阳光，也让他感到非常幸福。而他的家人在那种经济相当拮据的情况下，还努力为他创造外出看戏的机会。十一二岁时，陈涌泉随大哥进城办事，晚上平生第一次走进正规的剧院，在县人民会堂看了一场唐河县豫剧团演出的《春草闯堂》；后来陈涌泉又在张店镇中学的大操场上看过唐河县曲剧团演出的《姐妹易嫁》《穆桂英下山》等。这对于一个贫穷的农村孩子来说，无疑是一种最高的待遇，相对于家门口的"地摊"文化来说，这简直就是高雅的艺术殿堂。在这样的环境下，陈涌泉耳濡目染，自己很快就能跟着三哥的弦子，唱出曲剧《卷席筒》、豫剧《朝阳沟》里的多个唱段。戏曲为陈涌泉那颗幼小而敏感的心灵打开了一个神奇的世界，并给他的生命以丰富的艺术滋养，为他心中埋下的那颗种子有朝一日破土而出奠定了基础。

三

20世纪90年代初期，中国戏曲正处在低谷时期。那个时期，广大的演职人员和剧团都在为基本的生存而四处奔波，当时有两种人出门背行李包：一种是进城打工的农民，另一种就是下乡演出的演职人员。当时“戏剧夕阳论”的说法非常流行，很多人认为戏曲即将走进博物馆，成为一种被陈列的“古董”。与全国的大环境相比，河南的戏剧发展环境似乎更加糟糕，当时河南戏剧创作有两个焦虑症：一是“文华大奖”焦虑症，河南一直没有在国家级的艺术赛事中获过大奖。河南文化主管部门一开戏剧创作会议，就会不停地在相互追问，似乎是在提一个类似哥德巴赫猜想的宏愿，河南什么时候能实现“文华大奖”零的突破。二是戏剧创新焦虑症，当时全国对河南戏剧总的印象是粗、俗、浅、陋，认为河南戏剧创作水准大大落后于全国水平，河南文艺界上至领导、下至普通演职人员都渴望能尽快改变这种现状，让河南戏剧走上雅、细、精、深的发展道路，进而与全国戏剧站在同一条水平线上。

也许上天给人一个最低的起点，就是要给他创造一个绝地反击的机会。20世纪90年代“下海”是时代的主流，企业职工离岗、知识分子经商蔚然成风，人们都在通过各种方式去编织金钱的神话。可陈涌泉却在追名逐利的时代大潮中逆流而行，他在戏曲最不景气的时候，自己选择并心甘情愿地走进戏曲这片冷清的领域。至今，陈涌泉还清楚地记得，他背着行李第一次走进河南省曲剧团大门时看到的情景：院子里杂草丛生，落叶满地，有一种无处下脚之感。他感到十分的意外，甚至说是一种凄凉，眼前的环境哪像一个省级剧团，简直就是一个长期无人居住的荒芜之地。在工作人员的带领下，陈涌泉先是来到单位给他安排的住处：单位办公楼楼顶的一个狭小的房间。其实，那所谓的房间，是由一个大杂物间以“景片”（戏曲背景画）为隔挡分隔而成的若干小间。他去时已经有五六个人居住于此。当时，陈涌泉除了对文艺的热爱没有改变，心里确实凉了半截。一个历经十几年苦读的学子，一个出类拔萃的优秀大学毕业生，走上工作岗位面对这样的环境，心里不可能没有波动。事实上，陈涌泉对他面临的艰难处境只是看到了表面，真正的挑战还在后面。

陈涌泉上班后第一个月发了150元工资，他就寄回家了100元，给他父母和三个哥哥各 20 元，算作他上班后对家人的一份心意。这个从苦难中长大的孩子，终于可以回报含辛茹苦抚养他的亲人了。可让陈涌泉没想到的是，他的这一慷慨举动，却让他在很长一段时间内为生计发愁，他不得不上月等下月发工资还债，然后继续举债度日。一个高等院校毕业的高才生，在剧团里工作几乎无法养活自己，这不能不说当时戏剧生存环境的恶劣。这种贫困的窘况，甚至一度影响到了陈涌泉的婚姻大事。当时有热心人给他牵线搭桥，可女方一听说他在剧团工作，就一口回绝；不回绝的也以他调出剧团为谈恋爱的前提条件。在那些女孩看来，陈涌泉是一个“投错了行”的人，可她们却不想“嫁错了郎”。陈涌泉没有因为眼前的困难而放弃追求，更没有因为被女孩子“相掉”而改变意志，他顶着各种各样的压力，在人们视若另类的目光里，义无反顾地走在通往理想的道路上。

陈涌泉作为一个专业编剧，应聘到河南省曲剧团工作，可他进入单位后很长一段时间更像是一个勤杂人员。他曾坐在单位门口的传达室里值夜班，曾配合技术工人去维修单位的水电设备，曾受单位委派到医院去伺候退休的老艺人……事业对于他，如一片云遮雾绕的莽原，何时才能露出它真实的面容？然而，最困扰陈涌泉的是生计问题，那点微薄的工资根本无法保证他的正常生活，更无法保证他能安下心来专心创作。那几年，陈涌泉在做好本职工作的同时，曾到《河南商报》《青年导报》做兼职记者、编辑，还经常给其他单位写晚会串台词。其实，当时陈涌泉完全有能力改变自己窘迫的处境，可他就是咬定戏剧这座“青山”不放。他在《青年导报》做兼职记者时，曾荣获河南省政府颁发的“好新闻一等奖”，报告文学《汉山作证》《一个女人和一条街的故事》受到报社领导和同行的高度赞扬，并作为全报社同事学习的范文，报社组织专门研讨会研讨。《青年导报》的范文章总编十分欣赏他的才华，多次与他协商想调他到报社工作，可他每次都婉言拒绝。参加工作第二年，河南省政协举办新年晚会，请陈涌泉去写晚会串台词，省政协领导一眼就看出了他深厚的文学功底，并明确表示如果他愿意可以把他调到省政协去。可陈涌泉就是铁了心要去当编剧，即使面对省政协这样的大“衙门”伸来的橄榄枝，他也丝毫没有动心。就这样，陈涌泉一次又一次地与幸运女神擦肩而过，仍旧守着清贫的日子，坚持在戏曲王国里默默地耕耘。陈涌泉不想逃离戏曲王国，是因为他觉得其他的一切对于他来说都不是他的“事业”，他戏称自己“卖艺不卖身”；他之所以坚守戏曲，是因为他内心深处的那个梦还没有圆。当夜深人静他凝望深邃的星空时，当儿时那熟悉的旋律在他耳边回响时，当青春的梦想在艺术世界里自由翱翔时，他似乎总能听到一种神秘的召唤："戏剧事业需要你！"

在灵与肉的煎熬中，陈涌泉一直坚持不懈地往前走着。终于，他第一次迎来了单位分配给他的创作任务。1991年底，陈涌泉按照单位的工作安排，下基层体验生活，搜集素材，创作剧本，他就选择了家乡唐河。故乡，在中国文化里是一个永恒的母题。"日暮乡关何处是？烟波江上使人愁。""夕阳西下，断肠人在天涯。"所有在外漂泊的游子，故乡总是他们心灵的最后归宿，同时也是他们艺术灵感的源泉。陈涌泉也不例外，当他真正开始投入戏剧创作中时，他首先想到的是自己的故乡，是那片他深爱着的土地！

1992年元旦，纷纷扬扬的大雪铺天盖地，唐河两岸银装素裹，为那个寒冷的冬日增添了几分的浪漫。此时，陈涌泉正瑟瑟发抖地躲在唐河县委招待所后院的一个小房间里，他无暇欣赏眼前的美景，无暇去重温久别的乡情，他感受着家乡那份独有的温馨而专心创作。经过二十多个昼夜的努力，他终于完成了自己为团里写出的第一部大戏——《"倒霉二叔"的心事》。但这部戏最后没有被立上舞台，因此没有几个人知道陈涌泉还曾写过这个剧本。主要原因是当时剧团没有钱排，同时团里对他的剧本还持有几分怀疑，有的人甚至还发出疑问："这小子刚干这行，就能写大戏？"在这种情况下，陈涌泉心想：不排大戏，我就去写小戏小品。

1993年，陈涌泉写了一个小戏《阿Q梦》，是根据鲁迅先生的小说《阿Q正传》改编的一个独角戏，也是专门为河南省曲剧团的丑角演员杨帅学量身定做的。这个小戏排出来后，当年荣获河南省首届曲剧演员电视大赛金奖，翌年又在全国豫剧名丑大赛中获展演特别奖。陈涌泉的小试牛刀引起了不小的反响，专家们对这个小戏也给予了充分的肯定，并受到我国著名戏剧理论家郭汉城先生的称赞。经过两年多的历练和探索，经过无数个日子的沉寂和落寞，陈涌泉终于在戏曲创作上开出了第一朵小花，虽然它还显得十分微小，虽然它还有点稚嫩，但它却给陈涌泉以极大的鼓励，也让他更加充满信心地在自己选择的道路上继续往前走下去。同年，他写的小品《小秘书与大老板》还参加了河南省相声小品电视大赛。

为了便于创作，陈涌泉搬出了单位的集体宿舍，到距离单位不远的一个叫东关虎屯的都市村庄一座破旧的两层小楼上租了一个单间。那完全可以说是一间陋室，昏暗狭小，冬如冰窖，夏似蒸笼，和单位的大宿舍相比，那里只是相对安静了许多。但是，陈涌泉却又要经常忍受其他的痛苦，当时都市村庄经常停水断电，他正常的创作和生活经常被无缘无故地打断。很多时候都是几个馒头陪他度过一日三餐，一盏孤灯伴他度过漫漫的长夜。有一次停电，他点着蜡烛进行创作，因为太疲劳，就伏案睡着了，结果蜡烛燃尽时引燃了固定蜡烛的塑料订书机，继而燃着了桌面。热浪把陈涌泉烤醒，他急忙扑灭火苗，这才避免了一场大火，躲过了一场大祸！

经过数年的沉淀和积累，1995年春天，陈涌泉在他租住的小屋里，最终完成了他的成名作《阿Q与孔乙己》。故事取自鲁迅先生的小说《阿Q正传》和《孔乙己》。陈涌泉写出《阿Q与孔乙己》的剧本后，虽然在省里剧本评奖中获了奖，可团里领导对他这个年轻编剧写的本子仍不放心。有一天，单位的一位领导突然通知陈涌泉，说是为了对他进行特别关照和培养，帮助他提高《阿Q与孔乙己》剧本的质量，曲剧团特地邀请上海著名剧作家罗怀臻来帮他修改，联合署名，而且当时罗怀臻坐的火车马上抵达郑州，要他速去郑州火车站接人。对于这突如其来的关照和任务，陈涌泉一时无法反应过来，但他还是按时去火车站接到了罗怀臻，但一路上面无表情，到下车也没有与罗怀臻说几句话。罗怀臻看完《阿Q与孔乙己》的剧本后，对本子的质量大加赞赏，认为剧本已达到了相当高度，创新精神更是难得。他拒绝修改，更拒绝署名，并且给曲剧团的领导建议要义无反顾地去排这个戏，一定会获得成功。罗怀臻回到上海后，又专门给河南省文化厅厅长王传真和主管艺术的副厅长芦苇写信，再次推荐这个剧本，并对这个戏寄予厚望。至此，河南省曲剧团的领导才打消了对剧本的重重顾虑，开始着手去排这个戏。多亏了罗怀臻当年对陈涌泉的慧眼识珠和极力推荐，后来他们还成了志同道合的师生朋友。多年之后，陈涌泉还说，与罗怀臻老师结下的友谊，是创作《阿Q与孔乙己》的一个最有意义的收获。

陈涌泉在忠实于鲁迅先生原著的基础上，把阿Q与孔乙己这两个文学形象，巧妙地嫁接在一起，而且嫁接得天衣无缝，让他们在不断的碰撞中表达内心情感和观念冲突，不仅具有强烈的戏剧效果，而且对原著的主题进行了进一步的提升。阿Q与孔乙己本来都是生活在社会最底层的被压迫的对象，可他们到一起后相互嘲

●《阿Q与孔乙己》应邀赴京演出，陈涌泉与时任中国剧协秘书长廖奔先生(中)合影

笑，相互争斗，甚至是相互打击报复，这就更显示出他们的麻木和落后。陈涌泉淡化了原著强烈的批判色彩，以平民的视角看待文化人的生存困境、小人物的哀苦悲愁，对他们不幸的人生寄予了无限的同情。特别是戏的结尾，吴妈和孔乙己特地为即将被砍头的阿Q送行，表现出这些小人物身上的质朴和善良，给人一种痛彻心扉的欣慰。有评论家说，"阿Q是鲁迅的阿Q，孔乙己是鲁迅的孔乙己，阿Q加上孔乙己却是陈涌泉的"(孙明道:《百年烟尘一幕间》)。因此，《阿Q与孔乙己》也被誉为"众多鲁著题材戏剧中最好的一台"(廖奔:《品剧日记》)。这种评价绝非溢美之词，而是对《阿Q与孔乙己》这部改编作品所达到的文化高度的充分肯定。

在鲁迅先生的原著中，阿Q是一个社会底层的小人物，一个靠出卖劳力为生的赤贫者，饱受封建的经济剥削和政治压迫。但是，他对自己的处境却浑然不觉，对自己所受的压迫没有丝毫的反抗意识，更没有一点开辟新生活的愿望，是一个安于奴隶地位的"苟活者"；孔乙己是一个一心想通过科举考试而出人头地的书生，可他苦读诗书20年却什么也没有考中，封建制度的终结又彻底断了他考取功名的道路，他和阿Q一样都是社会底层受剥削受压迫的对象。但孔乙己却总喜欢在别人面前以一个知识分子自居，并时时流露出和自己身份极不相称的清高，他对自身价值的错误判断与他卑贱的社会地位形成巨大的反差，显示出他命运的悲剧性和荒谬性。阿Q与孔乙己这两个人物形象，其思想本质具有很大的相似性，他们麻木的心灵正体现了“沉默的国民灵魂”和不幸的“中国的人生”，陈涌泉紧紧抓住了这一点。他说：“鲁迅先生的小说世界里，着重为我们塑造了两类人物形象：一是农民，二是知识分子。阿Q与孔乙己在这两类人物中又是最具代表性的。这两个人物性格的截然不同和价值观念的巨大差异注定他们潜在互生的强烈的戏剧性；在他们身上我们还能看到很多相似之处：都孤独、麻木，都深受封建制度的戕害，在喜剧的面具下，都包藏着一个悲剧的内核，借鲁迅先生的话，都是‘压在大石底下的草’。把这两个人物集中在一起交叉对比，有助于观众从他们险恶的生存环境和畸形的精神世界中，感悟、发现更多的东西，从而更澄明地了解历史，更深刻地认识现实，更细微地体察自我。把两部作品结合起来改编，其思想价值和艺术价值理论上应高于根据任何单一作品改编的戏剧作品，甚至可以收到‘1+1＞2’的效果。”

在20世纪初那个风雨飘摇的年代，鲁迅先生深刻地认识到中国的落后，其根本原因在于国民思想、素质的落后，因而他最早提出改造国民劣根性的历史命题，并且一生矢志不渝，按照他自己的话说就是“要用毕生的精力，去完结历史几千年的旧账”。然而到了20世纪的90年代，鲁迅先生所谓的“历史的旧账”不仅没有完结，国民的劣根性不仅没有很好地得以改造，而且国民在思想上又出现了许多新的问题，如信仰危机、道德沦丧、诚信失衡、价值混乱等。这就可怕地表明，20世纪对于中国人而言，其起点与终点表现出惊人的相似。陈涌泉以一个作家的敏锐与深邃，深刻地认识到中华民族要想健康地步入新的时代，要想在21世纪真正立于世界民族之林，必须在思想上进行脱胎换骨的改造，必须抛弃所有思想与行为的包袱。他创作《阿Q与孔乙己》的根本目的就是要告诉世人，阿Q与孔乙己的时代虽然已经远去，但改造民族劣根性的任务还依然艰巨，鲁迅先生当年提出的这一历史命题对于我们这个时代来说，仍然显得沉重而又迫切。可以肯定地说，只要国民的劣根性没有得到彻底的改造，鲁迅先生的著作就不会被束之高阁，《阿Q与孔乙己》也就会一直被传唱，这正是这部作品的不朽价值。

1996年，《阿Q与孔乙己》被正式搬上舞台，获得了当年河南省戏剧大赛金奖第一名，同年参加文化部举办的第三届中国戏曲“金三角”（秦晋豫）交流演出获“剧目奖”，河南省委宣传部“五个一工程”奖，之后又获得“曹禺戏剧文学奖”提名奖，并诞生了曲剧的第一朵梅花奖，曾连续三年应邀赴京演出。2002年《阿Q与孔乙己》被中央电视台录制并多次向全国播出，2010年该剧又到台湾交流演出。《阿Q与孔乙己》的问世为河南戏剧吹来了一股清新的风，一改当时河南戏剧“粗、俗、浅、陋”的形象。之后，全国迅速掀起了鲁迅著作改编热，相继有1998年的越剧《孔乙己》，2000年的话剧《故事新编》，2001年的《鲁迅先生》《无常·女吊》《孔乙己正传》《阿Q》。不论后来者是否受到陈涌泉的启发和影响，但就20世纪末那一轮鲁迅著作改编热而言，陈涌泉走在了全国的前面却是毋庸置疑的。

《阿Q与孔乙己》为陈涌泉带来了一片赞誉，然而又有谁知道他的背后是何等的沧桑。可以说，排演《阿Q与孔乙己》让陈涌泉吃尽了苦头。经过罗怀臻老师的极力推荐，团里终于不再犹豫，决定正式排演《阿Q与孔乙己》，但单位不仅没有给陈涌泉一分钱稿费，还要求他和三个主要演员都到外面去拉赞助，并且定为硬性任务。作为一个从大学校门进剧团门、温饱尚未解决的青年人，在一个人生地不熟的陌生城市，没有任何关系和背景，要他到哪里去拉赞助呢？陈涌泉绞尽脑汁说尽好话，也没有完成单位交给他的任务，最后不得不接受单位的惩罚，自费1800元去印制这个戏的节目单。当时陈涌泉一个月200元工资，除去开支所剩无几，让他一次拿出1800元，对于他来说几乎是一个不可能完成的任务。但为了能让自己多日的心血修成正果，也为了单位能有一个新的剧目立上舞台，陈涌泉只好硬着头皮去接受那个近似“屈辱”的条件，他开始到同学那里四处借钱，最终筹集了1800元钱把节目单印制出来，保证这个戏如期与观众见面，可他却因此好长时间背负着外债，过着更加拮据的生活。

紧接着，又发生了一件意想不到的事情。1997年，陈涌泉以全国优秀乡镇党委书记吴金印为原型，写了一部现代戏《太行公仆》。剧本写出来后，陈涌泉首先拿给了河南省曲剧团，可团里由于种种原因，决定不排。对于这样的结果，陈涌泉似乎没有感到太多的意外，因为他创作的《阿Q与孔乙己》也曾遭受同样的命运。但陈涌泉又不甘心自己的心血被埋没，他在面对别人的质疑时，心中还是充满了独有的自信，就像当初他坚持《阿Q与孔乙己》不能让别人修改一样。这时，河南省方城县豫剧团领导闻讯赶到郑州，登门索要剧本，结果人家一看，不仅愿意排演这个本子，而且还愿意付给陈涌泉8000元的稿费。这是陈涌泉进入剧团当编剧后挣到的第一桶金，尽管它还远远称不上天文数字，但对于他当时举债度日的窘迫生活来说，已算是一笔可观的收入了。但让陈涌泉万万没想到的是，当时河南省曲剧团的领导一再坚持认为，他是团里的编剧，他挣的稿费得交给团里。陈涌泉坚持认为，稿费完全属于作者本人，这是《中华人民共和国著作权法》明文规定的条款。就这样，陈涌泉与单位陷入了僵持状态，最后曲剧团就开始扣发他的工资。这件事情不胫而走，很快就惊动了河南省文化厅的有关领导，厅领导立即做出明确指示，稿费应该归于作者本人，任何单位和个人无权占有，曲剧团的行为是错误的，要立即停止上述侵权行为，并补发陈涌泉的工资。领导的指示起了很大作用，曲剧团立即停止扣发他的工资。

十年磨一志，甘苦寸心知！在经历了无数次的辛酸与屈辱、努力与抗争之后，陈涌泉终于以一个成熟的编剧身份站在了戏剧舞台上。当历史快速地从寻常人的头顶越过，陈涌泉，这个逆流而上的跋涉者，这个不畏艰险的探索者，这个甘愿清贫的守望者，注定不会停下来，时代也正在呼唤着他去做出更大的成就。他常常提醒自己，在戏剧创作的道路上，最困难的不是种种挫折和打击，而是面对挫折和打击能保持对戏剧事业的执着和激情。因此，他愈挫愈勇，痴心不改，在戏剧创作道路上一往无前。

继《阿Q与孔乙己》之后，在短短的几年时间内陈涌泉又写出了《黄河十八弯》《婚姻大事》等几部大戏，并且都产生了很好的社会影响，《婚姻大事》还成了河南省曲剧团的保留剧目，至今仍是团里的看家戏、吃饭戏。这一时期，陈涌泉除了致力于戏曲创作，还开始了另外一种戏曲活动，那就是对戏曲的推广。事实上，陈涌泉的戏曲创作与戏曲推广是同步进行的。在20世纪末戏曲大萧条的年代，面对文化更加多元、市场更加开放、竞争更加激烈的全球性挑战与较量，陈涌泉敏锐地意识到，戏曲不能坐以待毙，必须主动出击，去培养自己的观众。他认为，既能让喜欢戏曲的观众看后耳目一新，又能使青年观众产生惊艳和相见恨晚的效果，才是一部优秀戏曲作品应该达到的境界。正是基于这种理念，陈涌泉将戏曲创新融入戏曲推广之中，从而又通过戏曲推广促进了戏曲创新。

从 1996 年开始，陈涌泉就经常带领剧团到郑州大学、解放军信息工程学院、河南师范大学、河南省计划统计学校等高校演出《阿 Q 与孔乙己》《婚姻大事》等作品，积极推进“戏曲进校园”活动，吸引大批青年学子来关注戏曲，进而为戏曲培养年轻的观众。陈涌泉之所以高度重视对戏曲青年观众的培养，是因为他始终坚信观众是戏曲的上帝，观众的结构又决定着戏曲的发展、戏曲的明天，而戏曲观众老龄化是戏曲危机的主要原因之一。戏曲是否能够健康发展的关键条件，取决于是否能够尽快改变戏曲观众的比例失调，实现戏曲观众的青年化，尤其是培养具有一定文化层次的青年观众。陈涌泉一再强调，促进戏曲的现代化，戏曲从业人员必须有现代理念，必须在遵循戏曲自身艺术规律的前提下，吸收新的、现代的审美元素和艺术观念，引导和提升观众的审美品位，不断争取新的观众，特别是青年观众。唯其如此，戏曲这一古老的民族艺术才会真正拥有灿烂的明天。

陈涌泉不仅是戏曲观众青年化的倡导者、组织者，还是一个身体力行的实践者、推动者。他多次到中国戏曲学院、河南大学、河南师范大学、台湾大学、美国 MARYMOUT 大学等国内外高校和国家大剧院做专题讲座，不遗余力地向青年学子们宣传普及戏曲文化知识。他希望通过这样的活动，改变青年观众认为戏曲陈旧的观念。2001 年，陈涌泉担任河南省曲剧团副团长后，策划实施了《阿 Q 与孔乙己》进校园“123”工程，即到 100 所大学演出 200 场，观众达到 30 万人次以上。经过这次在高校巡演，剧中小尼姑的唱段“静修庵锁住了春光一片”，甚至还成了高校女生宿舍楼中的“流行歌曲”。实践证明，那些过去没有机会看戏的大学生，一旦接触到戏曲，他们不仅会喜爱戏曲，而且还会有一种相见恨晚的感觉，这让陈涌泉对戏曲青年观众的培养更加充满信心。有一次，陈涌泉到北京出差，在河南大厦遇到了一位当年在郑州大学读书，曾经看过《阿 Q 与孔乙己》的工作人员，当他知道陈涌泉的身份后，就主动地跑过去拉着他的手激动地说：“你就是《阿 Q 与孔乙己》的作者啊！那出戏太棒了，当年我们作为一个大学生看得简直如痴如醉！”陈涌泉每提及此事，总会有一种难以掩饰的欣慰与自豪，他认为那正是实施“戏曲观众青年化”所取得的成果。

陈涌泉之所以把戏曲观众青年化的重点放在高校，主要缘于以下几方面的考虑：

第一，他坚信青年人不是不喜欢戏曲，而是他们没有机会接触戏曲，只有让他们接触戏曲他们才有可能喜欢上戏曲。过去很多人认为戏曲和青年的距离很远，青年人不喜欢戏曲，但从戏曲进校园的效果来看，凡是认真看过一场剧场演出的学生都会喜欢上戏曲。这说明，戏曲与青年的心灵距离要远比空间距离近得多，与其把精力花费在讨论青年喜不喜欢戏曲上，不如赶快拿出实际行动来缩短两者之间的空间距离，青年人对戏曲一见钟情的前提是首先要见到，不见到怎能钟情呢？

第二，戏曲的传承需要有源源不断的从业人员，而高校是培养人才的摇篮，一场甚至几场演出如果能吸引一名大学生将来走上戏曲创作之路，对戏曲发展就功莫大焉。从中还可能产生评论家、管理者等戏曲人才，为戏曲培养直接的生力军。比如说陈涌泉的母校河南师范大学，他不仅自己经常去参与大学生组织的戏曲活动，还把李树建、汪荃珍、谭静波、白燕升等戏曲界的知名艺术家和评论家请去做戏曲讲座。在他的努力推动下，河南师范大学现在不仅在学生中间成立了戏曲社，而且在老师中间也成立了戏曲社，文学院还成立了以戏曲传承发展为主体的非物质文化遗产保护中心，可以说戏曲文化在河南师范大学校园里已经开展得红红火火了。

第三，未来的领导者和决策者必定从今天的在校大学生中产生，而领导者和决策者的文化素质直接决定着他们对文化的态度，让他们及早地接触戏曲，培养他们对戏曲的感情，他们将来走上领导岗位之后就会为戏曲的发展创设良好的环境。

四

2001 年，应著名豫剧表演艺术家李树建邀请，陈涌泉开始创作豫剧《程婴救孤》。2002 年 8 月《程婴救孤》由河南省豫剧二团搬上舞台，并于当年获得第九届河南省戏剧大赛金奖。这个戏改编自元杂剧《赵氏孤儿》，《赵氏孤儿》是一部伟大的经典名著，是被大学者王国维称为“列之于世界大悲剧中亦无愧色”的作品。这部作品在中国戏曲史、文化史上有着广泛而深远的影响，不仅被改编成多种艺术形式，而且早在 18 世纪就传到了法国，成为最早传入欧洲的中国戏剧作品。陈涌泉创作《程婴救孤》时，在继承原著基本情节和精神内核的基础上重新“密织针线”，以当代人的视角和理念，站在新的历史制高点上，重新演绎这段让无数中华儿女为之震撼的悲壮历史。

和元杂剧《赵氏孤儿》相比，豫剧《程婴救孤》的情节更加紧凑，戏剧冲突也更加合理，特别是主题立意的改变，程婴舍子救孤的目的，由原作的个体复仇变为对社稷正义的匡扶，从而使该剧成为一支高扬民族精神的火炬，更加突显出作品鲜明的时代意义和文化价值。但《程婴救孤》搬上舞台后，它的命运并不是一帆风顺，掌声和赞美的背后也伴随有一些非议，比较集中的一种观点是：《程婴救孤》的创作理念不够“现代”，让自己的孩子替别人的孩子去死，这不符合人之常情，也难以让现代人接受。其实，只要不带个人的情绪，来仔细分析一下程婴救孤的整个过程，就不难发现程婴舍弃亲生儿子去救别人的孩子是有着情感和逻辑的前提的，从某种程度上来说，他是舍也得舍，不舍也得舍。程婴救孤儿出宫时，他对韩厥将军郑重承诺，不论付出多大代价都要保孤儿安全，韩厥为守救孤的秘密迅即自杀身亡；孤儿被救走之后，丫环彩凤为守秘密受尽屠岸贾的种种折磨，最后悲惨地死去。在这种情况下，程婴已意识到他救孤不再是他个人的行为，因为已经有两个人为救孤献出了生命，他如若不能保全孤儿性命，将对不住已经死去的韩厥和彩凤，更别说赵家死去的几百个冤灵。而且当时程婴面临着十分凶险的处境，屠岸贾已经下令，如若三天之内没有人交出孤儿，全国半岁以下的婴儿全部处死，如果到那时，程婴不仅救不了孤儿，就连他自己的孩子也无法保全。可以说，各种事件已把程婴推上了风口浪尖，将他置于一个两难境地，他必须做出痛苦的抉择，也就是说他只有舍弃自己的孩子才能去救孤儿及全国的婴儿。真如《史记》记载的那样盗取别人的婴儿献出去，则更残忍！

其实，在中国革命史上，舍弃自己的孩子去救他人的事迹比比皆是。抗日战争时期在一个敌后根据地，一个普通的农村妇女在与军民一起躲避鬼子的大“扫荡”中，为了不暴露军民转移的行踪，亲手捂死了哭闹的儿子。尽管她没有故意杀死自己儿子，但她肯定知道长时间捂住孩子会出现什么样的结果，在那种情况下，她必须做出这样的选择。即便是在今天，这种先人后己的事情也不乏其人。在 2012 年四川阆中发生的天然气井喷事故中，一个村民发现险情后先是挨家挨户地通知村民及时撤离，可当他最后走进自己的家中时，却发现已有八位亲人在事故中死去，其中也包括他年幼的儿子。这位村民肯定不是故意抛下亲人于不顾,但在那生死关头,他首先想到的是要去救离自己最近的村民,如果他先回去叫自己的亲人,可能就会有更多的村民死去。即便是在强调个体价值的西方,这样的事情也时常发生,在举世震惊的泰坦尼克号海难中,就有一位年轻的女子主动把逃生的机会让给别人,然后从容地与巨轮一起沉入大海。其实,衡量一种创作理念是否现代,关键要看它是否能让现代人受到思想的启迪,得到精神的鼓舞,引起情感的共鸣。风平浪静之中无法体验到大海的力量, 真理从来都是在血与火的较量中才显得崇高。人不是自然的人,而是社会中的人,个体永远无法割裂与群体的关系。个体价值至高无上的说法永远是个伪命题,当群体需要个体做出牺牲时,个体没有选择;同样,没有个体做出牺牲,群体也就不会存在,只有在为群体做出牺牲时,个体的价值才能得到最大程度的体现。程婴舍弃亲生孩子去维护社稷、匡扶正义、担当道义、兑现承诺,这正是个体对群体做出的牺牲,同时也是我们传承已久的伟大的民族精神,是我们这个时代呼唤和需要的价值取向,也是我们民族走向世界所应有的文化自信!

面对各种各样的议论,陈涌泉都以虚怀若谷的态度认真听取。他认为,越是大家议论得多,越说明大家对这个剧目关注得多,这有利于他获取正反两方面的意见,有利于剧目的进一步完善和提高,有利于拨开层层的迷雾去窥见事物的真相。《程婴救孤》搬上舞台后,包括陈涌泉在内的所有主创人员没有因获奖而止步,没有因众说纷纭而迷茫,在他们心中只有一个明确的目标,那就是要将这个剧目打造成一个经得起时间和市场检验的精品力作。他们本着一切从观众出发,始终坚持在演出中进行锤炼,在市场中接受检验,他们认为观众才是检验一个剧目最具权威的裁判。事实上,《程婴救孤》自搬上舞台到冲刺“文华大奖”,大的修改有十余次,小的修改不计其数,而陈涌泉始终坚持一个原则,那就是必须保证每次修改都会有一个明显的提升。这种执着的背后,是何等的艰辛,完全可以想象,在多少次晓月当空的夜晚,陈涌泉度过了一个又一个不眠之夜。

陈涌泉在创作《程婴救孤》时,脑海中闪现最多的是自己的父亲与程婴的相遇,特别是当听到别人批评他《程婴救孤》创作观念陈旧,程婴舍弃自己的儿子去救他人孩子不合常理时,他的脑海中就会出现父亲与程婴在一起交谈、饮酒的情景。父亲说“我是个疯子”，程婴说“我是个丧良心的人”，父亲又说“我没有养育四个儿子”，程婴接着说“我把亲生儿子送上了断头台”……然后两人时而仰天大笑，时而相拥而泣，时而举杯豪饮……那声音撼天动地，鬼哭神惊！谁说历史都是无法叩响的记忆，谁说生命都是远逝天边的流星，每到这时陈涌泉总能聆听到历史长河中惊涛拍岸的回响，总能感受到现实生活中金戈铁马的搏杀，伟大的生命既能和光同尘，更会与日月同辉。同时陈涌泉也更加明白，父亲的爱是一种多么宽广无私而又痛苦寂寞的爱，他对别人的孩子能够如此关爱，他又何尝不爱自己的孩子，只是他微小的肩膀放不下太多生命的重荷。

陈涌泉的父亲非常喜欢看戏，是一个地道的老戏迷，农村十里八乡唱戏他都要去看。2002 年《程婴救孤》荣获第九届河南省戏剧大赛金奖后，父亲还特地给陈涌泉打了一个电话，说他在电视里看到《程婴救孤》获奖的消息了，当时全村的父老乡亲坐在一起看了这部戏。平淡的话语之中，饱含着父亲对儿子的多少深情，也寄托着父老乡亲的多少荣耀。接到父亲电话的那一刻，陈涌泉禁不住热泪盈眶，他多想告诉父亲，是父亲给了他创作的素材和灵感，是父亲给了他创作的勇气和动力，是父亲的大义大爱成就了他笔下的程婴，也成就了《程婴救孤》这部戏……最后，陈涌泉在电话里对父亲说：“爹，你好好地活着，等到你八十大寿时，我回去给你请一台大戏，而且给你唱《程婴救孤》！”

2003 年初，有一天父亲突然给陈涌泉打了一个电话，说他想到郑州看看他们一家，顺便住几天。当时，陈涌泉被抽调即将随河南省文化厅到北京，在长安大戏院举办“河南戏剧演出月”活动，他告诉父亲等他回到郑州后就马上回老家接他。可还没等“河南戏剧演出月”活动结束，“非典”的疫情就迅速蔓延。陈涌泉与河南省文化厅副厅长杨丽萍等领导从北京回郑州时，全省也随即掀起了抗击“非典”的宣传演出。陈涌泉积极响应省里的号召，马上投入抗击“非典”的宣传演出组织工作中。作为一个文艺工作者，作为一个剧团的业务团长，国难当头，陈涌泉没有理由退却，他只好把接父亲的事情暂时藏在心底。可没过几天，陈涌泉突然接到三哥的电话，说父亲因肺衰竭而入院，病情十分严重。陈涌泉立即赶回唐河老家，看到的是父亲躺在病床上已经重度昏迷，任凭他如何呼唤，父亲再没有睁开眼睛，并于第二天端午节去世。陈涌泉抱着父亲号啕大哭，心中充满了无限的愧疚，父亲没有看到他匆忙回家的脚步，没有听到他叙说没能及时回去的理由，他也没能和父亲说上最后一句话……陈涌泉望着再也唤不醒的父亲，想到了屈原“亦余心之所善兮，虽九死其犹未悔”的千古绝唱。屈原为了一个国家在这一天投河自尽，父亲不正如屈原吗？为了一个家族和一句承诺，也在这一天耗尽了生命。陈涌泉的父亲去世时79岁，他没有等到八十大寿那一天，没有等来儿子为他请的大戏，更没能和乡亲们一起分享儿子写的《程婴救孤》，这成了陈涌泉永远的遗憾。就在父亲去世后的第一个春节，陈涌泉把河南省直艺术院团的艺术家和唐河县豫剧团请到老家唱了几天戏，兑现了对父亲的承诺，也实现了广大父老乡亲的心愿。

2004年9月17日至19日，经过无数次修改加工后的《程婴救孤》在杭州东坡剧院倾情上演，参加第七届中国艺术节的各项角逐。其一波三折的剧情，声声泣血的唱词，激昂豪迈的唱腔，铿锵激越的表演，在风景如画的西湖岸边掀起了一阵又一阵的冲击波，也给来自全国的观众带去了强烈的艺术震撼。没有人想到，来自中原的豫剧会在吴侬软语的江南产生如此强烈的反响，更没有人想到，来自两千多年前的程婴会与当代的观众产生如此强烈的共鸣。9月26日，浙江绍兴艺术中心华灯闪烁，一轮象征圆满的金色圆月缓缓升起，一曲《记住今晚，记住绍兴》在大剧院里荡气回肠。第七届中国艺术节颁奖典礼正在这里举行，《程婴救孤》一举夺得第十一届“文华大奖”第一名、第七届中国艺术节“观众最喜爱的剧目”第一名，同时，还获得了多个单项奖，陈涌泉荣获“文华剧作奖”，实现了河南“文华大奖”零的突破，圆了河南几代文艺工作者的梦想。

《程婴救孤》荣获“文华大奖”后，河南省人民政府重奖剧组全体人员，为陈涌泉记二等功一次。陈涌泉，这个昔日曾帮父亲去卖废品的农民的儿子，这个昔日曾和同学们一起睡地铺的学生，如今成了河南人民的功臣，他的名字被写入了中国戏曲史，也写入了中国文化史！然而，又有几人知晓，陈涌泉在创作《程婴救孤》剧本时，压根就没有想过要去当人民的功臣，他甚至连河南省豫剧二团一分钱的稿费都没有要。当时，河南省豫剧二团正处在最困难的时候，他们开始排演这个剧目时，团里的账户上只有800元钱，陈涌泉完全是报着信任理解、真诚合作的态度，报着振兴河南戏剧事业的美好初衷，全身心地投入创作之中的。

遗憾的是，在第七届中国艺术节的颁奖典礼上，当《程婴救孤》的剧组人员沉浸在获奖的兴奋与喜悦之中时，在这个光荣的群体里，却少了一个重要的人物——编剧陈涌泉。那一刻，在千里之外的河南省会郑州，人们也在为《程婴救孤》荣获"文华大奖"第一名而欢欣鼓舞，可陈涌泉却在郑州大学第一附属医院的病房里守护着病重的母亲。当《程婴救孤》剧组人员在荣誉、鲜花和掌声中沉醉的时候，陈涌泉却面临着另一番境遇，他承受着人生以来最大的痛苦，他眼睁睁地看着勤劳慈祥的母亲即将走到生命的尽头。

就在陈涌泉备战第七届中国艺术节期间，为支持他全力修改《程婴救孤》剧本，母亲从老家到郑州帮他照看孩子。不幸的是，母亲在带孩子过程中不小心摔了一跤，老人却再也没有站起来。当陈涌泉把母亲送到医院后，母亲的病情就开始急转直下，医院接连下了几次病危通知。就在《程婴救孤》获奖的第二天，陈涌泉走出母亲的病房，看到大街上所有的报纸都在最显著的版面登着《程婴救孤》获奖的消息，他就到报亭上买了一份《大河报》带到病房里，该报的头版就刊登着"《程婴救孤》在绍兴荣获'文华大奖'第一名等 6 项桂冠，陈涌泉获文华剧作奖"的消息。陈涌泉本想把这一消息念给母亲听听，让老人家也能分享一下这亿万人的喜悦，可病房里有许多病人，他怕打扰别人，况且此时母亲已经意识模糊了，最后他就把那份报纸塞在了母亲的枕下，希望沉睡中的母亲能感知到报纸上那份喜悦和感动。

当天是农历八月十四，当一轮洁白的明月冉冉升起，照耀着广袤的中原大地，陈涌泉母亲的病情再度恶化。老人清醒时曾提出要"落叶归根"，要回归她劳动生活了一辈子的土地。为了完成母亲的心愿，陈涌泉不得不提前让母亲出院。当车静静地穿越朦胧的夜色，驶向母亲一直魂牵梦萦的土地——南阳唐河，陈涌泉在车内望着母亲泪流不止，他不时地叮嘱司机："开稳点！开稳点！"似乎是怕惊动了熟睡中的母亲。陈涌泉知道，故乡愈来愈近，母亲将会变得愈来愈远，此时此刻他多想这条路能再长一些，自己能多陪母亲一程。回到唐河，陈涌泉又把母亲送进县人民医院，他希望在那里能有奇迹出现。可到了农历八月十六的晚上，在儿女们的千呼万唤之中，这位劳碌了一辈子的母亲还是安详地去了。当天夜里，碧空如洗，深远沉寂，一轮明月高挂苍穹，洒下无数清澈肃穆的辉光，仿佛垂天而降的素缟，在为这位苦难的母亲致哀。陈涌泉坐在车上扶着母亲的灵柩，缓缓地行驶在乡间的马路上，在他的心里，世界已变得一无所有。

● 2006年1月，国家舞台艺术精品工程十大精品颁奖展演后，时任文化部部长的孙家正率文化部班子成员接见《程婴救孤》剧组人员

母亲又回归了大地，陈岗村北头田野里，又新添了一座坟茔。陈涌泉一身孝服，跪在母亲的坟前，“咚、咚、咚”磕了三个响头。在那一刻，陈涌泉感到所有的举动都已没有意义，那三尺黄土成了他永远无法逾越的鸿沟，他只好在母亲的坟前将《程婴救孤》的剧本焚烧，那缕缕的青烟之中，是母亲的大爱在升腾，陈涌泉希望它与母亲一起飞到天堂，陪伴在母亲的身边。“如果没有《程婴救孤》这部戏，母亲可能还不会离开宁静的乡村生活；如果不是我赶时间修改剧本，对母亲照顾好一些，病看得更及时一些，母亲也许就不会那么快地离我们而去……”陈涌泉每说到这里就会泣不成声，他说故乡是所有漂泊在外的人的根基，然而一旦没有了父母，这个根就不知还能扎在哪里……

《程婴救孤》获得“文华大奖”后便一发而不可收，接着又先后荣获2004—2005年度国家舞台艺术精品工程十大精品剧目第一名、中宣部第十届“五个一工程”奖、“中国戏曲学会奖”等诸多国家大奖。同时，全国迅即又出现了一个“孤儿热”，先是北京人艺、国家话剧院的话剧《赵氏孤儿》相继上演，后来又有越剧版和电影版。就其社会效应和持续影响而言，豫剧《程婴救孤》远远超过了其他版本的《赵氏孤儿》。这里还有一段小小的插曲。

陈涌泉得知导演陈凯歌准备拍《赵氏孤儿》后，他认为在中国一流导演争相翻拍外国作品的浪潮中，陈凯歌能够回归到本土文化，从中国传统文化中寻找题材，这本身就是一种值得肯定的创作追求。陈涌泉一直在关注"赵氏孤儿"这个题材，并且多年如一日地在研究这个题材，而且他自己已经在做创作电影的准备，甚至他的电影剧本大纲都已经列了出来。他认为，在目前的中国，就"赵氏孤儿"这个题材来说，自己的创作应该是一流的，如果一流的导演遇不到一流的本子，是他的遗憾，也是导演的遗憾。他多么希望陈凯歌的创作团队能够拿到一个好本子，把"赵氏孤儿"这个题材以电影的语汇、电影的手法拍成一个精品，并把它推向世界。鉴于这种思考，陈涌泉就通过北京电视台的一个朋友跟陈凯歌联系，试图看一下在剧本创作上有没有合作的可能。后来陈凯歌团队里的一个负责人给陈涌泉留了一个电话，让他主动联系。由于种种原因，陈涌泉就一直没有主动去打这个电话。对此，陈涌泉多少有点遗憾，他之所以没有打这个电话，原因并非他工作一直很忙，更多是因为文人的一点自尊。

2009年，《程婴救孤》剧本入选高等教育出版社出版的全国高职高专教育"十一五"规划的《大学语文》教材，该教材的戏剧文学单元荟萃了古今中外的优秀剧作，《程婴救孤》是唯一入选的当代戏曲剧本。该教材副主编段秋月女士说，教材选文以史为经，精选中外戏剧文学不同发展阶段有代表性的名家名篇，《程婴救孤》剧本在继承传统的基础上大胆创新，实现了民族精神和时代精神的有机统一，有助于提高学生的文学修养、审美情趣和文学鉴赏能力。该教材是全国最具权威的大学语文教材之一，《程婴救孤》能够入选再一次证明了它的价值。

《程婴救孤》堪称河南戏剧在新世纪的突围之作，就这个剧目荣获国家大奖的数量、演出的场次和观众的反响、在中外文化交流中外国观众的接受程度，以及被全国其他剧种移植的次数，在河南当代戏剧史上都是前所未有的，在全国也是极为罕见的。可以说，《程婴救孤》创造了当代戏剧的一个神话，它不仅能进赛场也能进市场，不仅能让豫剧演也能让其他剧种演，不仅能在国内演也能到国外演，打破了当代戏剧"改编经典却难成经典、获得大奖却难占领市场、国人欣赏却难走出国门"的怪圈，成为当代豫剧的扛鼎之作。

《程婴救孤》能够取得如此巨大的成功，其中的原因是多方面的，但最关键的因素是它扎根于民族文化的深厚土壤，高扬起民族精神的火炬，唤醒了当代观众对民族文化的记忆。而实现这一切的首要功臣就是陈涌泉。在各种时髦的潮流中，陈涌泉始终坚持自己的创作理念和创作追求，他没有对民族传统随意解构，也没有对外来文化盲目追随，而是集中展示民族文化中最核心的精神理念，传递中华民族在当下最具人类普遍意义的价值追求，一以贯之地走传承借鉴、创新发展的路子。

陈涌泉对民族传统文化有着深厚的造诣，尤其是对传统文化中的经典名著，更是怀着无比的敬畏之心。他认为经典是传统文化的高度浓缩，是后世文学创作取之不尽，用之不竭的宝贵财富，正如马克思评价希腊神话时说的那样，它不仅是武库，而且还是土壤。《程婴救孤》创作于本世纪之初，那是一个希望与困惑交织、激情与疲软相伴的年代，对民族文化的冷漠和无知，让很多人迷失在经济高速发展的大潮之中。陈涌泉敏锐地意识到了这一点，他怀着一个作家高度的责任感，把目光重新集聚在传统上，集聚在民族文化的经典上。他之所以选择这一题材，正是看重了程婴的救孤之举，体现了一种视死如归、敢于担当的民族精神，而对于世纪之交的中国人来说，最缺少的就是这种民族精神，他希望通过弘扬民族传统进而高扬起民族精神的旗帜，为这个时代的人照亮回家的路。

作为经典名著改编的成功范例，陈涌泉创作《程婴救孤》的最大亮点在于他继承了原著中的历史精神。何谓历史精神？简言之就是在历史发展过程中不断地被阐释、升华，而又始终受到后人敬畏的精神。《程婴救孤》虽然演的是两千多年前的事情，但其所传达的热爱和平、担当道义、忍辱负重、舍生取义的价值追求，早已植入中华民族的骨髓深处，成了中华民族遭万劫而不毁的精神动力。陈涌泉在改编《赵氏孤儿》这一经典名著时，首先看重的就是其中所蕴含的历史精神，主题立意的确立、人物关系的设置、故事情节的展开，都是基于表现和强化这种历史精神，体现出一种严谨的创作态度。观众在欣赏这个剧目时，之所以没有感觉它很遥远，其中的奥秘就在于改编者“复活”了原著中的历史精神，这种来自历史深处的生命呐喊，一下子就唤醒了观众流淌在血液中的文化记忆，让他们不约而同地与剧中的人物同悲同喜，在审美娱乐中完成灵魂的升华。

陈涌泉创作的《程婴救孤》之所以能够复活历史精神，在于他有一种高度的历史自觉。高度的历史自觉表现在对历史规律的清醒认识，对历史方向的准确把握，对历史前景的主动营造，有无历史自觉是历史剧创作能否成功的关键所在。陈涌泉创作《程婴救孤》的目的是非常明确的，他希望为这个时代创作出一部能够引领人的精神走向圣洁的作品，让迷失在这个时代的人重新明白自己从哪里来，又要到哪里去。在谈到创作《程婴救孤》的体会时，他曾经这样说道："我在改编中着重突出的是正义与邪恶的较量，善良与残暴的比拼，是一个民族在大是大非面前应有的态度。程婴等人冒死历险，用生命救下的，决不是一个复仇的种子，而是一个民族的精神和良知。"这不仅是他创作该剧的追求目标，更显示了这个剧目的时代价值。

同时，陈涌泉在创作《程婴救孤》时，还十分强调尊重并满足当代观众的审美需要。他在尊重原著基本历史事实的前提下，对故事情节和主题立意都作了巧妙而又必要的改动，重心由"复仇"转移到"救孤"，主题由"忠奸斗争"变为"匡扶正义"，着力突出人的生命价值，集中展示人的心路历程，充分展现人的精神世界，主动关注人的现实命运。通过描述程婴 16 年艰难的育孤历程，拓展了人性的丰富内涵，将程婴光辉的人格与伟大的民族精神融合在一起，让中华民族五千年的历史在观众的心里一下子变得豁然开朗，同时也使观众明白了中国的历史并不是一些人所鼓吹的充满权奸的厚黑史，而是前赴后继的奋斗史、不畏强暴的抗争史、舍生取义的担当史，让观众在民族的自豪感与自信心中获得了无限的审美娱乐。

《程婴救孤》的成功，不仅为当代戏剧增添了一部不可多得的精品力作，同时也形成了陈涌泉关于历史剧创作的基本理念，那就是敬畏传统经典、具备历史自觉、传达历史精神、满足当代观众。陈涌泉将这一基本理念贯穿于他整个的戏剧创作之中。

2008 年，陈涌泉创作了大型新编古装豫剧《李香君》。该剧是根据清代剧作家孔尚任的《桃花扇》改编而成，陈涌泉在创作《李香君》时，同样怀着对原著的敬畏之心，他说："大家都在谈创新，但创新不是颠覆传统，而是要首先尊重戏曲的传统。"从《阿 Q 与孔乙己》到《程婴救孤》，再到《李香君》，陈涌泉的创作思想一脉相承，没有激进的改编，没有哗众取宠的标新立异，而是通过合理的现代转换，将原著中所蕴含的民族精神重新复燃，让它成为照亮这个时代的火炬。孔尚任的《桃花扇》是"借离合之情，写兴亡之感"，而在陈涌泉的笔下，他在尊重这一主旨的基础上，将政治斗争作为人物活动的背景，主要表现了李香君和侯方域相知相爱的心路历程，以及两人在国难当头时所表现出的民族气节和精神坚守。他说："如果说《程婴救孤》写的是'义'，《李香君》则突出的是'节'。无论是义还是节，都是中华民族价值观的体现，都是我们时代的呼唤。通过笔下的人物来回应当前时代的呼声，引发当下观众的思考，一直是我创作中自觉的文化追求。"

《桃花扇》原本需要连演 9 天才能演完，陈涌泉在不改变原旨的前提下，将其浓缩在 130 分钟之内，这的确需要深厚的功力。《李香君》首次公演即取得巨大成功，当"一带妆楼临水盖，家家粉影照婵娟"的秦淮风情出现在观众面前时，台下响起一片掌声。很多观众表示，如此精美细腻的豫剧非常迷人，舞台变化让人觉得似乎是在看电影，传入耳中的却是原汁原味的豫剧，这样内容的坚守与形式的创新让人觉得十分新颖。陈涌泉说，看似旧的题材，通过现代解读，融入时代精神和时尚元素，就能给人一种焕然一新的感觉。但无论包装如何精美，声光电的运用如何现代，观念如何前卫，必须保证让观众看到的仍然是豫剧。"借鉴姊妹艺术的表现手法，是为了让现代的艺术表现形式与豫剧的程式有机交融，充分展现豫剧艺术的精髓和神韵。"这正是陈涌泉在艺术追求创新中的体现。

在一片赞美和祝贺声中，有人对《李香君》提出了异议，认为剧情与历史有较大的出入，焦点集中在李香君到底回没回商丘，侯方域最后是不是又参加了抗清斗争。其实，艺术作品不同于历史著作，大可不必怀着鸡蛋里挑骨头的心理来追问艺术作品距历史真相到底有多远，因为历史剧不是考证历史细节，而是要传递历史精神。假如我们处在他们的时代，处在他们的环境之下，扪心自问，我们就一定比他们做得更好吗？不管李香君到底回没回商丘，但她作为中华女子的杰出代表，其威武不屈的民族气节堪称巾帼英雄；不管侯方域最后有没有再参加抗清斗争，但他作为一个有抱负、讲气节的知识分子，完全可以当作后人学习的楷模。面对各种各样的祝贺和褒奖，陈涌泉始终保持着一种冷静和客观的心态，他说："要把豫剧打造成具有现代品格和高雅品位的艺术，创作者必须懂得倾听时代的声音。"

2013 年荣获第十届中国艺术节"文华优秀剧目奖"的山东梆子《两狼山上》，同样也体现了陈涌泉的这种创作追求。杨家将的故事在中国家喻户晓，但传统戏的基本模式都是奸臣当道、忠良蒙难。不过该剧没有停留在忠奸对立的简单层面上，而是从历史的高度、社会的广度、人性的深度，着力刻画以杨业为代表的杨家忠烈，在国家利益、民族大义面前舍生忘死的英雄情怀。故事情节由原来杨家将因家族恩怨被奸臣害死转化为杨家将为国家荣誉英勇战死，突出了他们对国家和民族的赤胆忠诚，强化了他们牺牲的历史意义。全剧除横刀立马的英雄气概之外，还充满着他们对亲情的眷恋，对故土的热爱，对和平的向往。与传统戏相比，剧中的杨家将更加血肉丰满，他们身上既有英雄的光芒，又有普通人的情感，因而也更容易引起现代人强烈的情感共鸣。

经过大量的创作实践，陈涌泉在历史剧创作，特别是在对经典名著改编方面，形成了他系统的创作理论。首先他对经典改编高度重视，认为改编同样充满着创造的智慧，而且创造要高于继承。对经典名著的改编不仅是戏剧创作的重要组成部分，也是古今中外戏剧创作的优良传统。科学家只有站在巨人的肩膀上，才能真正推动科学的进步；戏剧创作亦然，只有在经典的基础上不断创新，才能创作出更多的新的经典。其次他认为尊重经典而又不能拘泥于经典，要在保留经典精华的基础上，赋予它崭新的时代意义，从而真正推动戏剧的发展。

陈涌泉认为，对经典名著的改编一直存在着两个突出的问题：要么一味颠覆、解构，为创新而创新；要么膜拜在名著脚下，机械“复印”，不敢越雷池半步。前者是对经典肆意的破坏，后者是对经典盲目的守旧，本质上都是对经典的无知。陈涌泉认为，改编名著应从“仰视”“平视”发展到“俯视”，“仰视”即改编者对名著要有敬畏心，“平视”即改编者要有与名著平等对话的平常心，“俯视”即改编者必须具有一定高度，要有勇于创新的勇敢心，发现并突破名著局限。这是改编者对待名著应有的态度，它决定了改编的准度精度，以及改编作品的艺术高度、生命长度、流传广度。正如王国维所说：“须入乎其内，又须出乎其外。入乎其内，故能写之；出乎其外，故能观之。入乎其内，故有生气；出乎其外，故有高致。”在陈涌泉看来，人生如此，改编名著也要如此。能入能出，方能既得名著精髓，又不为糟粕所累；能入能出，方能找准改编方向，理出创新思路。他说：“名著有灵性，心心相印，必有感应。在与改编者穿越时空的对话、碰撞中，使观众达到‘虽观旧剧，如阅新篇’的审美效果，使名著迸发出时代光彩。”这正是名著改编所应遵循的基本原则。

2013 年 11 月，陈涌泉应邀赴台湾参加由中国戏曲学院与台湾大学戏剧学系联合主办的“两岸新锐剧作家论坛”，他发表了“名著改编要从仰视到俯视”主题演讲，对经典名著的改编进行了系统而又深入的总结。他说：“膜拜名著是美德，但对戏剧创作来说未必是好事。在当今文化多元化的时代，戏曲必须与时俱进，契合现代人的审美情趣，着力追求文化底蕴、文学品位、现代理念，才能让传统戏曲的现代化不停留在口号上。”他的观点立即在论坛上引起两岸戏剧界同仁及台大师生的热烈讨论。陈涌泉的观点并不是一时的心血来潮，而是他多年来戏剧创作一贯坚持的追求，更是他对自己创作经验所作的理论总结，这无疑是陈涌泉对当代戏剧创作做出的重大贡献。

五

陈涌泉在致力于戏曲观众青年化、传统戏曲现代化的同时，还在进行着民族戏曲世界化的探索与尝试，积极参与国家与地区间的文化交流。由他创作的曲剧《阿 Q 与孔乙己》于 2011 年赴台湾进行交流演出，他创作的豫剧《王屋山的女人》于 2014 年入选第十六届上海国际艺术节，特别是他创作的豫剧《程婴救孤》，近十年来多次代表国家到世界各地参与跨文化交流，不断在世界上掀起“中国戏曲热”，成为中国戏曲走向世界的一张名片。陈涌泉亲自参与组织了这一系列的文化交流活动，当他站在异国的土地上，当他看到外国的观众在为民族艺术而热情鼓掌时，他总会为民族文化而骄傲，同时也在不断思考着民族文化走出去的策略与途径。

2006 年 7 月，文化部在河南举办“情系中原——两岸文化联谊行”对台交流活动，为出席活动的嘉宾举行《程婴救孤》专场演出，拉开了参与两岸文化交流的序幕。2007 年 1 月，作为“中原文化港澳行”的重要内容之一，《程婴救孤》首次到香港演出；5 月，作为内地唯一一台地方戏参加第十八届澳门国际艺术节；6 月，又应邀到台湾与台湾国光剧团进行交流演出，架起了两岸文化交流的桥梁。《程婴救孤》在一年之内演遍港澳台地区，也为它即将走向世界进行了热身。2008 年 5 月，作为“河南精品艺术海外行”的首选剧目，《程婴救孤》赴意大利参加罗马中国戏剧节，6 月又到法国巴约纳国家剧院演出，迈出了它走向世界的第一步。2010 年 3 月，戏曲

《程婴救孤》参加澳门第十八届国际艺术节时，陈涌泉和外国友人合影

电影《程婴救孤》获得第十五届美国洛杉矶国际家庭电影节最佳外语音乐片奖，填补了中国戏曲电影在该领域里的空白；2011 年 1 月，《程婴救孤》首次赴美国开展文化交流，在洛杉矶举行两场演出；2011 年 9 月，《程婴救孤》在厦门参加“国际剧协第三十三届代表大会”演出。

尤其值得一提的是，《程婴救孤》在美国百老汇的演出，为中国戏曲走向世界书写了光彩的一页。2013 年 2 月 18 日，受美国美亚文化交流集团邀请，《程婴救孤》登上美国纽约百老汇舞台，为观众献上了一台中国戏曲的视听盛宴。这是《程婴救孤》第二次赴美国开展文化交流，也是中国地方戏首次登上百老汇舞台，而且完全按照百老汇的规则，采用市场化的商业运作模式。《程婴救孤》在百老汇一举成名，受到美国主流社会的高度关注，出现了排起长队购票的壮观场面。当《程婴救孤》的旋律回荡在百老汇的夜空，与美利坚民族的欢呼声相互交响，豫剧成了沟通中西方的一道绚丽的彩虹。

《程婴救孤》获得到百老汇演出的资格经历了太多的曲折。美亚文化交流集团是《程婴救孤》赴百老汇演出的邀请方和主办方之一，其董事局主席唐玲介绍，《程婴救孤》申报在百老汇演出经过了 5 个关口，每一个关口的要求和条件都是十分苛刻的，等到所有手续都办下来，距《程婴救孤》约定赴美国演出时间只剩下了 13 天。而且，《程婴救孤》赴百老汇演出期间，正赶上美国第六十六届托尼奖评奖前各个参赛剧目积累演出场次的冲刺阶段，剧场被占得满满的，约定的剧院也仅能腾出一天演出时间。这一切都表明一个事实，《程婴救孤》必须在约定的时间内赴美演出。

要在一个对豫剧基本没有认知的陌生环境里，又没有任何官方背景和资金投入的情况下，靠短短的 13 天来做宣传推广，其困难是可想而知的。没有赠票，全靠售票，上座率究竟会如何？这成了大家共同担心的问题。即便在国内，一场戏曲演出全靠售票撑场子，也不是一件容易的事，何况又是在美国，而且是在美国的百老汇。但演出档期已经定了下来，各方因素限制《程婴救孤》只能在 2 月 18 日这天演出。

当地时间 2 月 16 日下午，经过近 20 个小时的飞行，刚刚到达纽约的《程婴救孤》演职人员，来不及休息就马不停蹄地到纽约金鹰日间活动中心举行新闻发布会暨豫剧与美国戏剧研讨会，介绍《程婴救孤》的相关情况，与美国戏剧界的专家切磋技艺、交流艺术。纽约在线、洛杉矶新闻、华文报纸《世界日报》等都刊登了《程婴救孤》将在百老汇演出的消息。为了能在较短的时间里拉升票房，《程婴救孤》的所有演职人员顾不得倒时差，第二天一大早，就驱车一个半小时，赶往纽约法拉盛华人聚集区参加河南同乡会的活动。所有的努力，都是希望能对 2 月 18 日的票房有所裨益。

演出的前一天，美亚文化交流集团董事局主席唐玲突然告诉剧组一个不幸的消息，本来百老汇的售票院线可以保证再售 300 张票，但 2 月 18 日正值美国的总统日，是法定的休息时间，生活在曼哈顿城中的美国人很多都处于外出度假的归途中，因此这 300 张票无法保证售出，约定演出的剧院对此也不无遗憾。最后只剩下了唯一的办法，那就是靠艺术说话，靠艺术去吸引美国观众。

2 月 18 日晚 7 时，《程婴救孤》在百老汇 Studio 54 剧院准时开演。可容纳 1000 余人的剧院上座率接近六成，随着剧情的一步步展开，演出逐渐进入高潮，现场的观众有许多被感动得热泪盈眶。谢幕时，观众全体起立，掌声经久不息，化作一股股声浪此起彼伏。演出结束后，旅居美国的华人车先生激动地说："真是太好了，太感动人了,我是流着泪看完演出的。感谢你们给我们送来了这顿文化大餐。中国的振兴离不开'程婴救孤'的这种奉献精神。"一位叫卡洛尔的白人女士在接受采访时说:"我非常荣幸能看到中国的豫剧,故事很精彩、很感人,也很悲伤,通过字幕我读懂了故事情节,了解了戏剧本身所反映的正义的力量。"中国常驻联合国代表李保东大使、中国驻纽约总领事馆文化参赞孔晶等观看了演出,并会见了全体演职人员。李保东大使在接受记者采访时说:"这次河南豫剧在纽约的演出非常成功,唱腔和旋律都很优美,我感到十分亲切,说明中原文化底蕴深厚,也反映了河南豫剧的强大实力,符合国家提出的建设文化强国的要求,我为中原文化走向世界感到骄傲和自豪。"

历史有时会惊人的相似。为了扭转西方人对中国戏曲文化的误读,1930 年的农历大年初一,正当中国人民喜迎传统节日春节时,艺术大师梅兰芳准备八年举债 10 万,在大洋彼岸的美国首次将中国的国粹京剧带上百老汇舞台,演出剧目是京剧《汾河湾》,从此京剧开始风靡世界。无独有偶,同样是春节期间,2013 年的大年初五,为了将中国的戏曲艺术推向世界,河南豫剧院院长、《程婴救孤》的领衔主演李树建与编剧陈涌泉、导演张平等一行 50 多人,同时也带着河南人民的希望与重托,跨越浩瀚的太平洋,奔赴美国东西海岸,为《程婴救孤》展开为期两周的商演之旅。他们此行的目的地正是梅兰芳大师曾经演出过的美国纽约百老汇,所不同的是梅兰芳是在百老汇第 49 街,而《程婴救孤》是在百老汇第 54 街。

百老汇原本是美国纽约的一条大街,因其汇集了众多闻名遐迩的剧院,并取得了无与伦比的艺术成就,所以当人们提起百老汇时,已经忽略了它"宽街"的原意,而是把它同戏剧艺术作为同一语。正因为如此,百老汇成了世界戏剧艺术的最高殿堂,也成了无数艺术家心中的圣地。《程婴救孤》此次演出的 Studio 54 剧院,始建于 1927 年,是享有盛名的百老汇联盟中 40 家老牌剧院之一,在这里曾经上演过许多世界顶级的戏剧精品。豫剧首次在百老汇演出,开创了中国地方戏进军百老汇的先河,也实现了新中国成立以来中国戏曲在百老汇演出的零的突破。《程婴救孤》圆梦百老汇,是豫剧人的梦想,也是中国人的梦想,正如主演李树建所说:"当百老汇的大门向我们打开的时候,我们的演员眼含着热泪说,百老汇,河南豫剧终于来了!"当《程婴救孤》剧组离开百老汇时,陈涌泉也在微博中写道:"再见,宁静的麦迪逊宾馆;再见,百老汇;再见,纽约!昨天,走进剧院的那一刻,二团的艺术家们热泪盈眶地说,我们终于来了!今天,告别之际,我想说,我们还会再来!"

《程婴救孤》之所以能从演红国内到走向世界,其中最关键的一条是它始终贯穿着一种强烈的文化输出意识,意在通过与不同文明的激烈"交锋",让民族文化得到检验与提升。事实上,《程婴救孤》也实现了这一目标,不论是在香港的地标性建筑葵青剧院还是在金碧辉煌的罗马音乐厅,不论是在美丽的法国港口城市还是在美国百老汇世界顶级的艺术殿堂,《程婴救孤》都以其鲜明的民族特色和巨大的艺术魅力,提振了中华文化在国际舞台上的影响力,也为民族文化参与人类跨文化交流积累了宝贵的经验。《程婴救孤》能够走向世界的因素很多,但主要缘于三方面的突破和尝试。

一是在历史与艺术之间,《程婴救孤》体现出了一种高度的文化自觉。艺术侧重于审美,而文化侧重于认知,只有当艺术具备了丰富的文化内涵,才能够准确地传达出亘古不变的历史精神。《程婴救孤》虽然改编自元杂剧《赵氏孤儿》,但改编者突破了原作的复仇主题,着力张扬这一题材中所蕴含的民族精神,具备高度的文化自觉和强烈的文化自信。程婴等人舍身救孤的目的不是为培植一颗复仇的种子,而是出于对社稷的匡扶,对道义的担当,对诚信的承诺,对信仰的坚守,体现了一个民族在大是大非面前应有的态度和良知,也是华夏五千年文明得以传承延续的文化基因。《程婴救孤》所传达的热爱和平、追求正义、忍辱负重、舍生取义的精神,不仅是中华民族的,也是全人类所共有的宝贵精神财富。这种普世的价值取向,犹如一支耀眼的火炬,使《程婴救孤》穿越了历史和国界,架起了中西方文化沟通的桥梁,成为外国人了解中国历史、了解中国文化、了解中国人的精神世界和价值诉求的重要载体。

二是在传统与现代之间,《程婴救孤》着重突出了人的主体价值。改编者一改原作忠奸斗争的简单框范,集中展示主人公的心路历程和精神世界,表现他在绝境之中的不屈与坚韧,彰显出生命的巨大能量。程婴16年的育孤过程,如同《老人与海》中老渔夫圣地亚哥与大海83天的生死搏斗,如同《热爱生命》中独自跋涉在广袤荒原上的淘金者与饿狼比拼生命的极限,他们的行为都展示了人类的刚毅与执着,使生命放射出耀眼的光芒。同时,《程婴救孤》还塑造了一个可歌可泣的英雄群像，视死如归的老臣公孙杵臼、慷慨就义的将军韩厥、宁死不屈的丫环彩凤……他们在生命即将结束时，都选择了站着死，没有选择跪着生，这种生命的气节和尊严闪现出光辉的人格魅力。只有精神的胜利才能使人感动，只有生命的力量才能彰显人类的伟岸。世界上不论哪一个民族，他们的血液里都蕴藏着对生命的敬畏，一旦被唤醒就会立即产生心灵上的共鸣。《程婴救孤》正是凭借对生命的崇高礼赞，让它能够超越国界，感动了不同肤色的观众。

三是在民族与世界之间，《程婴救孤》主动营造了和谐交融的文化空间。用最美的中国声音讲述最美的中国故事，是中华文化走向世界的前提条件和理想追求。戏曲作为中国独有的民族艺术形式，就是最美的中国声音之一；最能体现中华民族精神的题材内容，就是最美的中国故事。而《程婴救孤》恰恰具备了这两个要素，它用中国最大的地方戏剧种豫剧，去演绎最能体现中华民族精神的历史题材，传达出中华民族积淀深厚的理性精神和人格风范，为中国由区域大国走向世界大国树立了良好的文化形象。同时，《程婴救孤》为适应交流国观众的欣赏习惯，在保证艺术形式和内容完整的前提下，做了相应的改变与调整，如对剧目进行压缩、配备中英文及当地语言字幕、加强剧目宣传推介、遵守交流国的市场规则等，使交流国的观众在欣赏《程婴救孤》时由对异域文化的猎奇上升到真正的平等对话，从而营造出一种和谐的交流环境，使它成了能够代表中华文化创新发展的精品力作，站到了中华文明与世界文明交流的前沿。

《程婴救孤》成功走向世界的实践表明：戏曲不是花瓶，它必须有自己的思想，必须通过在更高层面、更大范围内的交流与吸纳，创造出一种更为先进的文化形态；戏曲不是杂耍，不能为了走出去一味地迎合外国观众，而是要输出中国文化最核心的价值理念。以《程婴救孤》世界巡演为契机，陈涌泉对民族戏曲走出去进行了大量的调查和深入的研究，并从理论上进行了卓有成效的思考与总结。

第一，中国戏曲要积极应对全球化的挑战，以更加主动的姿态走向世界。陈涌泉认为，中国戏曲危机的根本原因，在于全球化到来之际，戏曲没有做好积极的应对，没有完成角色的转换，没有及时跟上全球化的步伐。在全球化这个不可逆转的历史进程中，中国戏曲必须对自身进行重新审视和定位，必须融入并参与到全球化的共建之中，在与人类一切优秀文明的交流碰撞中重铸辉煌。全球化是悬在人

● 河南省委书记郭庚茂勉励陈涌泉创作更多精品力作

类头顶上的一把双刃剑，在这把双刃剑下人类所有的文明形态都被置于残酷的竞争之中。中国戏曲要想在不同文明的碰撞交流中有自己的话语权，就必须面对文化更加多元、市场更加开放、竞争更加激烈的全球性的挑战。中国戏曲要想在人类文明的竞争中立于不败之地，不是想不想走向世界，而是必须要走向世界。

第二，中国戏曲要担当起促进中华文化复兴的历史使命，成为推动中华文化走向世界的重要推手。在与人类不同文明的交锋中，中国戏曲应成为中国文化输出的有力武器之一，成为世界了解中国、了解中国文化、了解中国人的主要凭借之一。中国戏曲这种特有的价值和功能，不是哪个人一厢情愿地强加给它的，而是它自身的文化特质所决定的。艺术是一个民族智慧的结晶，也是一个民族最具创造力的体现。在人类文化交流史上，艺术始终是人类文化交流的主要载体。因为艺术可以直接去面对，可以直接地去感受，通过艺术可以一下子窥视到这个民族的内心世界，了解这个民族的心理品格。正因如此，中国戏曲作为中国最具综合性的民族艺术，作为人类特有的艺术形式之一，在中华文化走向世界的过程中，必然会成为文化交流的首选对象。我们也有充足的理由相信，中国戏曲不仅可以完成中外文化交流的历史使命，而且还会成为人类艺术百花园中光彩夺目的奇葩。

第三，中国戏曲走出去要重在理念输出，力避形式展示。作为博大精深的民族艺术，中国戏曲如果不能输出中华文化的思想精髓，而只靠华丽的服装、奇异的脸谱、固定的程式去满足外国观众的猎奇心理，那不仅不能达到提升中华文化的目的，还会使外国的观众对中国戏曲产生误读，严重影响对中国戏曲乃至中国文化的认知。中国戏曲要想很好地走向世界，必须在更高的形态上完成现代转换，必须具备与人类一切优秀文明对话交流的品质，必须站在全人类的高度输出中国文化中最有价值的思想和内容，成为人类和谐发展的重要思想源泉。只有这样，中国戏曲才能够健康地走进当代观众、走向世界，在世界舞台上展现它的独特魅力，让越来越多的民族、越来越多不同肤色的人都了解它、喜爱它。

第四，中国戏曲走出去必须遵循世界规则，不断提升对外传播能力。文化传播是一种复杂、系统的人类活动，它有着自身特殊的发展规律，如强势文化向弱势文化的辐射与渗透，文化自身的修复与保护，不同文化之间的“文化适应”，等等。一种文化要想具有强大的传播能力，首先要认识并遵循文化传播规律，在这个基础上，不断创新文化传播机制，营造良好的文化传播态势，否则，再先进的文化也不可能很好地传播出去。陈涌泉由研究文化的传播延伸到戏曲的传播，如他根据《程婴救孤》世界巡演的经验，总结出的戏曲走出去应善于趁势而上、应坚持精品引领、应注意区位选择、应重视语言译介等原则，都是建立在对文化传播规律的正确认识和科学把握之上的。

曾经有人给陈涌泉提出建议，说为了促进中国戏曲走向世界，能不能改编一些比如莎士比亚等外国知名作家的名剧，这样将来到国外演出时，外国观众就会很熟悉，就会减少欣赏障碍。陈涌泉却不以为然，他觉得作为一种艺术创作，改编外国名剧可以作为一种尝试，但是绝不能为迎合外国观众来选择这样的创作路子。因为中国的戏曲艺术，以及中华民族悠久的历史，有取之不尽的创作题材，完全没有必要去拾人牙慧。如果用我们民族戏曲的形式，去改编外国名剧演给外国的观众看，然后再让他们回过身来，对我们的民族戏曲像施舍一样，做一些廉价的评价，这样做就没有任何意义。相反，倒是有很多外国的电影取自中国的题材，比如好莱坞拍的《花木兰》《功夫熊猫》等。当在外国电影市场包括好莱坞，都试图从中国的题材中寻找他们的创作对象，融入中国的文化元素时，中国的导演，而且还包括一些一流的导演，反而去翻拍一些外国的作品。陈涌泉对这种现象不无遗憾，他认为外国电影利用中国的文化题材，从好的方面来说，可以理解为这是一种交流，但他确信能够对中国文化做出最权威解答的还应该是中国人。如果说中国一流的导演掌握着中国最雄厚的资源，而总在翻拍一些外国作品，那不仅是一种很没出息的行为，更是中国文化的一种悲哀，永远只能步人后尘而无所作为。

陈涌泉对中国文化传统、文化资源的重视，正是他内心对民族文化自尊心、自豪感的折射。有人说，科学没有国界，但科学家是有国籍的。如果把这句话套在艺术上照样适用，在全球化时代，艺术虽然属于整个世界，但艺术家只属于他的民族。可以肯定地说，一个对民族文化冷漠甚至无知的人，他不可能对民族文化做出正确的阐释，更不可能推动民族文化的发展。《程婴救孤》在法国南部城市巴约纳市演出时，一位主管文化的副市长看完演出后非常感动，他说《程婴救孤》这部戏很好，其所表达的主题，特别是牺牲自己的孩子去救助别人的孩子，这种牺牲精神和欧洲文化是相通的……陈涌泉听到这种言论后，既感到遇到知音的欣慰，又强调《程婴救孤》绝不是在重复西方的文化理念，这是正宗的中国本土文化！在中国春秋时期那样一个一诺千金、重然诺轻生死的时代，可以说出现的都是英雄，这种英雄人物并不像欧洲那种所谓的骑士精神，更不是欧洲所独有。陈涌泉的话铿锵有力，掷地有声，他以一种强烈的文化自信站在了西方人的面前！

《程婴救孤》世界巡演的重要启示在于，在全球化的激烈竞争中，中国戏曲能够走向世界并在世界上真正产生影响的作品，必定是那些以中国文化理念为指导、以中国文化元素为构件、以传达中华民族价值诉求为目的的作品。这就告诉我们，在全球化的大背景下，戏剧创作的起点应是深厚的民族文化土壤，终点应是激烈竞争的国内外市场，中间贯穿的则是戏剧人的创新理念和责任担当。陈涌泉有着自觉的理论意识、深刻的洞察能力、严密的逻辑思维，他对中国戏曲走出去所做的理论探索和取得的学术成果，不仅使他成为一位学者型的剧作家，显示出深厚的理论素养，更是他对当代戏剧发展所做出的又一重要贡献。

六

继《程婴救孤》之后，陈涌泉再次引起艺术界、学术界和社会的关注，是缘于他创作的《风雨故园》。可以说，以《风雨故园》为标志，陈涌泉的戏剧创作进入了一个新的时期，这一时期他创作的主要特点是，以一个作家的敏锐洞察，以一个知识分子的担当意识，重新反思我们的民族，反思我们的民族文化，反思我们民族的生存状态，对芸芸众生寄予了深切的同情和真诚的关爱，希望借此对我们民族的文化进行一种有益的修补和完善。

《风雨故园》是中国戏剧舞台上第一部描写一代文豪鲁迅与其原配夫人朱安不幸婚姻的戏曲作品，故事讲述了清代光绪三十二年（1906 年）夏，正在日本留学的鲁迅接连收到母亲病重的消息，他匆匆赶回故乡绍兴，结果发现自己陷入了一场“成婚骗局”。与此同时，一顶花轿正向周家驶来，轿内坐的正是他几次三番让母亲退掉的未婚妻朱安——一个目不识丁、缠着小脚的中国传统女人。为了表示对母亲的尊重和孝心，鲁迅与朱安完成了结婚仪式，但在新婚之夜，他没有揭去新娘的盖头，更没有与新娘同床共枕，而是在洞房里读了一夜书。天亮之后，鲁迅重返日本，三年后再次回到家乡，却仍然不与朱安同房。无爱的婚姻给两个人造成了深切的痛苦，但朱安并不气馁，她坚信自己如一只蜗牛，经过努力终有一天会从墙根爬到屋顶。1912 年 12 月，鲁迅将母亲和朱安接到北京居住，也让朱安对新生活充满了新的期望，但她很快发现自己和鲁迅之间的距离越来越远，她千方百计想弥合两人的差距，却每每事与愿违。在女师大风潮、“三一八”惨案中，鲁迅与许广平并肩战斗，从相知到相爱，最终携手南下。朱安的幻想被彻底击碎，她知道自己这只蜗牛再也没希望爬到屋顶了。1936 年 10 月 19 日，鲁迅在上海逝世，朱安在北京闻此噩耗无限悲痛，设灵堂挥泪祭奠，表达了她对鲁迅这位“民族魂”的钦佩和自豪。1947 年，朱安在北京孤独地离开人世，葬于北京西郊，坟上没有任何标记。

陈涌泉历时三年、数易其稿，2005 年终于完成了《风雨故园》的创作，同年 12 月，河南省豫剧三团将该剧立上舞台，由著名青年豫剧表演艺术家、“梅花奖”获得者汪荃珍和盛红林领衔主演。《风雨故园》表现了 20 世纪初那个风雨如磐的时代，封建包办婚姻对年轻人的禁锢和伤害，既浓墨重彩地体现出朱安的痛苦挣扎和对爱情的执着追求,也深刻地揭示了鲁迅内心的无奈和突围的艰难。通过表现朱安与鲁迅的婚姻悲剧,写出了一个时代的悲剧,写出了社会大变革中一代人的命运遭际和精神世界,从而赋予这个剧目以深厚的文化意蕴。

《风雨故园》从剧本唱词到舞台形式,都呈现出细腻、诗化、典雅、现代的美学品格,不仅受到观众的热烈欢迎,评论界对该剧也给予了很高的评价,称赞其"不仅是中原文化前卫性动态的一个标志,而且是我省文艺界对当代中国文化的一次开拓性贡献",认为该剧是一部对中国近现代历史进行深刻反思的力作,是豫剧创作的又一次突破。鲁迅之孙周令飞曾评价说:"用戏曲这种传统形式来表现一个文化巨人的内心世界,这对戏曲本身是一种挑战;表现一个有血有肉的人间鲁迅,对创作者是个挑战;从他和原配朱安的不幸婚姻这个小视角来反映当时剧烈的时代变革也是个挑战。"

《风雨故园》的剧本先是刊登在《剧本》杂志2006年的第1期上,并于当年入选由北京交通大学出版社出版的新版《大学语文》。该教材是全国高职高专教育精品规划教材,入选的剧本都是经过来自全国不同高校专家、教授组成的编委会的广泛选择和深入讨论而决定的。编委会成员一致认为,《风雨故园》视角独特新颖、思想内涵丰富,内在冲突激烈,语言极富文采,有很高的文学品位和文化含量,充满了现代感和人文精神。剧作家以当代的眼光观照历史、观照文化,在朱安这个特殊人物的身上,充分寄托了作者的人文情怀。尤其难能可贵的是,把鲁迅由神还原为人,塑造了一个走下神坛、有血有肉、伟大而真实的人间鲁迅。从中既能给当代大学生文学、艺术的滋养,也有利于培养他们独立思考、勇于创新的精神。在该版《大学语文》教材的戏剧单元里,《风雨故园》是入选的唯一一部当代戏曲剧本,同时本单元还荟萃了古今中外的优秀剧作,其中有汤显祖的《牡丹亭》、易卜生的《玩偶之家》、莎士比亚的《哈姆雷特》、曹禺的《原野》等。《风雨故园》能与古今中外这些一流的剧作放在一起,标志着该剧在文化界得到了更加广泛的认同,同时对在当代大学生中弘扬民族戏曲艺术,进一步提升豫剧在全国的影响力也产生了积极的意义。当谈到这一事情时,陈涌泉说:"《风雨故园》入选《大学语文》,不仅仅是我个人的成绩,它更得益于豫剧丰厚的文化积淀,也得益于近年来豫剧在全国不断提升的影响力。通过全体豫剧工作者的共同努力,豫剧正在赢得社会各界的尊

陈涌泉与鲁迅之子周海婴先生合影

重。”

鲁迅作为一位新文化运动的主将和反封建的斗士，作为一个备受后人敬仰的文化巨匠，作为一个代表中国民族精神的文化巨人，用戏曲舞台剧的形式和手段，演绎他的情感历程，描绘他和原配夫人朱安之间鲜为人知的情感隐私，诠释他那种超乎寻常的隐忍之心、坚韧性格与战斗精神，确实十分不易，因为鲁迅的经历太曲折、思想太深邃、精神太浩繁，他生活的时代太动荡、太复杂。陈涌泉之所以敢碰这个“硬题材”，一方面缘于他对鲁迅发自内心的敬仰，一方面缘于他对鲁迅作品及其精神世界不同一般的研读。他在创作《风雨故园》时，避开了众所周知的所谓正面的却也是僵化的赘述，只把鲁迅放在广阔的历史背景下，以他和朱安同生共存二十年的事件为线索，以极其精练的笔触，写出了其东洋留学的行程、北京任职的经历、受聘厦门大学的生涯、居住上海的岁月，让观众看到了一个更加真实的鲁迅，一个战斗不止的鲁迅。在两个小时的短暂演出中，能够运用多种文化元素与多种艺术手段，触及如此广阔的历史文化背景，展示如此纷纭繁杂的重大文化事件，描绘如此鲜为人知的文化巨人的情感历程，塑造出鲁迅和原配夫人朱安的舞台形象，应该说，这不是一般剧目所能达到和企及的，这是豫剧艺术的一次文化提升，

陈涌泉与鲁迅长孙周令飞先生研讨《风雨故园》

也是豫剧创作的一个丰硕成果。因此，《风雨故园》成了当代豫剧具有突破性和创新力的标志性作品。

2012 年 9 月，在陈涌泉创作《风雨故园》的第十个年头，他将剧本名字改为《朱安女士》，参加第二十届曹禺戏剧文学奖（第四届中国戏剧奖·曹禺剧本奖）的评选，在全国参赛的众多剧本中脱颖而出，最终荣登八部获奖作品榜首，使这个剧本再次成为社会关注的焦点。

朱安作为鲁迅的原配夫人，一生却与鲁迅形同陌路；鲁迅作为一个反封建斗士，一生却没能走出包办婚姻的牢笼。该剧正是从这些命运的悖论出发，将鲁迅由一个被光环笼罩的伟人还原为一个普通的人，将朱安由一个生活在伟人背影下的弱者提升为被关注的主体，写出了他们在没有爱情的婚姻中的痛苦和挣扎。面对鲁迅这样一个文化巨人，作者没有盲目崇拜，也没有恶意丑化，而是以一种平常、正常的心态，表达他和普通人一样的情感，揭示他灵魂深处的困惑和熬煎。这是一种进步的历史观，也是一种健全的人性观，它表明我们的民族在看待自己的历史文化时变得更加冷静，也表明我们的文化具有了更强的反思能力。只有不断反思的文化才具有真正的生命力，正如鲁迅长孙周令飞先生在肯定《朱安女士》时说的那样，“只有让鲁迅走下神坛，还原到人间，他才能够更好地走进21世纪”。

著名鲁迅研究专家钱理群说过：“我们民族有幸拥有了鲁迅，但要真正理解与消化他留给我们的丰富的思想文化（文学）遗产，还需要时间。”因为鲁迅是思想的巨人，他既与他的时代同步，又超越了他的时代，所以不论身前还是身后，他都难免遭受非议；同样，《风雨故园》作为一部创新之作，它也不可避免地遭遇各种质疑和争议，争论的焦点是这部作品是否损害了鲁迅的伟人形象。面对《朱安女士》这部作品引来的争议，陈涌泉显得很虚心，他说：“用戏曲这种传统形式来表现一个文化巨人的内心世界，本身就是一种挑战。我不怕挑战，也虚心接受所有质疑，并把这些质疑化作我前进的动力。因为只有敢于挑战，才能打破束缚戏曲发展的樊篱；只有通过挑战，才能给戏曲赢得新的发展和机遇。”

陈涌泉的这种倾向同样体现在《天职》的创作之中。该剧以连续两届荣获“全国纪检监察系统十大标兵”称号的河南省周口市纪委书记杨正超为原型，通过在车祸中丧失两位亲人的李秀莲上访和处理车祸案为切入点，引出官商勾结的腐败大案。故事讲述了县长潘文相百般包庇肇事者他的妻弟房地产商魏得富，致使车祸案久拖而不决。新履任的三川市纪委书记纪忠迅速介入，发现了牵连而出的贪腐案。他顶住来自各方面的压力，不为金钱和人情所动，查清潘文相与魏得富官商勾结的腐败大案。剧本通过“坟场哭诉”“同事对决”“母亲探家”“妻子受伤”“精神病院”“群众感谢”等事件交织推进，构思巧妙，结构严谨，案中有案，表现出当前反腐败斗争的隐蔽性、复杂性和艰巨性。

2013年4月18日，在江苏省海门市举办的第八届全国戏剧文化奖颁奖典礼上，由河南省商水县豫剧团演出的反腐倡廉现代豫剧《天职》，从来自全国各地的各级院团的400多部参评剧目中脱颖而出，以其朴实优美的唱腔、传神细腻的表演、敢为人先的题材征服了观众和评委，让听惯了吴侬软语的南方观众不时爆发出雷鸣般的掌声，500多位观众全部投了赞成票，20位评委也纷纷亮出高分。该剧一举夺得第八届全国戏剧文化奖剧本金奖、表演金奖、导演金奖、音乐金奖、乐队伴奏金奖、组织奖、出品人奖等多项大奖，显示了商水县豫剧团较强的艺术实力。

与以往反腐倡廉戏不同的是，该剧由过去重点描写领导干部的大义灭亲、秉公执法转化为描写老百姓的苦难和冤屈，剧中主人公纪忠不再是那种事先被灌注某种理念的类型化形象，而是具有百姓情怀的活生生的人，他敢于担当、忠诚于民的品质来源于他对生命的尊重、对法律的敬畏、对人民的同情。“上访是公民的权利”“欺百姓就是欺苍天”这样的台词，是对这个时代最沉重的呐喊，特别是腐败分子将上访者关进精神病院，妄图掩盖自己的罪恶行径，这种对生命肆意践踏的行为，足以让天公为之震怒。这种不回避问题、不粉饰现实、不空喊口号、不轻描淡写的创作意旨，既是陈涌泉对社会公平正义的呼唤，也是他对一个剧作家天职的担当。正是缘于此，专家们称赞该剧实现了反腐倡廉题材戏剧创作的新突破。《天职》在北京天桥剧场演出时，外面电闪雷鸣，剧场内掌声雷动，有观众说，这是不是天公对这个戏的回应？著名表演艺术家、中国剧协原主席李默然的儿子、北京演艺集团副总李龙吟先生看完演出连夜发了一个很长的微博，他的粉丝则随帖说：“难道关汉卿又来了？”

七

2014 年，经过近 4 年的打磨、十余次的修改，陈涌泉又完成了他的另一部新作《都市阳光》，并于 11 月份由郑州市豫剧院开始排练。这部戏同样是陈涌泉的呕心沥血之作，不仅融入了他丰富的社会体验和深刻的人生思考，而且在艺术形式上，他也努力追求有所突破，特别是剧中加入了现代艺术元素歌曲和街舞，使豫剧这一传统的艺术形式更具有了现代的审美意蕴，给人耳目一新之感。

《都市阳光》讲述了农村一对青年恋人高天和朵朵，高中毕业后怀着对未来的憧憬到城市寻梦，正当他们对生活充满希望之时，朵朵的父亲却在一次车祸中被撞成植物人，肇事车辆逃逸。为了给父亲筹集医药费，朵朵在服装厂拼命工作，高天也在晚上下班后到广场卖唱挣钱。正当他们全力以赴共渡难关之时，朵朵却以高天太穷为由，主动提出与他分手，让高天陷入巨大的悲痛之中。在朵朵被包养的流言蜚语中，高天坚信与朵朵的爱情不会改变，直到有一天他看到朵朵推着一对双胞胎，唱着摇篮曲出现在自己的视野中，他的心理防线被彻底击垮。后在电视台导演李蓝的支持鼓励下，高天带领他的农民工街舞队参加《明日之星》栏目比赛，并荣获年终总决赛冠军。正当大家沉浸在夺冠的喜悦之中，高天得知朵朵因当月嫂过度劳累而住院，一切也随之真相大白，高天迅速跑到医院叩开朵朵的病房门，真爱让两个人又重新拥抱在了一起……

和以往陈涌泉所创作的剧目一样，《都市阳光》关注的重点仍然是小人物的生存和命运，但通过这个小人物他却写出了这个时代的大题材。这个时代最波澜壮阔的现象，就是数以亿计的农民工离开故土涌向城市。然而，这 1 亿多的农民工却肩负着 8 亿多农民的梦想和希望，8 亿多农民则关系着整个民族的命运和未来，关系着这个时代的每一个音符能否奏出和谐的旋律。可以说，中国现代化的核心是解决农民问题，农民不富中国则不富，农民不强中国则不强，农民既是中国现代化的对象，又是中国现代化的主体，中国现代化的进程对农民来说，既是手段又是目的，广袤的大地不再是束缚他们的桎梏，而成了他们真正的栖息之地。从这个意义上讲，《都市阳光》将农民及农民工作为关注的重点，无疑是在表达我们这个时代最深邃的意志。

和一般的农民题材戏相比，《都市阳光》塑造了这个时代新型的农民形象。剧中的主人公高天和朵朵作为新生代的农民工，他们不同于中国的第一代农民工，完全是为了生计而被迫离开土地。他们来到城市不仅有物质追求，更有精神追求、文化追求，他们是为圆梦而来，为未来而来。但高天和朵朵不是现代西方的“嬉皮士”，他们没有反叛传统，更没有颓废放纵，而是乐观自信，奋发向上。他们从宁静的乡村走向繁华的城市，不管他们在城市遭受多少冷遇，不管城市充满着多少诱惑，他们身上一直散发着大地的味道、泥土的味道、自然的味道，他们没有在城市冷漠的环境中放弃追求，也没有在城市的灯红酒绿中迷失自我。高天作为一个歌手，希望通过自己的歌唱来实现自己的价值，圆自己的梦想。他真诚善良，对朵朵及朵朵的家人关爱有加；他自强不息，为帮助朵朵渡过难关甘愿到街头卖唱；他勇于反抗，面对地痞无赖敢于怒目而视。朵朵坚贞美丽，当遭遇不幸时面对煤矿老板的纠缠依然不为金钱所动；她博爱无私，为了不连累高天，在自己最困难的时候主动离开高天;她宽厚仁爱,暗中用月嫂公司提前预支给自己的工资,替高天偿还欠别人的巨额宠物赔偿费。社会在变,环境在变,人性在变,但高天和朵朵这对新型农民工坚守的真善美没有变。在自己遭遇不幸时,他们都去独自承担,在对方遇到困难时,他们都能挺身而出,他们身上继承了民族的优秀传统,又有着鲜明的时代精神,他们是这个时代真正的"新人"。

恩格斯说过,刻画人物性格,不仅要表现他做什么,更要表现他怎样做。尽管剧中以高天和朵朵为代表的那群农民工,城市对于他们来说是那么的陌生,正如剧中所唱的那样,"告别熟悉的村庄,离开疼我的爹娘,揣着美好的希望,伴着些许的迷茫,进城、进城,追寻心中的梦想。背起简单的行囊,带上心爱的姑娘,怀着无限的向往,伴着些许的惆怅,进城、进城,追寻心中的梦想"(戏歌《寻梦》),但他们走进城市的目标很明确,就是为了追寻心中的梦想,这种梦想不是简单地在城里挣多少钱回家安享生活,而是要在城里实现自己的人生价值,创造属于自己的人生舞台。特别是剧中以高天为首的那群热爱街舞的农民工,他们已不再是那种满身沾着泥污、蓬头垢面、一身汗腥味的可怜的"穷人",也不是人们印象中的那种充满鄙俗气的、卑微的"小人物",而是一群怀揣梦想、朝气蓬勃、脚踏实地,正在通过自己的努力去改变命运给他设定的圈子的人。他们有着高度的自觉意识、明确的人生追求、坚定的价值取向,在改变自己的同时也在改变着生存的环境,他们的身上闪耀着永恒的人类精神:热爱生命,自强不息,藐视困难,正视现实。其实,剧中的《寻梦》歌不仅仅属于这群农民工,也属于我们这个时代,属于我们这个民族,因为只有当个体都心怀梦想的时候,我们的民族才会有梦想,只有当个体不放弃对梦想的追求时,我们的民族才能够圆梦!

别林斯基说过,一部在艺术上平常的,但却给予社会意识以刺激,提出或解决某些问题的作品,比高度艺术的,除艺术之外不给添加任何东西的作品重要得多。《都市阳光》在塑造这个时代新人的同时,也向我们提出了一个刻不容缓的社会问题,那就是如何在观念上解决城乡对立。该剧没有仅仅停留在对当代农民工生存条件、生活待遇、文化权益、情感生活层面的描写,没有刻意去写他们的遭遇和不幸,更没有通过对苦难的宣泄去支撑人物形象,而是着力写他们在都市寻梦过程中更深层的精神痛苦。虽然城市的高楼都是农民工建的,城市的马路都是农民工拓宽的，但他们在城市里处处遭人白眼，他们甚至因为是农民工而被认为不配坐公交车，因为是农民工而被认为骑个电动车到街上行驶会影响市容。这就深刻地表明，城乡对立不仅体现在物质生活上，更体现在思想观念上。农民工虽然建起了城市的楼群，点亮了城市的星空，但他们在城市里仍然无法找到自我，正像戏中所唱的那样："站在高高的楼上，天地一片苍茫。城市就在脚下，家乡仍在远方。只知道来时路径，看不清前面方向。哦，进不了的城市，哦，回不去的家乡。站在高高的楼上，心事一片苍茫。姑娘就在城里，恋人不知何方。我们在城市迷失，又难以亲近村庄。哦，进不了的城市，哦，回不去的家乡……"（戏歌《进不了的城市，回不去的家乡》）对于新生代的农民工来说，他们在没有实现身份转变之前，却完成了精神的蜕变，这就注定他们必然是痛苦的。正如 19 世纪易卜生众多的社会问题剧一样，《都市阳光》也提出了一个我们这个社会必须要解决的问题，那就是城乡的对立，尤其是在观念上的对立。在中国大力推进城镇化的过程中，如果这种对立不能从根本上得到改变，必将会成为中国现代化的障碍，成为提升我们民族整体素质的沉重包袱。

《都市阳光》是一部严肃的现实主义作品，它使我们看到，在这个时代繁华的表面背后，还有多少弱小的心灵在默默地流血流泪。该剧以小人物艰难的奋斗历程为主线，向我们展示了一幅广阔的社会画面：曾是农民工的梁朝阳，功成名就之后娶了电视台的美女导演李兰；煤矿老板黑壮壮一副土财主的嘴脸，他敢无视法律和道德四处玩弄女性；肥肥在帮助丈夫挣到钱后被无情地抛弃，寂寞难耐的她只好以养宠物来打发空虚的时光；作为"富二代""官二代"的青年甲、青年乙仗势欺人，光天化日之下竟敢为非作歹；青年女子灿灿以年轻和美貌攀附权贵，企图以金钱为自己开路，结果却名落孙山……其实，在当今社会，有多少个黑壮壮这样的土财主像幽灵一般游荡于城市的角角落落，进行着金钱与肉体的无耻的交易；有多少个肥肥这样的女人忍受着庭院深深深几许的无奈，与她们富裕的物质基础相比精神上却达到了极度的贫困；有多少个灿灿这样的妙龄女子，为了出名获取物质上的满足，甘愿去出卖青春甚至不惜接受"潜规则"；至于青年甲、青年乙这样的"富二代""官二代"，他们无视法度、以强凌弱的事情更是屡见不鲜。该剧堪称一幅当代都市的风俗画，写尽了当代都市的众生相。生存在这样的社会夹缝中，农民工情何以堪，他们的寻梦之路又是何等的艰难，正如朵朵唱的那样："一条条沟来一道道坎，沟沟坎坎紧相连。步步坎坷不平坦，进城咋就这样难？"陈涌泉借剧中人物之口，不仅是在替弱者发声，更是在为正义呐喊，以此呼唤社会的和谐与进步，呼唤要真正构建起民族的精神家园！

八

2008年底，陈涌泉接到组织部门调令，将他从河南省文化艺术研究院调到河南省戏剧家协会，担任剧协驻会副主席兼秘书长，主持剧协的全面工作。对于一个作家而言，最宝贵的莫过于充足的时间、宁静的环境，只有在这样的环境中他才可以去思考、去创作，才可以去和他心中的人物对话，才可以将他特有的情感诉诸笔端。陈涌泉主持河南省剧协工作之后，他的创作环境被彻底改变，他面对更多的却是创作之外的事情，思考最多的是筹备赛事、组织活动、上通下达，以及来自方方面面和工作有关的各种事务，他从一个戏剧创作者变成了一个戏剧管理者。

其实，对于陈涌泉这种身份的转变，也是众说纷纭。有人说他如果不去做戏剧的管理者，肯定会写出更多的优秀剧本；有人说，陈涌泉以前写的都是小文章，到剧协后写的才是大文章。对此，陈涌泉都报以十二分的感谢。他曾明确表示："如果我埋头创作，也许可以长成一棵大树，名利双收，但到剧协工作之后，我就给自己定了一个更大的目标，那就是要为河南戏剧发展营造出一片森林。"陈涌泉说这句话一点也没有夸张，因为他在戏剧创作上已经枝繁叶茂，完全具备了成长为一棵参天大树的所有条件，但他认为一棵树即使再高再大，它仍然改变不了一个区域的生态环境，要想改变这个区域的生态环境，必须让这个区域长出一片森林。

陈涌泉担任河南省剧协秘书长之后，把主要的时间和精力都投入到了如何改善河南戏剧的生存条件，优化河南戏剧的发展环境，打造戏剧精品，推出戏剧新人之中。一句话，他所做的这一切，都是为了促进河南戏剧生态的平衡化，促进河南戏剧事业走上一条更加健康快速的发展之路。陈涌泉认为，文化生态是一种平衡和谐的系统，在历时性上它是一条生生不息的文化长河，在共时性上它是一个多元互动的文化空间。文化生态对于文化的意义，如同自然生态对于生物的意义一样，自然生态破坏会加速物种的灭绝，文化生态破坏会阻断文化的传承。戏剧作为一种文化形态，要想让它良性地发展同样也需要创建一种良好的生态环境。

良好的戏剧生态应该是戏剧创作、戏剧演出和戏剧消费和谐发展，但长期以来，这三者之间及与社会的大环境之间存在着严重的失衡，其主要表现为戏剧话语权的失衡、戏剧资源社会配置的失衡、戏剧观众群体结构的失衡、主创人员社会关注度的失衡、戏剧优秀传统资源传承的失衡等。河南省剧协作为党委、政府联系广大戏剧工作者的桥梁和纽带，有责任、有义务为改善河南戏剧发展环境创造一个良好的平台。正是怀着这样一个目的，陈涌泉上任伊始，就开展了许多卓有成效的工作，使河南戏剧的环境发生了显著的变化，向着更加良性的态势发展。

首先是创办黄河戏剧节，提升黄河戏剧奖的透明度、信誉度和影响力。一个时期以来，中国的艺术评奖活动可谓五花八门，但在奖项数量不断增加的同时，奖项的社会信誉度却一降再降。陈涌泉正是有感于这种评奖现状，对“黄河戏剧奖”的评奖机制做出重大调整，实行开放办节，让广大文艺院团特别是基层文艺院团，拥有一个展示自我形象、相互交流促进的广阔平台，其目的就是要给广大基层院团更多的话语权。陈涌泉接任河南省剧协秘书长时，黄河戏剧奖已举办了三届，他上任后即着手策划举办第四届黄河戏剧奖的评审工作，决定从本届黄河戏剧奖开始举办黄河戏剧节，并在比赛规程上做出重大调整，由以前的关门评审改为开门评审，由以前的观看光碟评审改为现场观摩评审；评审团对每个参赛剧目都召开评审会，不仅评剧目的名次，还要评剧目的得失；不仅让参赛院团收获奖项，更让他们收获剧目加工提高的方案，实现了出人出戏的办节宗旨。

2010年举办的“安阳杯”第四届黄河戏剧节，在黄河戏剧奖历史上具有里程碑的意义。本届黄河戏剧节不仅吸引了河南广大艺术院团积极参赛，还吸引周边数省的艺术院团前来参赛，参赛院团首次突破河南一省，发展到河北、山东、山西等省，使黄河戏剧节的覆盖范围得到了进一步的拓展。吸引兄弟省剧团参赛，更重要的一点，是引入了更强的竞争机制，加大交流合作，对促进本省的戏剧发展有积极意义。这种开门办节、开门评奖的做法，极大地提高了黄河戏剧奖的社会影响力，黄河戏剧奖从此走上了一条开放、透明、谨严、务实的发展之路。2012年举办的“商丘杯”第五届黄河戏剧节，又吸引了安徽、江苏等省的艺术院团前来参赛，其覆盖

● 第四届黄河戏剧节颁奖晚会现场

面从黄河流域延伸到长江流域。本届戏剧节还出现了一件令人振奋的事情，河南省许多地市争相申请举办第六届黄河戏剧节，黄河戏剧节在社会的影响力得到了进一步的提升。在 2014 年举办的“许昌杯”第六届黄河戏剧节上，除了新疆、山西等地区院团外，中国戏曲学院艺术团排演的《海的女儿》也前来参赛，黄河戏剧节已成为一个立足河南、辐射周边、影响全国的区域性戏剧节。

特别值得一提的是，黄河戏剧节带动了一批年轻的主创人员茁壮成长，为他们施展才华、追求进步提供了平台和机会，为戏剧艺术的发展注入了新生力量，在一定程度上改善了河南戏剧主创人员青黄不接的局面。为了吸引更多的年轻人投身于戏剧创作，从第四届黄河戏剧节开始设立新人奖，以奖励那些在戏剧领域努力工作、孜孜以求、崭露头角的年轻的主创人员。如今，黄河戏剧节已推出了一大批包括编剧、作曲、导演、舞台美术等在内的主创人员，他们正以巨大的热情、崭新的理念、忘我的精神，活跃于河南戏剧的各个领域，成了河南戏剧界的中坚力量。

黄河戏剧节还改善了戏剧的局部生态环境，使当地政府进一步认识到戏剧在传承优秀民族文化、展示当地对外形象、支撑区域经济发展中的巨大价值和作用，将戏剧的发展提升到一个新的高度。黄河戏剧节推出了一批富有地方特色的剧目，这些剧目或是深挖地方历史文化资源，或是传承弘扬地方艺术流派，或是讴歌地方先进人物事迹，成为宣传地方文化的一张名片，受到当地政府的高度重视，成为当地经济社会和谐发展的重要支撑。一些艺术院团，尤其是一些基层院团，在荣获黄河戏剧节大奖之后，它们不仅受到当地政府的隆重表彰，而且还得到当地政府的大力扶持，甚至是促进了一些地方政府对文化发展决策做出重大改变。如长治市豫剧团，在文化体制改革中，当地政府准备将其转制改企。但该团演出的《裴寂还乡》荣获第四届黄河戏剧节金奖之后，不仅使该团在晋冀豫陕地区名声大震，而且促使长治市委、市政府重新审视其未来的发展，最终决定继续保留其全供事业单位性质。如今，该团年事业经费达到700多万元，每年演出数百场，成为盛开在太行山区的一朵艺术奇葩。

其次是完善黄河戏剧奖的评奖内容，创办“黄河戏剧奖·理论评论奖”“黄河戏剧奖·戏剧文学奖”“黄河戏剧奖·终身成就奖”，使黄河戏剧奖从过去单纯的表演类扩展到创作、评论等众多领域，并与“中国戏剧奖”实现对接。这些奖项的设立，同样也是对戏剧失衡的一种纠偏。戏剧创作、戏剧批评都是支撑戏剧发展的关键因素，但长期以来，一些个别所谓的“艺术家”对剧作家、批评家和其他的主创人员采取实用主义，需要剧本时就想到了编剧，需要捧场时就想到了评论家，待戏演了、奖获了、名出了之后，就会把编剧和评论家们统统抛到一边，开始以一个“艺术家”自居，全忘了舞台上的每一句词都是编剧一个字一个字写出来的，每一段唱都是作曲者一个音符一个音符谱出来的，每一个动作都是导演一招一式手把手指导出来的。更有甚者，反倒推卸责任，诿过于人，对曾经帮助过他的人再踩上一脚；还有个别的“艺术家”，对那些德高望重的名老艺术家，不仅不知道向他们虚心求教，不去传承他们精湛的艺术，反而对他们采取一种不管不问，甚至是不屑一顾的态度……诸如此类的现象已经成为制约戏剧发展的深层原因。黄河戏剧奖新增这些奖项的目的,就是要让更多的戏剧主创人员、更多的戏剧研究人员、更多的名老艺术家从幕后走到前台,充分尊重他们的劳动成果,提高他们在戏剧发展中的地位,从而促使戏剧的平衡发展。在与电视台联合举办的戏剧文学奖暨理论评论奖颁奖晚会上,白发苍苍的老戏剧工作者第一次从幕后走上前台,为演员们一辈子做嫁衣,第一次接受演员们的颁奖,第一次接受演员们献上的鲜花,许多老剧作家、老理论家激动得热泪盈眶。

黄河戏剧奖不仅促进了河南戏剧创作的繁荣,还带动了河南戏剧理论评论的快速发展,实现了河南戏剧创作与评论的全面繁荣。2010年以来,河南省剧协连续举办三届"黄河戏剧奖·理论评论奖""黄河戏剧奖·戏剧文学奖",获奖作品在全国的比赛中实现了重大突破。由河南省剧协报送的荣获第一届"黄河戏剧奖·理论评论奖"第一名、河南大学文学院教授张大新撰写的《传统理念与人格范式的颠覆、消解与重构——新编豫剧〈程婴救孤〉享誉海内外的文化启示》和荣获第三届"黄河戏剧奖·理论评论奖"第一名、河南省文化艺术研究院贺宝林撰写的《当代戏剧创作的三个命题:尊重传统、重塑经典与跨文化交流——新编豫剧〈程婴救孤〉作为一种"文化现象"的解读》分别荣获第三届、第五届"中国戏剧奖·理论评论奖";在第四届"中国戏剧奖·曹禺剧本奖"评选中,河南剧作家创作的3部作品《朱安女士》《红旗渠》《大红灯笼高高挂》同时荣获国家级的大奖,创造了该奖设立以来一个省份同时获奖的数量最多的全国纪录。

最后是恢复了中断10年的《河南戏剧》杂志,为河南广大戏剧工作者提供了一个交流学习的平台。2010年,河南省剧协成立新一届主席团,根据社会和戏剧发展的现实需要,主席团高瞻远瞩,谋后而动,及时调整发展战略,并克服困难,精心策划,重新恢复《河南戏剧》。《河南戏剧》拥有一个较为完备的发行网络体系,其发行覆盖范围包括中国文联、文化部、河南省委省政府主管领导,中国艺术研究院,全国艺术类高等院校,各省、自治区、直辖市文联、艺术研究院所,河南省各省辖市文联、各艺术院团以及广大戏迷。为扩大刊物影响,杂志社还举办了"《河南戏剧》好稿评选活动",还连续参加"田汉戏剧奖"评选,被评为"田汉戏剧奖优秀期刊"。复刊后的《河南戏剧》继续秉承中原文化的价值理念,扎根河南厚重的文化沃土,关注社会发展,紧扣时代脉搏,总结历史经验,探微艺术本体,接地气、聚人气、扬正气，推出了一大批新人新作，以崭新的面貌、宏大的气魄、一流的水准、热诚的服务，成为新时期河南广大戏剧工作者交流学习的阵地、互通信息的平台、宣传河南戏剧的窗口，为促进河南戏剧事业繁荣发展发挥出了积极的作用。

除开展上述工作外，在陈涌泉的大力推动下，河南省剧协还成立了梅花奖艺术团，多次深入基层演出，落实国家文化惠民政策，让广大人民群众享受到社会主义文化大发展的成果；组织策划举办河南省校园戏剧节，着力培养戏剧青年观众，为戏剧未来的发展播下希望的种子；联合黄河流域十省市剧协，成功举办首届黄河流域戏剧红梅奖大赛，促进黄河流域戏剧艺术的交流与合作；连续举办河南省红梅奖大赛、河南省小梅花戏曲演员选拔赛等，并积极向国家级的赛事推荐选手，推出了一大批青年新秀，使戏剧从青年抓起、从娃娃抓起不再是纸上的一句空话，取得了一系列引人注目的成就。

也许是因为他来自草根，他时刻不忘基层剧团、基层演员，充分理解他们的艰辛，并力所能及提供帮助。他曾为身患白血病的青年演员黄玉组织爱心义演募集善款，也曾为农民汉剧团捐赠戏装；他曾把自己改编的新版《三哭殿》（又名《贞观家事》）剧本交给民营剧团免费使用，也曾深入基层剧团为他们指导业务、排忧解难……

尽管陈涌泉身处各种繁杂的事务之中，但他始终将自己定位为一个靠书写去表达情感的剧作家，一个靠艺术去为人民服务的文艺工作者，一个靠劳动而自食其力的普通人。正因如此，陈涌泉没有潜心研究官场的规则，没有沉溺于各种世俗的应酬，更没有停留在已经取得的成就上自我欣赏。不管工作多么繁忙，他始终没有停止戏剧创作，《丹水情深》《城市的星空》《都市阳光》等剧目，都是他在工作之余“挤”出来的作品，他以自己的创作实绩成为当代中国最具实力的剧作家之一，并成为一个卓有成效的戏剧管理者。

陈涌泉主持河南省剧协工作有一个基本的理念，那就是既在其位，必谋其政。他之所以具有这种远见的卓识、炽热的情怀，缘于他20年艰辛的创作经历，缘于他对复兴民族艺术所寄予的美好希望，也缘于他对戏剧人的理解与尊重。他知道，在当前这个欲望泛滥、诱惑不断的大环境下，一个戏剧人的坚守需要多么大的毅力，他们的成功更是需要百倍的付出。同时他更清晰地意识到，要想使一个泱泱大省的戏剧事业走向真正的繁荣，不是一两个人所能完成的，它需要千百万人的共同努力。正是鉴于这种认识，陈涌泉希望能把河南省剧协这个平台，真正办成全省广大戏剧工作者温馨的家园，为河南戏剧事业的发展撑起一片纯净的天空。

九

陈涌泉是一位“本色”的剧作家，他的“本色”表现在他不管走到哪里，都会始终牢记自己从哪里出发，自己为什么要出发。当他小时候为了求学蹒跚在阴风冷雨之中时，他就告诉自己不管环境多么冷漠，都要保持一颗火热而善良的心灵；当他放弃大学毕业的分配指标，背起行囊开始远行时，他就意识到人生的价值永远都在追求的路上；当他 27 岁写出揭露人性丑恶的《阿 Q 与孔乙己》而遭受他人的非议甚至嘲笑时，他就深感走在前面的人都是孤独的人；当两千多年前晋国的程婴和他的老父亲在他头脑中相遇时，他就坚信人类的道义贯古连今，人是因为有了担当才有了高贵的尊严；当他伫立在美国纽约百老汇灿烂的灯光之下时，他的心中只回响着一种最强的声音，那就是因为民族他才走向了世界……陈涌泉就是这样一个人，他在跋涉中坚守，又在坚守中跋涉，跋涉与坚守构成了他戏剧创作中的双重变奏。

一切伟大的作家都是历史的秘书，他的崇高使命在于真实地记录下他所生活的时代，并为历史的或然性与必然性提供答案。纵观陈涌泉的戏剧创作历程，我们不难发现他始终与历史同行，为时代高歌，特别是代表他四个不同创作时期的四部重要作品《阿 Q 与孔乙己》《程婴救孤》《朱安女士》《都市阳光》，无疑都是他“为时而著”之作。如果说《阿 Q 与孔乙己》是对国民劣根性的批判，那么《程婴救孤》则是对民族精神的高扬；如果说《阿 Q 与孔乙己》是站在世纪之末回望历史，那么《程婴救孤》则是立在世纪之初瞻望未来；《阿 Q 与孔乙己》意在表明中华民族要想健康地步入新世纪，必须丢掉沉重的文化包袱，必须在思想上进行励志和自新，《程婴救孤》则是要告诉世人，中华民族要想立于世界民族之林，必须传递民族的核心价值，必须高扬民族的精神火炬。在中国提出“两个百年”奋斗目标的关键时刻，在“中国梦”的宏伟蓝图逐步展开之际，陈涌泉创作的《朱安女士》《都市阳光》又应运

● 陈涌泉近照

而生。《朱安女士》关注的重点仍然是民族文化和民族心理，目的是借对鲁迅这样一位文化巨人精神历程和内心世界的揭示，在更高程度上对民族文化进行关注和观照，因为一个民族要想走得更远，必须在文化上更加成熟，要想真正走向世界，必须有理智的价值判断。《都市阳光》则塑造了中华民族在和平崛起中的崭新形象，农民歌手高天的身上既承载着中华民族的优良传统，又有着这个时代的青年人所具备的开拓精神、开阔胸襟和开放眼光，他义无反顾地走进城市寻梦，他的精神蜕变过程正是中华民族自省自新的过程，他的梦与中华民族走向世界的复兴之梦一脉相承。陈涌泉以他高度的责任意识，充满激情的表达方式，书写了这个时代奋进的历程，并留下了他对历史深刻的思索和对未来敏锐的展望。

自学生时代的“作家梦”开始，陈涌泉就一直坚信一个作家的情怀直接决定着他的创作立场，而他对人民的态度则决定着他的创作所能达到的高度和深度。因此，对理想的执着、对崇高的坚守、对人间真情的歌颂、对人性之美的张扬，不仅是陈涌泉戏剧创作的一贯追求，同时也构成了他所有作品的基本旋律。他相信只有传递真情的文字才可以变得不朽，只有充满真情的作品才可以藏之名山，传之后世，他希望通过对真善美的颂扬，高举起民族的精神火炬，让正义得到伸张，让弱者不再流泪，让善良免遭权势的蹂躏，让生命得到应有的尊严。所以在他的笔下，不论是反思国民劣根性的《阿Q与孔乙己》还是讴歌人性光辉的《程婴救孤》，不论是透析命运之痛的《朱安女士》还是呼唤传统美德的《王屋山的女人》，不论是反腐倡廉现实题材的《天职》还是爱国主义传统题材的《两狼山上》，不论是抒写移民心灵史的《丹水情深》还是表现新生代农民工寻梦之旅的《都市阳光》，都贯穿着一条清晰的主线，那就是对民族精神的高扬，对社会正义的呼唤，对贪腐邪恶的鞭挞，对贫苦弱小的同情！陈涌泉作品中的主人公多是出身社会底层的小人物，不论是《婚姻大事》中成人之美的凤春和慧娟还是《天职》中要将上访进行到底的李秀莲，不论是《王屋山的女人》中替夫还债的彩云还是《都市阳光》中的农民歌手高天，都是最普通的社会一员，但他们位卑而不失尊严，贫穷而不改气节，身小而不渺小，处下而不低下，体现出一种平凡中的伟大，一种平常中的刚强，一种平淡中的崇高。可以说，他们的存在就是对无情世界的抗争，对人间正义的捍卫，对生命光辉的礼赞，对社会正能量的传递，当然也是陈涌泉美好情感在他们身上的灌注与体现。

相对于作家的心灵而言，现实总是繁杂而又无情的。三寸金莲照样有人欣赏把玩，人格侏儒照样有人提拔重用，纸醉金迷照样有人乐此不疲，唯独缺少的就是对正义的呼唤，对邪恶的批判，对道德底线的坚守。面对现实的围困，一个有作为、敢担当的作家必须首先完成精神的突围，只有这样他才能成为"社会的良心"；必须有强烈的批判精神，只有这样才能不断迸发出时代的强音。陈涌泉就是一位有作为、敢担当的剧作家，在他的笔下草泽医生程婴面对死亡时能留下"一诺千金重，取义轻舍生，历尽万劫眉不皱，留一腔浩然正气贯长虹"的生命绝唱（《程婴救孤》），纪委书记纪忠面对腐败分子时能喊出"老百姓是父母，老百姓是靠山……欺百姓就是欺父母，欺百姓就是欺苍天"的百姓心声（《天职》），铁血英雄杨业面对破碎的河山能发出"莫让英雄再流泪，莫让忠臣无善终"的悲壮呼唤（《两狼山上》），青楼女子李香君面对无耻的权奸能发出"身穿朱紫不自重，堂堂列公选声容，不管社稷安与危，不闻黎民疾苦声"的无情控诉（《李香君》），面对山一样的压力，普通女子彩云能发出"青山人去账不灭，丈夫欠债妻来还。哪怕俺倾家又荡产，哪怕俺人间苦吃完……只要王屋山还在，绝不少大伙一分钱"的铮铮之言（《王屋山的女人》),面对无情的命运和现实,农民歌手高天能发出“雷啊雷,轰平眼前山万丈;闪啊闪,撕开乌云透霞光;雨啊雨,洗出一片新天地;风啊风,把人间不平一扫光”的血泪呐喊(《都市阳光》)。这就是“本色”的陈涌泉,当他回眸深邃的历史,当他直面惨淡的人生,当他正视翻云覆雨的现实,当他去触摸流泪滴血的心灵,他总能在自己的作品中发出旷世之音,成为这个时代最持久的回响。

一个作家要想突破传统的模式和樊篱,必须首先突破自己的思想禁锢和局限,这不仅需要才华,更需要真诚的心灵、卓越的胆识和坚挺的人格。陈涌泉是一个很“正统”的剧作家,他不搞颠覆解构,不做前卫尝试,更不屑于去玩弄所谓“人性”的把戏,他知道抽象的“人性”无法打开缤纷多彩的艺术之门,无法穷解不可重复的生命轨迹,更无法成为那些抽空内容徒具形式的作品的辩护词,那种奉“人性”为圭臬的所谓前卫性的创作理念,只不过是想用一个苍白的词语去掩盖一个大而空的花架子而已。但这并不是说陈涌泉因循守旧,相反他是一个极具创新的剧作家,只不过他的创新总是以深厚的民族文化传统为基础,以戏剧艺术的基本规律为原则,以观照火热的现实生活为指向,以满足当代观众的审美需求为目标。陈涌泉的创作经历表明,并非坚守就不能创新,恰恰相反,要想有真正的创新必须有很好的坚守。以陈涌泉的四部代表作为例,如果说《阿 Q 与孔乙己》代表了他对国民劣根性的批判,《程婴救孤》代表了他对民族精神的张扬,《朱安女士》代表了他对传统文化的反思,那么《都市阳光》则代表了他对民族人格的重塑。从这一系列的作品中可以看出,陈涌泉不仅紧跟时代,而且走进了历史的深处、立在了时代的潮头,在经历了精神的长途跋涉之后,他拥有了一种更高程度上的成熟与自信,如浩瀚的大海,表面上虽然波涛汹涌,但大海的深处永远是风平浪静。这种前瞻的思想、良好的心态、丰富的积淀,成了他登上这个时代戏剧创作高峰的坚实基础和必备条件。

罪恶是黑色的,苦难是灰色的,而生命却需要亮色。因而所有伟大的作家都希望能够“笔补造化”,让社会少一些暗色,多一些亮色。陈涌泉曾经撰文写道,一个编剧的天职在于“去粉饰,守真诚,为时代立言,发百姓心声,敞开悲悯情怀,坚守人文精神,见不平秉笔直书,听哀号疼痛在胸,肩负民族道义,担当社会良心”。的确,陈涌泉在他所创作的 20 多部作品中,始终在言民声、顺民意、抒民怀、励民志,

《都市阳光》剧照

他的作品总能让我们聆听到历史长河中惊涛拍岸的回响，感受到现实生活中金戈铁马的搏杀，想象到未来一幅幅如花似锦的图画，这一切都缘于他“为天地立心，为生民立命，为往圣继绝学，为万世开太平”的情怀。陈涌泉以“神性”来指作品所达到的最高境界，他认为“神性”是人性中最崇高的一面，一部作品只有具备了“神性”，它才能让人的灵魂得到洗礼，精神得到升华，人格得到完善。我们相信，在未来的岁月里，陈涌泉一定会走得更远，因为他的目标在远方，正如著名作家史铁生所说，“永恒的距离，才能引导永恒的追寻”！

在《都市阳光》中，陈涌泉为农民工歌手高天写下了一首歌曲《让梦想飞扬》。那既是新生代农民工的心声，更是陈涌泉本人的信念，无论是对戏剧还是对人生。就让我们在歌声中结束本文吧，但梦想会一直继续——

梦想是空气，
总把我们包围；
梦想是阳光，
时常照耀身上；
梦想是灯塔，
引领人生航向；
梦想是力量，
让我们心灵强壮。

有梦想的脚步，
多远的距离都能丈量；
有梦想的肩膀，
多沉的重量都能扛；
有梦想的胸怀，
多大的麻烦都能装；
有梦想的歌喉，
一息尚存就要歌唱。

人生路从来不平坦，
跌倒了爬起来继续往前闯。
天空里总会有风雨，
淋湿了翅膀依然要飞翔。
流血流汗不流泪，
人生不白活一场。
向着远方，让梦想飞扬，
向着未来，让梦想飞扬！

德艺双馨的剧作家

——我了解的陈涌泉

李树建

在《梨园春》举办的“涌泉相报——剧作家陈涌泉专场晚会”上，我曾经饱含深情地说，我和陈涌泉不是兄弟胜似兄弟。这种情意是多年来我们在创作排演《程婴救孤》一点一滴结下的，也是我们在振兴河南戏剧事业过程中扎扎实实孕育的。凭我多年对陈涌泉的了解，深知他业比天大，德比地厚，是一个德艺双馨的剧作家。回首我们共同走过的路，风风雨雨，坎坎坷坷，酸甜苦辣记忆犹新，真的是一言难尽。

我当年从河南省豫剧一团调到二团时，既是我人生的一次挫折，也正是二团的最低谷时期。当时的二团一穷二白，面临倒闭，演出无市场，工资无保障，剧目陈旧，人才流失，排练厅露着天，大幕上烂成洞，一派破败不堪的景象。面对这一惨景，我们新一届领导班子忧心如焚，我忍不住躲到露天舞台的角落里抱着头哭了一场又一场，深感无力回天。

怎么拯救二团？我们认准了一条：只有实施精品战略才能拯救这个团，必须排出一部好戏。经过反复思考，我们决定改编《赵氏孤儿》。这个戏我已经有经验教训

● 2005 年，时任河南省委书记徐光春高度赞扬《程婴救孤》

● 在河南省委、省政府表彰大会上陈涌泉与李树建、张平合影

● 2008 年《程婴救孤》在意大利演出时演员与观众互动

了，如果老戏老演，不是老戏新编肯定打动不了观众，实现不了我们的愿望。剧作家很多，请谁呢？我和导演张平商量，请陈涌泉出山。因为他年轻，创新意识很强，他为省曲剧团创作的《阿Q与孔乙己》新颖别致，给我留下了深刻印象。陈涌泉当时血气方刚，他觉得我们都是搞事业的，正处在艰难时期，应该帮一把。于是，在剧团很穷，根本没钱给他付稿费的情况下，他一分钱没要就开始创作。他说先把戏立到舞台上，观众认可再说。

剧本初稿出来后，我边看边流泪，我心里有数了。凭我多年演戏的经验，只要剧本能感动我，我就一定能感动观众。当年正好有河南省戏剧大赛，我们决定就拿《程婴救孤》参赛。但说着容易做着难，当时剧团经济十分困难，账面上只有800元钱。我和领导班子成员一道迎难而上，主动带头集资排戏，发誓夺不到金奖决不罢休。在班子的鼓舞和感召下，在陈涌泉的模范带动下，全团同志顽强拼搏，一举夺得了河南省第九届戏剧大赛金奖，填补了二团二十年无金奖的空白。全团同志激动得流着眼泪说："二团人民站起来了！"

2004年5月，我们又取得了第七届中国艺术节的入场券。在去杭州之前，路费不够，我当时愁得血压升高住进了医院。正在这个时候，山西有个老板的家人去世了，让我们去给他演出，答应给5万块钱。说心里话，我心里一百个不情愿去参加办丧事演戏，但人穷志短，为了那5万块钱，我就带了四五个主要演员去给他演折子戏，演清唱。我们一进村子里，看见到处都是花圈，棺材就在门口摆着。出殡时，我们就跟着到坟上唱，我在坟头边唱边掉泪。老板家人满意地说："李树建不愧是梅花奖演员，你看人家多认真啊，在坟头掉着泪唱。"他们哪里知道我那是委屈的泪水啊！作为一名国家一级演员，又是梅花奖获得者，去哭坟，感觉没有尊严啊！好在我们拿到5万块钱，大家到杭州的吃住问题解决了。在杭州一举夺得了第十一届文华大奖第一名和第七届中国艺术节"观众最喜爱的剧目"第一名，同时还获得了文华剧作奖、导演奖、舞美奖、表演奖等五个单项奖，成为本届艺术节上最大的赢家，填补了河南戏剧历史上的空白，也填补了全国地方戏在全国赛事上"双获第一"的空白。全团演职员听到喜讯后抱头痛哭，那是喜悦的泪水，长久的压抑和憋屈得到了尽情释放。

但陈涌泉并没有分享到这份喜悦，那一刻，他也在流泪，却是痛苦悲伤的泪水。他正一个人孤独地在郑州医院里守候着病危的母亲。赴杭州参赛前，涌泉为了集中精力修改剧本，把年迈的母亲接到郑州替他照看年幼的孩子，谁知老人家积劳成疾，一病不起，送进医院后接连下了几次病危通知。陈涌泉本来去杭州的火车票已经买好，此刻只能留在郑州照料母亲。《程婴救孤》获大奖的消息传来时，涌泉的母亲已经昏迷不醒，两天后就去世了。我们感到很难过，很伤心，感到对不起陈涌泉同志，他为二团的兴旺、为二团的繁荣发展做出了重大贡献，二团人永远不会忘记陈涌泉！

后来，《程婴救孤》又相继荣获国家舞台艺术精品工程十大精品剧目第一名，中宣部“五个一工程”优秀作品奖第一名，剧本还入选了大学的教科书。省委、省政府又是重奖，又是庆功。集众多荣誉于一身后，原来面临倒闭的二团一下发生了翻天覆地的变化，演出收入有了大幅度提升，过去每场收入仅有1万元左右，而我主演的《程婴救孤》每场达到5万元，演职员工资翻了两番。我本人也相继当选全国劳模、德艺双馨艺术家、中国戏剧家协会副主席。《程婴救孤》如今已演出900多场，演遍大陆和港澳台地区，还走向世界，在欧洲、美国刮起了豫剧旋风，为豫剧、为中国戏曲赢得了殊荣，被誉为“《程婴救孤》现象”，“创造了地方戏奇迹”。2013年春节期间，我们应邀二次赴美，成功登上了百老汇舞台。站在百老汇的舞台上，我百感交集，当初我在山西哭坟的时候，做梦也不会想到有今天。今年八九月份，该剧还应邀到泰国、巴基斯坦交流演出。

《程婴救孤》拍成戏曲电影后，又接连获得了中宣部“五个一工程”奖，中国电影华表奖、金鸡提名奖，美国洛杉矶国际家庭电影节最佳外语音乐片奖等，所有的大奖我们都拿到了。事实证明，一个院团必须出精品，有了精品就有了一切。正是陈涌泉以心血之作为该剧的成功打下了良好的基础，让二团有了腾飞的翅膀，这才连获大奖，收入翻番。程婴救了孤儿，《程婴救孤》救了豫剧二团。我曾经讲过，没有陈涌泉编剧，就没有《程婴救孤》，也没有我的今天，没有二团的今天！

后来陈涌泉又创作出了多部戏，《风雨故园》《丹水情深》《两狼山上》《王屋山的女人》《天职》《陈蕃》等，全国各地都在请他写戏。为什么陈涌泉能成为大家？我认为他的艺术思想、艺术理念、艺术风格和艺术境界已经达到了大家的高度。拿《程婴救孤》来说，就有很多创新，5分钟之内一个序幕把过去的四场戏全部演完，剧本很紧凑，一环扣一环，这样观众才能坐得住。再一个他写的唱词生活化，雅俗共赏，写得非常好。《程婴救孤》不用说了，前几年我排了另外一个戏，叫《台北知府》，我演台湾的首任知府陈星聚。最初的剧本不感人，观众没有反应，就让陈涌泉加盟进来修改，果然就有很大提高，特别是新写了一场戏，中间有核心唱段“哭娘”。母亲去世以后，陈星聚跪在地上哭，陈涌泉写的词我看了就掉泪——老母亲，30多岁守寡，一辈子受了多少难，在这期间，她学会了犁地，学会了扬场，学会了打麦，撬开冰凌给儿子洗尿布。半夜醒来母亲还在纺棉，我问她为啥不把油灯点，她说孩子啊，咱能省一点是一点，省下来叫你兄弟上学，做了官为老百姓办好事……他写得非常生活化。那个戏现在没留住，但是这个唱段流传下来了，很多老百姓学唱这一段戏，还有很多业余演员，学会了以后，哪一家老人去世了，办丧事时，拿着“哭娘”这段戏去挣钱。更难能可贵的是，陈涌泉出了大力却不争名利，名字署在三个编剧最后也毫无怨言。

剧本是剧作家一个字一个字写出来的。剧作家非常辛苦，他们是真正的幕后英雄，借此机会我呼吁戏剧界要形成尊重剧作家的良好风气，只有他们创作出好剧本，我们才能排出好戏。

这些年，作为河南省戏剧家协会的驻会副主席兼秘书长，陈涌泉很大的精力投入到剧协管理和戏剧活动组织工作中了，虽说影响了剧本创作，但他做的是一篇更大的文章。他不但是一位高质高产的著名剧作家，还是一个戏剧活动家，把剧协的工作搞得红红火火、风生水起，为建设戏剧强省做出了贡献。陈涌泉还热心公益事业，曾经为身患白血病的青年演员组织募捐，为家乡修路办校捐款，热心帮助贫困学子求学。在不久前举办的“河南省艺术名家推介工程”活动上，来自全国的专家学者对陈涌泉的作品、人品给予一致好评；他在传统戏曲现代化、民族戏曲世界化、戏剧观众青年化、戏剧生态平衡化方面取得的成就得到了大家的充分肯定。

《程婴救孤》记录了我们十几年的奋斗历程，见证了新世纪以来河南戏剧事业取得的辉煌，也让我充分了解了陈涌泉这位德艺双馨的剧作家。祝愿他今后创作出更多的精品力作，为戏剧事业谱写新的篇章！

陈涌泉六本十三读

曲润海

陈涌泉的戏，我看演出或读剧本不多，共六个，按时间顺序是《阿Q与孔乙己》《程婴救孤》《朱安女士》《天职》《两狼山上》《王屋山的女人》。除《两狼山上》外，都读过或看过两三次，共计十三次。感触如下：

一、河南剧作家群里的陈涌泉

我这些年看各省的戏，看到每个省都有代表性的剧作家，有的多，有的少，有的则是一个或大或小的剧作家群，比如福建、江苏、湖北、四川。河南自然不能例外，也有个不小的剧作家群，单凭记忆，熟悉的就有齐飞、姚金成、杨林、贾璐等，而且能举出他们的代表作，陈涌泉就是这个剧作家群里的一员。

一个省戏剧的发展繁荣，不能单靠几个演员，也不能单靠一两个大腕儿导演所能成就，首先要有好的剧本。而好的剧本也不是只出在一两个大腕儿剧作家之手，更不是只靠外来和尚能把经念好的。现在有的省在戏剧创作上要想争奖，就从外面请剧作家、导演。如果请来一起熟悉了生活和素材，一起进行了研讨、琢磨，并且熟悉了演员，然后进行创作，成功的可能性就大。然而有的地方却只是从外面的剧作家手里高价买本子，并且高价外请导演来赶排，成功的可能性就不会大，甚至赶制出来的是废品。失去了自信，信不过自己的剧作家，也不愿意下功夫培养锻炼他们，是很难出现好的剧本的。河南的有关领导信得过自己的剧作家，才在切磋琢磨、竞争中形成了一个剧作家群，不但整体提高了河南的创作，对省外也有贡献。在这一点上，河南与福建有相似之处。陈涌泉如今也不只属于河南了。

二、关注社会，关注现实的陈涌泉

我在中国艺术研究院当"维持会长"的时候，提出"关注社会，关注现实"的艺术研究方向，得到了当时文化部部长孙家正的支持。他听取艺术研究院改革方案的汇报时，提出要把艺术研究院办成"中国一流，世界知名"的艺术研究和人才培养的基地。艺术研究要关注社会，关注现实，要中国一流，世界知名。艺术创作也应该如此，有高标准才可能向高成果努力。

陈涌泉的戏剧创作，用"两个关注"来看，是恰如其分的，是突出的，标志是现代戏创作的成功、成熟。现代戏的时限，按张庚先生的意见，是从辛亥革命算起。按这个时限界定，陈涌泉的《阿Q与孔乙己》《风雨故园》《天职》《王屋山的女人》都在其内，而且后二者更是货真价实的"两个关注"。戏剧创作关注现实生活，是河南的独特优势，陈涌泉也有份儿。

《天职》写的是纪检干部，不仅写了他"仰不愧党，俯不愧民，内不愧心"的品德，敢于保护受害者，敢于把违法犯罪的老同事送去"双规"，敢于不受老领导的开导，而且写了纪检干部家属付出的代价。这后一点尤其值得赞扬，也是这个剧本的与众不同之处。一个纪检干部，如果家庭扯后腿，他是很难全力以赴投入与违法犯罪的斗争的。

《王屋山的女人》写的是王屋山村民青山带领家乡人在外承揽建筑工程，年底结算时，工程款被会计马玉堂卷走。青山着了急，突发心脏病身亡。农民工们要青山爹子债父还，青山爹诸葛能吞下所有的欠条。青山媳妇彩云却挺身而出，说自己还有一本“良心账”,并凭良心将欠大家的债一笔一笔地记下来,共 30 万元,当众承诺,她来还:“只要这王屋山还在,绝不少大家一分钱!”老公公为了保护儿媳妇,用喝农药、抹脖子的绝招,决心把她支得远远的。彩云只好离家进城打工,开了个“迎春烩面馆”,既是老板又是厨工。后来彩云终于还清了 30 万元债款。这个戏在上海国际戏剧节上与沪剧《挑山女人》一样好评如潮。

说陈涌泉的现代戏成功、成熟,是他首先创造性地精心编织好了现代故事,能够抓人。《王屋山的女人》可以说高潮迭起。开局直截了当进入矛盾,村民逼债,诸葛能吞欠条,彩云记“良心账”,诸葛能以死逼彩云远走,形成第一个高潮。彩云往工地送饭,雨中讨款,是又一个高潮,感动了众农民工,也感动了包工头。母子见面是第三个高潮。最后是青山坟前,马玉堂还款赎罪,彩云哭诉,字字血,声声泪,肝肠寸断,催人泪下:

马玉堂啊马玉堂,现在你来还钱了,现在你来还钱了,你早不来晚不来,我把账都还完了,你来还钱了,你早点干啥去了?你知道这些年俺家是咋过来的吗?你知道吗?你知道吗?

(唱)回首往事泪难忍,
一路走来倍艰辛。
为还款青山把命尽,
为还款公爹病缠身;
为还款一家不团聚,
为还款母子两离分;
为还款节衣又缩食,
为还款三年不曾进家门!
三年来思念亲人天天忍,
梦里流泪湿枕巾。
三年来没明没夜干,
挣下一分还一分。
干活累断腰,

思念想碎心；
身心皆疲惫，
一家断肠人。
大宝儿盼娘归望穿双眼，
小妹妹失去了大好青春；
老公爹老来丧子热泪滚，
彩云我难尽责任为母亲！
一千个日日夜夜终熬过，
你才还款找上门。
三十万现金我不要，
你还了俺丈夫、孩子的父亲、公爹的儿子、妹妹的长兄，
你替我唤醒地下亡故人！

说陈涌泉的现代戏成功、成熟，更在于其塑造出了有棱有角、有血有肉的现代人物。这个戏里，彩云写得有骨气、有血性；诸葛能为保护儿媳妇，使出意想不到的绝招；小儿子大宝是把奖学金交给妈妈还账的留守儿童；即使马玉堂也不同于一般的骗子，他卷款为儿子换了肾，又积攒下30万元来还款，投案自首。《天职》里"仰不愧党，俯不愧民，内不愧心"的纪检委书记纪忠，他的妻子玉洁，都是令人难忘的当代人形象。

阿Q、孔乙己既因鲁迅出名，也因陈涌泉对其人物的塑造而立在地方戏艺术的画廊里。哀其不幸，怒其不争，既是对阿Q，也是对孔乙己。还可以说，是陈涌泉研究鲁迅的成果通过塑造艺术形象表现出来的。吴妈在鲁迅的笔下并没有多少文字，可以说只是寥寥几笔，但在河南曲剧舞台上却是阿Q与孔乙己之间相勾连的不可缺少的人物，有了血肉。至于朱安夫人，在直观的鲁迅作品里是没有的，是陈涌泉品读鲁迅作品和有关资料，品读出来，并且以他深深的同情，酣畅的笔墨，苦心孤诣地发掘出来、塑造出来的，是陈涌泉的独立创作。

三、敬畏名著，精心改编的陈涌泉

曾经有著名的剧作家提出，不应该再提“三并举”，只有历史戏和现代戏创作，没有什么“改编”。媒体上则一片“原创”声，连主管部门也着重提倡“原创”。但是文华奖评委们却给并不是原创的《长生殿》评了文华大奖。类似的获奖剧目不多，但是成功率很高，岂非咄咄怪事？我不知道陈涌泉是否也提倡“两并举”，但我觉得他是以创作的思路和功夫，在写现代戏的同时，进行改编的。

陈涌泉的改编有两类，一类是改编经典名剧或传统剧目，一类是改编经典小说。《程婴救孤》《两狼山上》属前者，《阿Q与孔乙己》属后者。

赵氏孤儿的故事发生在春秋时期的晋国。这个故事梆子戏里过去都有，家喻户晓，但都比较长，两个小时演不完。于是就有了各种改编的本子，但我觉得都不如原本好。陈涌泉的《程婴救孤》却是一个改编得好的本子。这个本子减少了许多头绪，突出写程婴，在某些方面又大肆渲染，可以说既惜墨如金，又泼墨如注。比如程婴和公孙杵臼决定谁去告发谁去死，用的笔墨比较多，二人都有唱，抒发生离死别的悲痛心情。而公孙杵臼的死却比较简单，没有让程婴像以往的本子那样拷打公孙杵臼。这是为了给程婴后面的戏腾出时间，在程婴的孩子惊哥和公孙杵臼已死，屠岸贾已走之后，他一个人大唱一段。又如孤儿被屠岸贾认作义子保护起来，一晃16年就过去了。此时也没有明确启示孤儿，而是由孤儿遇到公主，又听到骂程婴的话，产生了疑问回家来责问父亲，才开始解扣。而笔墨用得最多的地方，是程婴满怀喜悦地去投魏绛，让孤儿归宗，却遭到了一顿毒打，悲愤高歌，把全剧推向高潮。

中国戏曲的传统剧目有几万个，撇过这些，能“原创”出大批新戏，来满足一千几百个专业戏曲剧团、五六千个民间职业剧团的需要吗？但是，传统戏本身精华与糟粕并存，不容易辨析和取舍，更不容易在剔除糟粕出现了空隙时，恰到好处地进行补缺。拿《赵氏孤儿》来说，过去是以忠奸斗争、家族复仇为主轴，豫剧《程婴救孤》则是强调宣扬正气、信义、坚忍不拔的民族精神与传统道德。但改编后，原有的悲愤、悲壮、悲苦甚至悲凉仍然皆有，悲剧的氛围却更加浓重，更有悲剧的震撼力。这就是说，像《赵氏孤儿》这样堪与世界名著媲美的经典作品，在新形势下仍然可

● 《程婴救孤》剧照

以改编，而且可以改编出好戏来。从这个角度说，改编是戏曲剧目繁荣的正途之一，陈涌泉不必讳言改编。

陈涌泉为河南豫剧改编成功了《程婴救孤》，是不是别的剧种剧团、别人就不能再改编了？不然。但不能把陈涌泉的改编成果改头换面成为自己的东西，你得另有构思、创造，否则难免有抄袭、侵权之嫌。改编是一种艰苦的、出力不讨好的创作。改编可以修旧如旧，可以修补、填补，改编是推陈出新。赵氏孤儿的故事是一个共享的题材，各家可以写出不同的剧本。但不论怎样改，被救的总是赵氏孤儿，也一定是以程婴为主救养孤儿。

以鲁迅的人物为中心写戏，需要在拼凑衔接上下一番功夫。因为鲁迅笔下的人物，都分别在各篇小说里，互相没有见过面。在戏里则必须见面，而且要用适当的情节细节把他们勾连在一起。我以为《阿Q与孔乙己》在这方面是很成功的。许多细节是典型的，而且适合于表演。如阿Q、孔乙己、吴妈是在吴妈的下处扯到一起的。阿Q到吴妈下处，是赵太爷纠缠吴妈之后，吴妈把他喊来的。阿Q异想天开求吴妈与他睡觉，被孔乙己碰到。而孔乙己是来赵太爷家偷书的，被阿Q喊叫暴露，结果被抓，打断了腿。以后阿Q又在公堂上揭发孔乙己偷东西，引出孔乙己上堂，不让阿Q画圈儿，最后在刑场上“大团圆”。这些地方都是陈涌泉的创造。

不论是改编经典名剧还是改编经典小说，都要心存敬畏。当然戏剧嘛，可以戏说，用演戏的方式说故事，说人物，但是绝不可胡说。改编不是给已经家喻户晓的艺术形象翻案。历史人物可以翻案，家喻户晓的艺术形象是翻不了案的。屠岸贾永远是一个舞台上的坏人，阿Q也塑造不成推进历史前进的革命者，假洋鬼子总是假洋鬼子。

四、变异的河南戏派成员陈涌泉

我曾认为在河南以至在全国有一个杨兰春戏曲流派。它有以下六个特点：一是深厚的生活积累；二是鲜明的时代感；三是趣味盎然的故事；四是泼辣鲜明的表演；五是纯朴幽默的语言；六是不断的探索精神。

我读和看《阿Q与孔乙己》，首先一个感触是，河南戏曲在豪放、明快、风趣格调之外，又有了深沉格调。它一方面保留了风趣的喜剧特点，另一方面又深沉得多，给我们的感受是复杂的。使我们悟出：中国新民主主义革命改造的国民性，既有阿Q式的，又有孔乙己式的。

《朱安女士》四幕的题目是“假大脚与假辫子的婚礼”“夫妻如路人”“从绍兴爬到北京的蜗牛”“蜗牛再也爬不动了”，从这四个题目就可看出，这个戏纯属另一种格调。我没有看过全剧的演出，总觉得这是个小说题材，未必适合戏剧表演，可读而不一定好看，可思考而难以应和。但从编剧的角度来说，这个本子是费了一番心思的。一个“蜗牛”爬遍全剧，从绍兴爬到北京，直到爬不动了，颇有散文的味道，但结构却不散，是严谨的，是戏剧的，而文词则是剧诗的。可见陈涌泉编剧技术的纯熟。

我国戏曲学术泰斗张庚先生把戏曲文学称作“剧诗”，说戏曲剧本是一种诗。

剧诗的语言艺术是十分讲究的。但“剧诗不能害怕粗俗”。剧诗语言要“叮当作响，谱入曲中之后，观众唱不离口”。用张庚先生的“剧诗说”来看《程婴救孤》，该剧不愧是一部“叮当作响”的通俗的剧诗。特别是当程婴含辛茹苦、忍受屈辱 16 年，抚养孤儿长大成人，要在魏绛与公主的面前，让孤儿归宗的时候，却遭到一顿毒打，他终于打开了感情的闸门：

为救孤我舍去惊哥亲生子，
为救孤我发妻思儿赴黄泉，
为救孤我每日伪装与贼伴，
为救孤我身居屠府落不贤，
为救孤我遭人唾骂千万遍，
为救孤我忍辱含辛十六年。

这样的唱词，既是《程婴救孤》的，陈涌泉的，也是河南戏派的。

附：

贺陈涌泉推介会

中州举办推介会，非推商品推涌泉。
涌泉涌出戏如酒，多少看客醉狂癫。
四方戏友趋如鹜，一片真诚夸河南。
三外闲人凑热闹，道是读看十三番。

2014 年 11 月 27 日归京车上

对党和人民涌泉相报

——在豫剧名家陈涌泉推介会上的发言

姚 欣

陈涌泉同志的剧本创作题材广泛，既有现代戏、历史剧，又有整理改编的传统戏，可谓视野开阔，成果丰硕。我认识他的时间较长，但从艺术上真正认识他，是从《程婴救孤》开始的。我认为，豫剧《程婴救孤》是新时期以来改编传统戏的里程碑式的作品；从对剧作家的评价的角度看，陈涌泉是传统戏曲现代化进程中坚持正确导向的杰出代表之一。

大约在2002年，我听说河南省豫剧二团在搞《程婴救孤》，是陈涌泉的本子，黄在敏、张平执导，李树建主演。我曾看过那个本子。2004年，我在江苏常州主持全国戏曲现代戏保留剧目交流演出期间，听了黄在敏和专程来常州的李树建、张平给我介绍该剧目排练演出情况，非常兴奋。我高度赞赏该剧对民族优秀传统精神的坚守、弘扬和在当时特定的艺术生态背景下的正确导向，也赞赏其精湛的艺术表达。

我说的特定艺术生态背景，首先是指世纪之交，在豫剧《程婴救孤》之后，首都戏剧舞台曾出现过两台在思想倾向上我不敢恭维的话剧《赵氏孤儿》。一台是北京人艺编演的，一台是中央实验话剧院编演的。那两台《赵氏孤儿》是两个在全国具有重要影响的剧院几乎同时演出的，它们都在解构传统优秀戏曲。比如北京人艺的《赵氏孤儿》，当孤儿从程婴处知道自己的身世后，他对于程婴与屠岸贾的斗争的认识是：那是你们老一辈之间的事，与我有什么关系？这样的结局，反映其编导的倾向是抹杀了正义与邪恶斗争的价值判断，解构和颠覆了民族传统、民族精神。

特定的艺术生态背景，还应联系新时期30多年来我们文艺思想上走过的曲折道路。20世纪80年代初，以邓小平同志在全国文代会上的讲话为标志的文艺界的思想解放，恢复了传统戏的演出，全国逐渐涌现了许多不同题材、不同形式、不同风格的好戏，解放了文艺生产力。但到80年代中期，“三宽”（宽松、宽容、宽厚）说法出现后，极左的和右的文艺思想都同时存在，社会上出现自由化的倾向，干扰文艺工作者正确贯彻党的文艺方针，以致文艺在相当长的一段时间里出现“告别革命”“告别崇高”的非英雄化思潮和解构传统、颠覆传统的倾向。对于上述现象，理论工作者很难与之争鸣和批评。因为要么不少掌握话语权的人怕被扣上“左”的帽子，或担心影响正常的艺术探索；要么怕越争鸣越批评，观众（或读者）就越多，不良影响扩散越广。在这种情况下，人们自然期盼有正确价值判断、正确导向的艺术精湛的作品出现，以从正面进行提倡和引导。

豫剧《程婴救孤》，通过程婴等人在救孤、育孤，与屠岸贾抗争、伸张正义的故事，着力表现程婴等人为民众、为正义而忍辱负重、自我牺牲的精神和善恶美丑的价值判断，特别是在人性的开掘上，向人性的悲壮美、崇高美方向深化，向英雄主义方向拓展，加之精美的二度创作，使得这部作品把被颠覆的优秀传统文化、传统精神再颠覆回来，加以深化弘扬，其意义非凡。

得知豫剧《程婴救孤》在郑州演出的盛况后，2004年4月，我把在江苏常州参加中国戏曲现代戏优秀保留剧目展演的专家何孝充、曲润海、康式昭、王安葵等六七位同志召集来，一起听取了李树建、张平等同志就该剧的创作演出情况的介绍，希望大家竭诚支持、大力宣传这部把被颠覆的传统文化、传统精神再颠覆过来的优秀剧目。金子，在阳光下肯定会光芒四射！陈涌泉编剧的这部豫剧《程婴救孤》已经拿完了戏剧的各种全国性最高奖项，成了常演不衰的优秀保留剧目，实在让人

● 《程婴救孤》剧照

欣慰。

涌泉同志创作豫剧剧本《程婴救孤》时刚三十出头，现在的他正值壮年，创作潜能很大。我相信他今后会继续文思泉涌，会继续对哺育他成长的党和人民涌泉相报。

陈涌泉可贵的创新精神

薛若琳

昨天晚上我们观看了一台生动活泼、别开生面的陈涌泉代表性作品专场晚会,深受启发。我过去曾经表述过,河南有剧作家群、音乐家群和庞大的表演艺术家群,这些优秀的表演艺术家,不但集中在郑州,而且在全省的地市(县)也星罗棋布,比如我前年到商水县看涌泉创作的豫剧《天职》,两个男女主演江团结、党玉倩,虽然是在县级剧团,我认为他们具有省级剧团的表演水平,所以河南真不简单。习近平总书记说:只有继承历史,才能开创未来。河南一批一批的作家、各类艺术家正是很好地继承了中原文化的传统和中原文明的底蕴,才不断成长、成熟,创造出今天的硕果。

具体说到涌泉创作的剧目,我大部分都看过,我觉得他最可贵之处就是创新精神,这是一个剧作家与时代同步最重要的一种精神。比如《程婴救孤》,在20世纪90年代文艺弥漫着解构主义的雾霾,到处搞颠覆,颠覆古典名著,颠覆现代名著,不分正义和是非,一些版本的《赵氏孤儿》背离了原著的主旨精神,都是对原著的不尊重,因为我们知道,改编名著要秉持继承和弘扬名著的基本精神和价值取

●《天职》剧照

向。涌泉创作的豫剧《程婴救孤》，为什么那么受欢迎？这是因为涌泉是敬畏原著的，同时又大胆创新，实现了古典名著的现代转换，成为名著改编的典范。涌泉这部戏写得非常好，获得了文华大奖、国家舞台艺术精品工程十大精品剧目、中宣部“五个一工程”奖，也获得中国戏曲学会奖。

另外一部戏就是《阿Q与孔乙己》。这本来是鲁迅不同时代写的两篇小说，怎么来实现对接？就是要找到这个戏的文化内涵。我认为涌泉找到了孔乙己、阿Q的共同点，他们都麻木、都很愚昧，阿Q不用多说，大家一看都知道。孔乙己为什么也麻木、愚昧呢？因为他是封建时代、封建礼教社会环境中所造就的一个颓废的文人。清末废止了科举考试，他的前程没有了，他只有给人家抄抄信，给人家写写打官司的讼状。他到酒馆里赊酒，并且跟儿童说“茴”字有四种写法，后来发展到偷书，说读书人偷书不算偷，成为一个麻木、愚昧的文人。麻木和愚昧，在阿Q和孔乙己身上都存在，只不过表现的形式不同而已。所以涌泉把这两点很好地衔接和融合起来。关于鲁迅作品的改编作品，我觉得也有很多，但是涌泉的《阿Q与孔乙己》是上乘之作。

《风雨故园》中的朱安女士缠着小脚，目不识丁，没有文化，被父母包办嫁给鲁迅，这是一个传统型的女性。而鲁迅是新时代的文化领跑者，是“五四”以来新文化运动的主将，是著名的作家。在鲁迅和朱安身上体现的新旧两种文化不可能融合在一起，他们没有共同语言，也没有感情。但是鲁迅如果离婚，那等于把她休了，朱安回到她的家族就会遭到耻笑，朱氏家族会觉得是一个耻辱，是不能接受的。所以朱安也回不去，鲁迅也没办法和她离婚，鲁迅和朱安双方都很痛苦无奈。当时新文化运动的代表人物，在婚姻家庭面前也有软肋，所以这个戏的意义非常深刻。

《王屋山的女人》是一部现实题材作品。因为河南省委提出来，在河南要提倡和弘扬三大精神，即焦裕禄精神、红旗渠精神、愚公移山精神。表现焦裕禄精神的有三团的《焦裕禄》，表现红旗渠精神的有省话剧院的《红旗渠》，那么表现愚公精神的是济源豫剧团演出的《王屋山的女人》。彩云是一个普通农村妇女，丈夫死了，欠了一大堆的债，她代夫还钱，是一笔“良心账”，你说多少我还多少，农村妇女的朴实善良表现得很充分。彩云一点一点地攒钱还债，她用诚实的劳动和汗水，发扬了愚公精神。

涌泉创作有很多作品，因为时间关系我不能谈得太多。而且刚才我可能都没有分析到位，只是一点粗浅的理解。我觉得通过涌泉和其他河南剧作家的创作实践，体现了深厚的中原文明。中原文化沃土里生根发芽的剧作家，他们不仅有古代的中原文化精神，而且也有现代的中原文化精神，那就是创新精神。

截至目前，河南已经推出了十几个剧作家、艺术家，总结他们的艺术成就，河南真是人才济济，全国很少有省能做到啊！所以我说在全国的剧坛上，河南是少数领军省之一，是领跑者之一，对此我是肃然起敬。

最后我也要讲讲，除了我说的剧作家群、音乐家群、表演家群，省文化厅还有一个领导家群，像杨丽萍厅长、董文建厅长、李霞厅长等等，都是抓好戏的行家里手。没有这些好领导，出不来这么多好戏。抓创作，中国的特色就是领导要抓，领导不抓好戏就上不来。他们对艺术家的关注、关心，他们的胸怀、魄力和远见卓识，着实令我钦佩。涌泉生活在河南这片拥有良好文化环境的土地上是幸福的。希望涌泉再接再厉，创作出更多更好的戏剧作品，回报领导和观众的热切期待。

辩证地解决传统道德的内在矛盾

——陈涌泉戏曲创作的启示

安　葵

陈涌泉先生的剧作很多，在艺术上取得很高成就。他的作品既有很强的文学性，又有鲜明的地域特色和剧种特点；他既善于写悲剧，也善于写喜剧。我只看过他的一部分作品的演出，给我印象最深的是，他在解决传统道德观念的内在矛盾方面取得了显著成就，这对当代戏曲创作具有启示意义。

表现中华民族的道德观念是中国戏曲的重要内容，许多传统剧目的故事和人物都体现了人民的道德观念，表现了人民善善恶恶的思想情感，具有很强的人民性，因此为广大群众所热爱，能够长期地在舞台上和群众中流传。但是到了新的时代，人们发现传统的道德观念具有复杂性，既有民主性的精华，又有封建性的糟粕，存在着内在的矛盾。因此党的戏曲政策提出要推陈出新，即对传统戏曲进行改革。新的戏曲创作包括整理改编传统戏、新编历史剧和创作现代戏，这三个方面都要面临如何对待传统道德观念的问题。

新中国成立以来，许多戏曲作家努力运用马克思主义的思想观点解决这一问题，创作出不少优秀的戏曲作品，积累了许多宝贵的经验，但是随着时代的发展，人们对传统道德观念也不断产生新的认识，面对一个新的题材，开拓一个新的领域，对这一问题仍需进行新的探索。因此如何辩证地解决传统道德观念的内在矛盾，是对戏曲作家的思想和艺术水平的一场严峻考验，陈涌泉先生在这一方面显示出不凡的创造力，对戏曲创作的发展做出了贡献。

比如《程婴救孤》，这是根据传统剧目《赵氏孤儿》的题材创作的。《赵氏孤儿》是中国戏曲史上有名的悲剧，王国维曾说，《赵氏孤儿》和《窦娥冤》"剧中虽有恶人交构其间，而其赴汤蹈火者，仍出于其主人翁之意志，即列之于世界大悲剧中亦无愧色也"。对这一作品，近年戏曲、话剧和影视作品都有人改编，但引起了很大争议，这说明它是一块难啃的硬骨头。

程婴救孤的故事的形成有一个历史过程。在"春秋三传"中记载了赵家与晋国君之间，以及晋国文武官员之间的矛盾，但未出现屠岸贾、程婴等人物。在《史记·赵世家》中记载有屠岸贾要灭孤和程婴等救孤事，但写程婴与公孙杵臼"谋取他人婴儿负之，衣以文葆，匿山中"，从而救下赵氏孤儿。我认为这可能更符合"历史真实"，但未显出人物精神的崇高，也不具有深刻的悲剧性。这一故事的悲剧性的完成是元杂剧《赵氏孤儿》（另有南戏《赵氏孤儿报冤记》，但剧本不存，不知其内容）。杂剧本写了程婴舍弃亲生儿子，救下赵氏孤儿，并与公孙杵臼谋划好，让程婴告发公孙杵臼，从而以公孙杵臼牺牲而换取屠岸贾对程婴的信任。这是十分悲壮的，表现出程婴与公孙杵臼等人非常人所及的坚强品格。后来的传奇《八义图》及许多地方戏剧本，也都保留了这一基本故事框架。

赵氏孤儿故事所体现出的观念主要有三方面：一是程婴、公孙杵臼等人的成仁取义思想；二是复仇观念；三是"复赵"的正统血统观念。古人对于这三种观念都是重视的，比如复仇观念，汉代的董仲舒说："《春秋》之义，臣不讨贼，非臣也，子不复仇，非子也。"（《春秋繁露》）传统剧目中也有许多写复仇的戏。而复赵的正统血统观念，也是封建社会的一种重要思想。宋代皇帝姓赵，所以宋代以后，对赵氏孤儿这一题材格外重视。而在民族矛盾尖锐的时候，这一题材又常常被赋予特殊的意义。如南宋的名将、诗人文天祥就有诗曰："夜读程婴存赵事，一回惆怅一沾巾。"而成仁取义思想更是从士大夫到普通百姓都尊崇的一种传统道德观念。在今天看来，复赵的正统血统观念和复仇观念都已没有或很少有正面的价值，所以近年有些作者对《赵氏孤儿》这一古典作品进行改编时，采取了对剧中所蕴含的观念颠覆的态度。这自然是有其道理的。但是前述的三种观念在作品中是糅合在一起的。颠覆前两种观念，难免把成仁取义的观念也一起颠覆掉。因此这类改编又引起人们的质疑。

涌泉创作的《程婴救孤》没有采取对传统观念全面颠覆的态度，它淡化了复仇和"复赵"两个主题，而强调了成仁取义主题；在程婴、公孙杵臼等人成仁取义的动机中又特别强调了他们的正义观念。而且几位义士互相感染、互相激励，韩厥看到程婴舍命救孤儿，便说："草民尚如此，将军岂惜身！"而程婴看到韩厥的壮烈行为，说："你为保孤不畏死，程婴焉能惜性命！"程婴与公孙杵臼预想到即将发生的牺牲和苦难时互相拥抱，仰天大笑，气节感人。这都保留了《赵氏孤儿》到《八义图》所张扬的成仁取义的精神。

传统戏中不乏舍弃亲人以救别人的故事。如《桑园寄子》，写晋代的邓伯道在战乱中带着年幼的儿子和侄子逃走。儿子和侄子都走不动让他背，而他只能背一个，于是他把儿子绑在桑树上期待着有好心人来救，背着侄子逃走。《周仁献嫂》写明代权奸严嵩的党羽严年因垂涎杜文学的妻子而谋害杜文学，将其发配边关。杜文学将妻子托付义弟周仁。严年又逼周仁献出杜妻。周仁归告妻子，周妻毅然顶替杜妻入严府，刺严未成而自杀。……这些作品都长期在舞台上流传，感动了千千万万观众。

但是古人的这种观念和行为今人也不易理解，如《程婴救孤》剧中程婴哭述的："别人的孩子是孩子，我们的孩子也是孩子呀！"涌泉的作品努力使今人更好地理解古人的思想，因此着重揭示了人物在做出这些壮烈行动后的痛苦的感情。作品没有消解主人公行为的崇高，同时又写出他们与普通人相同和相通的情感。作品用很大篇幅"倾诉"主人公的感情。他告诉老友，自己与妻子在做出牺牲自己孩子的决定时，抱头痛哭，彻夜难眠。在看到自己的孩子被屠岸贾杀死之后，"两眼泣血，万箭穿胸"。他抱住儿子的尸体哭诉："爹爹我成了害你的元凶。"之后，他受到众人的误会和唾骂，"不能躲，不敢吭，不敢哭出声"。演员李树建用他那富有表现力的唱腔细腻地倾诉出人物的感情，增强了剧作的感染力。作品使观众深深地同情剧中的人物，也更深地理解了人物，从而也理解了传统的思想观念。

●《两狼山上》剧照

传统文化包含精华和糟粕，这在理论上分析并不很难，但在创作中体现出来却不容易。豫剧《程婴救孤》创造性地做了这方面的工作。它弘扬了传统中积极的观念，而尽量消解掉消极方面的影响。它为如何传承传统文化开启了新的思路。

《两狼山上》与此有相同处。作品也是对山东梆子传统剧目的改编。其他剧种中也有此剧目，写宋代名将杨业壮烈殉国的故事。传统剧目主要表现忠奸斗争，作品批判和揭露奸臣的阴谋，但是杨业忠于国家和忠于皇帝是纠结在一起的。《两狼山上》写杨业知道自己被奸佞陷害，但是明知山有虎，偏向虎山行，是为了“我以我血写忠诚”。他的忠勇是宝贵的民族道德精神，体现了悲剧的崇高。同时，作者又着重写了杨业与亲人之间的感情。他知道此次出征有很大的风险，因此想留下仅存的六郎、七郎，但佘太君一定让两个儿子同去，她说：“你父年事已高，两军阵前你们多照应。”当他们被困在山上以后，两个儿子冒着生命危险争着下山求救，既是

●《风雨故园》剧照

为了全军，也是为了父亲。所以两次父子分别写得都很感人。作者还把杨业的战马拟人化，写杨业在将士无粮的情况下，杀马充军粮时的矛盾痛苦的心情。这就使古人的思想和行为更容易为今人所理解和接受。

在改编传统戏和创作古代题材戏时，要解决好传统道德的内在矛盾，而在表现现代生活时则必须解决好新旧道德的关系。"五四"新文化运动提倡新道德，反对旧道德，此后中国社会发生了剧烈的变化，对传统观念进行了猛烈的批判。近年在弘扬传统文化的时代潮流中，人们又对传统观念进行了新的审视。"五四"前后那一代人是怎样对待传统道德的？这不仅是一个思想观念的问题，而且直接影响到每个人的命运。鲁迅是新文化运动的闯将，发表了一系列批判封建道德的文章和文学作品。涌泉研究鲁迅的作品，并研究了鲁迅本人的生活经历，创作了《阿Q与孔乙己》和《风雨故园》，特别是《风雨故园》，写出了新旧道德的剧烈撞击及对那一时代的人的命运的影响，具有丰富的历史蕴涵。

把鲁迅的作品搬上戏曲舞台难度是很大的。《阿Q与孔乙己》是涌泉对鲁迅作品的深入解读，并且发挥了高度的艺术想象力，刻画了那一历史时期基层群众的群像，揭示了他们的悲剧命运，也表现出鲁迅批判旧社会和封建礼教的思想深度。

赤贫的农民，落魄的读书人，丧夫的寡妇，都无法摆脱既定的地位。人们常说，鲁迅对笔下的人物是哀其不幸，怒其不争；从涌泉创作的作品看，这些人靠自己是无法“争”得新的生活的，没有中国共产党领导的人民的革命，他们的思想不可能冲破牢笼。

涌泉不仅敢于改编鲁迅的作品，而且敢于写鲁迅这个人，写他与原配夫人朱安的婚姻悲剧，深刻地表现出新旧道德的矛盾，以及新道德战胜旧道德的不易。这场悲剧是怎样造成的？直接的原因是母亲按照自己的理解所做的安排。剧中的鲁母有一套自己的逻辑：

“自古来婚姻遵从父母命，说什么感情不感情。只要她过门来贤德孝敬，添孙子续香烟便是头功。”

“有家在他还能不回来？”

“只要娘在，你永远是正房。”

这不是母亲一个人的想法，这是几千年形成的观念。按照传统的道德观念，朱安是一个完美的女性，作者对朱安也充满同情，她想努力了解鲁迅，也想努力地跟上时代，但哪那么容易呢！

能责怪鲁迅吗？鲁迅也是传统道德的受害者。他把朱安看成母亲送给他的“礼物”，“不敢断然以身抗，怕伤了母亲的一片心”；同时为了不给朱安造成更大的伤害（母亲说：“退了婚叫娘家脸往哪儿搁？叫安姑娘咋活？”），他隐忍地维持了名义上的婚姻多年。他与许广平谈自己的心里话：“她（朱安）的确很可怜，做了旧习惯的牺牲——我只好陪着做一世牺牲，完结四千年‘旧账’。”作品写出了身为“闯将”的鲁迅也不能够轻易摆脱旧道德的束缚。鲁迅是历史中的人，而真实地写出了这样一个人物就能够更真实地展示这段历史。

涌泉能够取得这么高成就的原因是多方面的，他的作品显示出他对生活有敏锐的感受力，他有活跃的艺术思维，并熟悉戏曲创作的方法，这都是戏曲创作绝不可少的条件。我们在《程婴救孤》和《风雨故园》等作品中，看到了涌泉辩证认识历史和现实的思想水平和驾驭这类题材的能力，这对于年青一代的剧作家更是很重要、很难得的。

思如泉涌

——看戏人看作为剧作家的陈涌泉

毛时安

直到今天为止，我仍然只是一个坐在剧场里看戏的人。因为是看戏的人，所以我和一般的专家看戏就不太一样，就特别容易对坏戏嗤之以鼻、咬牙切齿，对好戏顶礼膜拜、手舞足蹈、欣喜若狂。这里我就以一个看客的角色谈些对作为剧作家的陈涌泉的看法，带有门外窥戏的意思。

十多年前，中央部署中部崛起战略。当时大家都觉得中部崛起的优势和领头羊应该在别处，但是后来的事实表明，河南扮演着中部崛起的重要角色。而河南崛起，首先要文化先行，文化先行又是有着悠久历史和广泛群众基础的豫剧先行，豫剧先行又是新编历史剧《程婴救孤》先行，《程婴救孤》先行就是当时年轻剧作家陈涌泉先行。他为"这一个"《程婴救孤》写了一个堪称新经典的剧本。这里，一步一步的逻辑推理是非常清晰而经得起推敲的。而且此前，可以说我们都很关注河南的戏剧，但是河南的戏剧一直处在艰难徘徊的过程当中。从 2004 年《程婴救孤》荣登文华大奖榜首，2005 年独占国家舞台艺术精品工程鳌头以后，河南的豫剧、河南的戏剧异军突起，在全国文化界刮起了强劲的河南旋风。我有幸两次担任评委，目睹了该剧折桂的全过程。

2004年中国艺术节，看了戏后，我说我要给这个作品，给这么伟大的演出，给这么优秀的演员下跪，他们很震惊。那次不仅仅专家的评审《程婴救孤》排在第一名，而在首次尝试的观众评选中它也是第一名。这两个“第一名”使它独占文华大奖鳌头顺理成章，当之无愧。后来有各种各样的信息传过来，我耳边也不断有人嘀咕。我说，第一，我是认的作品；第二，我是认的艺术。作品和艺术以外的事情，不是我作为评论家，作为评委，作为观众应该关心的。而且，我可以很坦白地说，2004年的那一次，完全是当之无愧，除了戏自身，没有任何一点戏外的动作。为什么？因为当时对这台戏谁也没抱太大希望，能够参演，已经觉得很重要很了不得了。谁也没有想到要去做什么手脚，做什么动作。作为观众我看得心怦怦跳，热泪盈眶，非常过瘾。先说这些，有廓迷雾，正视听之意。而我的一切感动来自陈涌泉的剧本，来自他对这个流传千古的题材的既传统又现代的解读与建构，来自演职员对剧作极其出色的二度呈现。

作为剧作家的陈涌泉，有几点非常值得我们关注：

1.涌泉的创作，有很强的艺术的适应性。在时间跨度上，他可以从古典写到当代。这是我们很多剧作家所不能做到的。可以说那样的剧作家学有专攻，术有专长，不想也不能做到涌泉那样对题材的广阔适应，但是涌泉能。他把《程婴救孤》建构得百感交集，回肠荡气，让观众的心灵为之震撼。他把一个人伴着长夜苦守着“风雨故园”的朱安女士愁苦的内心刻画得愁肠百结，丝丝入扣。《王屋山的女人》将现代女性彩云内心的良知、坚守和王屋山人特有的精神淋漓尽致地展现出来。这样一种时间跨度，是我们很多艺术家所不能替代的。而这种对历史、对时代的大跨度展示，使他的剧作语言、风格均呈现出一种多样性的异彩。《程婴救孤》有着先秦时代宛如青铜重器般的悲壮、凝重、肃穆，程婴的大忠大义，像飓风席卷大地。《风雨故园》则接近鲁迅的白描风格，内敛，不温不火地将悲剧月光般清冷的意味慢慢地送到观众内心深处。而《王屋山的女人》中展现的当下生活就和我们身处的时代几无二致，以当代社会鲜活而富于质感的风情风韵唤起了我们熟悉而陌生的审美感受。

2.在艺术的价值取向上，陈涌泉始终有一种深切的人民情怀。他自觉地代表着我们这块土地上生活着的人民，在思考我们存在的价值，我们生活的意义，我们的向往，我们的痛苦，甚至我们对某些问题的困惑。他没有对大多数民众情感、意志漠视、曲解和误读。他的作品有人民的集体性。但是人民的这种集体性，又和他艺术家的个人性紧紧地扭接在一起。复数的"人民"是通过单数的"我"实现的，通过艺术家陈涌泉这个个体的存在来切入的。他对笔下的这些题材、这些人物都有极其个人的发现，极其个人的创造，极其个人的想象。比如对程婴从满头黑发到白发苍苍一生忍辱负重的内心勾勒，那种非常细节的、非常局部的、有自己思考的这种艺术处理，既有献孤时情感的爆发，又有十多年后的悲凉，其中积淀了涌泉个人对人物命运设身处地的巨大情感体验。没有这种人民集体性和艺术家个人性的反复转换，作品是达不到思想的高度和感人的深度的。所以，我说他有艺术家的个人性。艺术家之所以有存在的价值，并不是说他仅仅代表群体说话。能够代表群体说话的，首先是政治家，他的声音更强，覆盖面更大。那么艺术家就必须有艺术家的个人性来对这个时代发出声音。涌泉在人民的集体性和艺术家的个人性之间找到了一个平衡。

3.对当下的时代关怀和恒久的人性进行深度剖析。他的作品都有他对当下时代的深刻思考，包括对《赵氏孤儿》的解读。在《程婴救孤》之前，因为《赵氏孤儿》这个题材本身包含的丰富而复杂的人性和文化底蕴，所提供的多义解读的可能性，以及它作为中国文化代表作在欧洲的久远影响，林兆华在北京人艺、田沁鑫在国家话剧院就做出了与原作几乎完全不同的时代反应。两部剧的共同特点，是把"救孤"这一行动理解成西方文化中的"复仇"主题，以笼统的现代的"人性论"解构、颠覆了原作深层的中国传统文化最经典、最核心的内涵，要求人物放弃"冤冤相报何时了"的"复仇"情结。"人艺版"借孤儿之口喊出完全与己无关、无是非判断零度介入的"你们死那么多人，跟我有什么关系"。"国话版"则让孤儿眼睁睁地看着程婴和屠岸贾互相残杀，躲避严峻的现实，顾影自怜地哀叹："从此，我是一个孤儿！"在层出不穷的"现代解读"中，涌泉坚定地站在当代对这样一个人物所蕴含的古典文化价值做了富有时代意义的再思考。这个思考既不是墨守传统、刻舟求剑，又对古典文化精髓有所固守，同时还有所开拓，它不再是简单的取舍。涌泉把目光始终聚焦在程婴身上的那个"义"字上，是道义、忠义、情义三者的汇聚。这里自然也有着中原文化血脉在编剧内心的积淀。一介草民的程婴有精神的大义在心，更有符合人性的换子、献子的摧毁性的人生打击，16 年的含辛茹苦，16 年的忍辱负重，16 年的委屈心酸。最后，当屠岸贾的邪恶之剑刺向孤儿的时候，程婴又一次用自己的生命拯救了孤儿赵武。孤儿不孤，无数义士用生命托起了他，托起了正义。涌泉笔下的程婴既来自传统，又有了时代对人性的解读。现在我们中的一些人对传统的价值观，要么全盘接受，要么全盘否定。《风雨故园》描写了愁肠百结的旧式婚姻牺牲者朱安内心的寂寞等待，同时展现了鲁迅在新旧文化交替冲突之际，作为新文化的旗手和主将，深陷两种文化旋涡中无法自拔的痛苦。这是时代性的，也是个人性的。艺术家对时代的关怀，之所以和新闻对时代的关怀不一样，就是艺术家对人性有深刻的剖析。《王屋山的女人》写的是一个当代的女性，但是这个女性身上实际上集中了王屋山女性、河南女性、中国北方女性身上的那种忍辱负重、吃苦耐劳、诚信守义的很多美德，熔铸了剧作家对人物充分人性化的理解。所以，这些作品虽然有时代特点，但是它不会过时。说它不会过时，因为它有人性的深度解读。

4.涌泉的剧本把戏剧性、舞台性和文学性紧紧地连接在一起。舞台剧本，实际上有剧场演的、案头看的两种。有些舞台剧本是能看不能演的，阅读起来底蕴丰厚，文字华美，演起来却没有戏剧冲突，情节也散漫拖沓。有些是演起来很精彩，但是放在案头阅读实际上人物、情节、语言都很粗糙。当然也有两者兼具的。事实上，包括古典戏曲名著，今天我们回头看，也存在着舞台性和文学性的这种悖论和矛盾。比方说大家很熟悉的《桃花扇》，被列为四大经典之一，但是从某种意义上说，《桃花扇》所激起的是文人在国土沦亡、政权更迭之际所产生的那种忧伤的、深刻的人文情怀，是对历史兴衰的感慨。剧本要在舞台上演，不是一种很理想的作品，因为李香君、侯方域戏前半段见了面以后，再也没见面，男女主人公没有贯穿全剧的戏剧冲突。同样，为什么《牡丹亭》最后变成没有一本少有全本？因为《牡丹亭》文本有很多是属于文学、属于历史、属于阅读的，有作为文人的汤显祖对自己所处时代的认识理解，包括看到的风土人情。如果不加取舍全在舞台上展现，对于一般观众而言，舞台上就少了几分可看性。所以，才会演着演着最后变成了一个柳梦梅、杜丽娘的生死之恋而让人刻骨铭心了。

涌泉是非常注意舞台上呈现的实践性和可能性的。他的文本都能够给演员以

●《风雨故园》剧照

唱、念、做、打的全面展示。《王屋山的女人》剧本给年轻主演刘雯卉的唱及表演都提供了充分的展示空间，同样《程婴救孤》给李树建衰派老生的表演提供了极大的发挥余地，让他有机会释放自己潜在的巨大能量。在某种意义上我们可以说，是这个剧本成就了李树建。当然，李树建也成就了这个剧本，他非常出色地借鉴了周信芳的麒派表演路数，在念白、唱腔、表演上有了淋漓尽致发挥的可能性。这是双向的，但是首先是这个剧本成就了一个升华、释放的李树建。这里我们也可以看出一个优秀的戏剧文本对于一个艺术家至关重要的作用。

同时，涌泉又非常注意文学性，注意细节的隽永和细节对主题的反复深化。比如《风雨故园》中那只永远在艰难缓慢中攀爬，最终也没能爬到顶上的蜗牛。结合唱词对内心的那种极其细腻、极其丰富、极有层次的展示，体现了文学性那隐喻的美丽和打动人心的力量，使人物的内心情感一直在缓缓地流动之中。汪荃珍对此也有精湛独到的演绎。我们经常会碰到有的戏人物有很多戏份，它看起来很好看，但是你仔细回味，情节、时间都在流动，但是人物性格没有变化。而涌泉的所有剧本，情节、时间的流动和人物性格的发展始终保持着同步。这种同步在我看来就是文学性，戏好看不一定有文学性，但有文学性戏就有格调有品位。同时他的唱词写作，非常严谨，非常精致，非常精细，直击人心的最深处，展现出情感世界的博大和丰富。《程婴救孤》大段的唱词，都是掏心掏肺、撕心裂肺的。老实说看戏听演唱流眼泪很难，好听未必动情。《程婴救孤》的唱词是让我流眼泪，让我动感情的，它把沧桑、人性、饱满浓烈的情感融为了一体。当然，涌泉还有很多的成就，我这里就不展开了。

拥有陈涌泉这样的剧作家，河南要高度珍视这样一个特别好的历史发展时期。历史的机遇并不是永远都有的。现在我们的剧作家队伍那么齐整，前有姚金成，中间有陈涌泉为代表的一批处于当打之年的中青年剧作家，还包括李利宏、张平这样的导演，包括李树建、汪荃珍、贾文龙、杨红霞等一大批优秀演员，能够综合成这样一个完整的艺术群体，年龄上这么齐整，行业上这么齐全，这是非常难得的。就是要高度珍视这样的历史发展时期，在这样一个时期我们要居安思危，要重视他们下面一代人才的衔接。要不然，一断裂就是十年二十年。所以现在我们就要有这样的战略部署，就是对他们下面一代人怎么培养，怎么扶植？这样河南的戏剧就能产生一种生生不息、博大雄浑的文化气象。这是河南文化领导要做的一个战略上的大布局。

思如泉涌，是陈涌泉当下良好创作状态的写照。祝愿他长久保持这种思如泉涌的精神面貌。因为在他身上，寄托着戏剧发展的未来。

在艺术与宣传之间

——陈涌泉戏剧创作的启示

田中禾

作为当今戏剧界卓有成就的剧作家，陈涌泉的创作给我们提供了哪些启示？

我想用两句话来概括：在创作观念上，陈涌泉解决了两个问题——写作立场和价值观的转变。在创作实践上，他很好地解决了文学性与戏曲的大众审美之间的矛盾。

从《阿Q与孔乙己》《风雨故园》到《程婴救孤》《都市阳光》，陈涌泉的创作给我们留下了明晰的轨迹。这些剧本的创作，标示着作者的写作立场不再是图解政策、配合运动，不再是意识形态主导下的产物，他回归了人性的立场，回归了文学艺术的本质。文学艺术的本质就是以人性的故事，唤起人们对人性的回归与反思。这本来是文艺创作的一个简单道理，但是直到目前，我们的创作者，尤其是戏剧作者，这个问题并没有得到很好的解决。记得20多年前，我与涌泉有过一次短暂交谈。那时他刚刚大学毕业，分配到剧团去当编剧，对编剧这个职业充满热情和期待。当时我给他泼了一次冷水。我说，我有个同学是写戏的，写了一辈子戏，现在回头一看，都是垃圾，什么也没留下。这是为什么？就因为他一直在图解政策，配合形势，

● 《都市阳光》剧照

为一个时期的政治服务。他写了一辈子宣传品,没有进入艺术,当然也不可能有什么作品留下来。要进入艺术,就要摆脱意识形态的主导,站在人性的立场,从文学经典中汲取营养和启发。涌泉很受触动。后来看到他写的《阿Q与孔乙己》,觉得他已经解决了写作立场问题,解决了价值追求的观念。他不是在追求宣传性的走红,不是在追求一时的荣耀和奖项,他把自己的目标确立在艺术价值上,他的创作也便能够一直走在艺术创新的道路上。他取得目前的成就,理所当然。

戏曲是大众娱乐,剧本面对的是广大观众。剧作家面前摆着一道难题:如何提高剧本的文学品位,而又不破坏大众审美的基本品性。陈涌泉的创作比较好地解决了这个矛盾。从题材、人物塑造、故事情节的设置,到结构、形式,体现了他对文学性的自觉追求。所谓文学性,我把它归纳为三点:忧患的意识,批判的思想,创新的精神。目前陈涌泉有影响的几部作品都能体现这几点。他立足于对人性的批判与反思，使剧本具有较为深刻的思想性和哲理思考，在形式上不断探索新颖的表现手法。最难的还是戏曲语言的运用。陈涌泉的戏曲语言很有文采，具有较高的文学才华，唱词又很严谨地遵循了戏曲演唱的规律，晓畅明快，朗朗上口，在韵辙、节奏上适合戏曲的板式唱腔。戏曲艺术，永远要解决雅与俗的问题。过俗，失去了文学性，降低了艺术性。过雅，破坏了大众性，降低了艺术感染力。“海岛冰轮初转腾”是梅派的经典唱段，用词华丽，语句晦涩，却是典型的文字垃圾。又是海岛，又是冰轮，又是玉兔，又是嫦娥，唱了半天，只是“皓月当空”四个字，然后又把“沉鱼落雁”演绎出一大段，陈词滥调，空洞无物，文不文，白不白。相反，“苏三离了洪洞县”只有七字，简练、流畅，有情有景，有故事，有交代。这是最好的戏曲语言。豫剧《桃花庵》里“陈妙善在庵中悲悲哀哀”一段，也是很好很经典的唱段。涌泉写的唱词，能够做到雅而不空，雅而不涩，准确，生动，易于上口。这与他注重读书，注重文学修养，对戏曲语言认真钻研，写作态度认真有关。

以涌泉目前的创作成就，他应该能够成为中国戏曲史上的大家。他取得这些成就得益于以上两个方面（创作观念上的人性立场与艺术性的价值追求，创作实践上致力于文学性与大众审美的融合）的清醒和努力，要从高原中升拔为高峰，还要在这两方面执着探索。我希望他不要在自己的创作观念上倒退，不要受宣传的、应景的题材的诱惑，不要在宣传、应景的东西上浪费自己的聪明才智。涌泉已经获得了社会的广泛认可，获得了相当多的奖项和荣誉，今后可以不必考虑这些东西，要努力建树起对得起历史的作品。

什么作品能成为我们民族的软实力？什么作品能构成中华民族的传统文化？20世纪60年代，中国戏曲有一次到国外演出的机会，文化部报了一批剧目，结果周恩来就选了《梁山伯与祝英台》。事实证明，《梁祝》就是中华艺术经典的代表。它超越了意识形态，超越了道德与世俗的价值观，具有强烈的批判思想和忧患意识，体现了人性对自由的追求这样一个崇高的理想。希望陈涌泉能写出自己的《梁祝》来。

文如泉涌　情比水长

——漫评剧作家陈涌泉

王洪应

在河南的剧作家里，我一直看好陈涌泉，他极具写戏的潜质。这样判断，与其说是因为他的聪慧、勤奋，不如说是因为他的冷峻、清醒。涌泉不是那种在人多的时候“抢着说”的人，喜怒哀乐挂在脸上，溢于言表；相反，遇事总保持难得的沉静，没看清楚、没想明白不会轻易发表意见。他“为而不争”，话不多，却注重沉淀和积累，能做到精华内敛。日常工作中，他有自己清晰的思路，且从不偷懒，一直在踏踏实实地做。当别人在一些场合充分张扬显摆的时候，他能默默地观察、思索，确定自己该怎样表达才更有意义。他很谦虚，对一起共事的人都很尊重，学习别人的为人为文。特别在写剧本的圈子里，年岁稍长一些的人都被他尊称为老师。虽然他被聘为大学的教授，被选为河南省戏剧文学学会常务副会长，他仍自谦是个学生。他认为，大家都写剧本，可能你写的这里好一点，他写的那里好一点，你写的影响大一点，他写的影响小一点，无论如何，谁都不能把自己搞得飘到天上去，最终下不了台。我与他相识相交近二十年，知道他办事执着、专一，对工作对事业对朋友，绝不会得过且过糊弄人。一旦他认准要干的事，就一定会干完干好。所以，我一直固执地认为，涌泉这些个性特点，正是优秀剧作家应该具备的韬光养晦、厚积薄发的素质。

当下世风文风活跃，在文艺界，向社会推介一个人往往不惜用“名家”“大家”“大师”“泰斗”这样过去很少用的词汇，把话几乎说到尽处。有夸张和虚构之嫌的吹捧，难免让人生厌，进而产生接受的距离。介绍陈涌泉其人，尽可不去沾惹这些“高、大、满”的词，他为人扎实，写作扎实，不是那种贪图虚名的人。其实，在剧作家队伍里，他年纪不算大，资历不算老，但成就赫赫，凭作品的质量和数量，既不用吹也不用捧，更无须刻意去“推”，他已经实实在在地长成了一棵大树。

认真梳理涌泉的创作榜单，可以提高戏剧队伍的士气，为戏剧在当代的发展繁荣增添信心和正能量。在他的作品榜里，我们不难发现，涌泉确实是才华横溢，文思如泉，他在用自己的作品说话。近些年，他的创作表现出非常旺盛的活力，作品显示出视野开阔，主题立意深邃，章法结构严谨，艺术力量强大。在这个一切都在迅速变化的年代里，他在不停地使戏剧创作有所改变，积极探索中国本土经验和民族戏剧的新鲜表达，用自己的作品给这个社会更多美好的东西，同时，也使戏剧在我们所处的当今时代走出一片新天地。正因为创作成就突出，涌泉已经引起了社会的普遍关注。

“任何历史都是当代史”。今天，我们在有丰厚文化积淀的基础上建设当代文明，先辈的智慧，以及给我们留下的灿烂文化，如何为这一伟大建设所用，是我们要面对并且一定要解决好的大问题。涌泉对这一问题有成熟的思想准备和文化积累，在创作中能俯瞰历史，审视现实，找到最适合的戏剧题材和主题立意，进而把自己的创作融入到人心和人性的深度中。

涌泉深知，“没有精神的民族，是必然要消亡的民族”，所以，他不断重新审视历史事件、人物的意味和价值，开始对民族精神高尚人格的弘扬和倡导。在当下社会快速发展时期，民族精神最需要的也正是对崇高人格的呼唤。于是，他选择写《程婴救孤》。他清晰地看到也看中了程婴身上的那种为正义视死如归，在大是大非面前敢于担当的民族精神。创作中，他没有拘泥元杂剧《赵氏孤儿》的内容，而是植根当代观众的审美情趣和文化需求，重新定位基调，激活原著的历史精神。在他的笔下，该剧突显了正义与邪恶的较量、善良与残暴的比拼，我们不能把该剧程婴救下的孤儿，简单地理解为是复仇的种子，完全可以自然引申为一个民族的精神和良知。正在迅速上升的中华民族，前进中难免泥沙俱下、鱼龙混杂，现实不是最需要这种精神吗？由乱到治要一个过程，在物欲横流，社会道德几近失范的一片乱象里，《程婴救孤》显然有鲜明的"醒世"作用。从民族戏剧创作上说，也增加了一抹鲜明可人的亮色。在戏剧名家李树建的带领下，这出戏从上演开始，就被社会上很多人高调赞赏，一路走红，囊括了国家文华大奖第一名、国家舞台艺术精品工程十大精品第一名、中宣部"五个一工程"优秀作品奖等我国政府和行业最高奖项，被专家誉为"经典名著改编的范例""中国戏曲改革的成功之作"。后来，《程婴救孤》剧本也被列入大学语文教材，成为当代戏曲剧本的唯一入选者。《程婴救孤》的成功是巨大的，它获得的奖项之多之高让人仰视，为戏剧创作提供了一个如何利用典籍去伪存真、去粗取精、实现现代转换的范本。一个戏救活了省豫剧二团，也带动了整个豫剧剧种的发展。

这样的追求同样体现在山东梆子《两狼山上》的创作之中。该剧摒弃了以往杨家将戏中对忠奸人物的简单诠释，摆脱了演义故事的窠臼，从历史的深度和广度出发，写出了宋辽战争中以杨业为代表的悲剧人物，始终将国家利益高置于个人生命之上，将末路英雄的家国情、夫妻情、父子情、将士情、人马情表现得淋漓尽致，感天地、泣鬼神，是一曲感人肺腑的史诗般的民族精神的壮歌。整个戏哀而不伤，悲而不怨，大气磅礴，浓墨重彩地表现了杨业这个英雄人物的家国情怀和民族魂魄，并赋予作品以当代意识，具有较强的现实意义，使历史剧穿透历史，照亮今天。该剧在第十届中国艺术节上一举荣获文华优秀剧目奖。

当然，我们评价一个剧作家，不能只看他得奖的数量和高度，而更应该看重他作品蕴含的文化和精神的高度。我们深知剧本是"一剧之本"，要出好戏，必须重视戏剧文本的创作，但事态发展很不平衡。那些附庸风雅的"创作"，那些思想苍白媚俗迎俗的低格调的东西，失去了给人以精神启迪的作用，其存在价值便无从谈起，社会也完全可以将之抛弃。有些所谓的文学艺术作品，用来充数可以，用来给人以精神启迪和向上的力量，则相去甚远。所以，我们评价好作品的维度，很大程度上应取决于它精神力量的高低强弱。

涌泉文思敏捷，眼光犀利，深谙艺术贵在创新的道理。他认为在创作上，千篇

●《阿 Q 与孔乙己》剧照

一律重复别人的路数意义不大，于是，便努力独辟蹊径，用自己的方式去体现。他的另一出名剧《阿 Q 与孔乙己》，就是一个有独到艺术价值的作品。一般人很难想得出，作者竟能把新文化运动的主将鲁迅的两篇小说《阿 Q 正传》和《孔乙己》联在一起，经过妙手嫁接，使鲁迅笔下的两个典型人物阿 Q 与孔乙己，不断地在碰撞中产生戏剧的火花，不仅产生了极强的戏剧效果，而且对原作的主题进行了更深刻的挖掘和阐释。有评论称“阿 Q 是鲁迅的阿 Q，孔乙己是鲁迅的孔乙己，阿 Q 加上孔乙己，却是陈涌泉的”，实不为过。这出戏，曾轰动整个中国戏剧界，当时可谓名声响亮、好评如云，它的创造性、艺术性和思想性都得到了专家的认可和赞许。排演这出戏，也让河南省曲剧团一举成名，主演杨帅学还因演此剧获得了曲剧界的第一个中国戏剧梅花奖。

更让人惊叹的是，涌泉居然还敢去碰令人生畏的“冷题材”，他在豫剧文本《风雨故园》里，可谓神思驰骋、妙笔生花，艺术地塑造了鲁迅的原配夫人朱安女士，把鲁迅那段鲜为人知的婚姻和他的无奈，以及朱安作为一个女人的悲剧色彩，演绎得淋漓尽致，作品的创新意义和文化价值不言而喻。然而，诋毁一代文豪的帽子就摆在那里，稍有细节或语言上的不慎，就必然会被社会上很多人特别是文化人提出异议，或来跟你商榷，或直接进行抨击批判。写此类涉险题材似走入危途，的确需要作者的胆识。而涌泉这种胆识，河南乃至整个剧坛都很少有人能出其右。胆识不是天生的，也不可能一蹴而就。胆识需要知识的日积月累，有识就有胆。《风雨故园》的成功显现出的，不正是涌泉的胆气和才气吗?!

既然戏剧是老百姓创造出来的，那么，它就要为老百姓服务，使老百姓在得到戏剧审美满足的同时，也得到文化和道德的提升。老百姓喜欢看戏，戏剧就发展繁荣；老百姓不喜欢看戏了，戏剧就会失去存在的意义，也就很难生存。涌泉的戏是为老百姓写的，他不断捕捉那些“接地气”的题材，努力掌握“接地气”的方法，用自己的作品更好地为老百姓服务。豫剧现代戏《婚姻大事》(部分情节取材于焦景周的小说《五男二女》)，就是这样的成功之作。它有鲜明的河南戏特点：时代感强，人物鲜活，故事感人。作品直奔人心、人性而去，有让人牵肠挂肚的人物命运，也有人物性格的成长历史，更有催人泪下的情节、细节，作者准确地找到了观众的审美需求契合点，并机智流畅地进行艺术体现。因此，老百姓就欢迎这样的戏，《婚姻大事》先后演出了几百场，为演出剧团赢得了诸多荣誉和实惠。

陈涌泉的创作榜单我们可以如数家珍，除了前文提到的《程婴救孤》《阿Q与孔乙己》《婚姻大事》《两狼山上》等经典剧目，影响较大的还有《丹水情深》《天职》《王屋山的女人》《黄河十八弯》《李香君》等。浏览这一名单，让我们更接近了涌泉，看出他在创作中的担当。

一个以戏剧为名片的省份，一定要有一批优秀的剧作家，在社会浮躁的时候，他们有定力；当社会沉闷的时候，他们体现出的则是活力——用自己的作品，让人们得到艺术美的滋润，得到精神的享受。涌泉和戏剧从相识到结交，已经产生了深厚的感情。他有一颗属于戏剧的心，戏剧已经是种在他心里的一颗种子。在他的生活中，一旦有时间和条件，那颗戏剧的种子就一定会发芽，结出戏剧创作的硕果。他身在戏剧圈，甘为戏剧人，把对戏剧这份热爱当作一种责任，融进自己的生活工作中。当下，戏剧遇到很多现实困难，它受到外来文化的冲击，一些新艺术形式在和它竞争，我们的发展体制上还存在很多有待改革的东西。涌泉要完成自己的使命一定会遇到许许多多的困难，但他对戏剧一往情深，他肯定不会退缩，在生命的旅途上，戏剧会伴着他一直在往前走，往上走。

正因为有了对戏剧的情分，他愿意为戏剧付出，实际上，他已经做出了不少牺牲，付出了很多。在河南戏剧这块土地上，他耕耘得激情澎湃。刚届不惑之年，他便被推举当上了省剧协驻会副主席兼秘书长，这个角色权不算大，但责任重大，要求很高，他必须更多地关注河南戏曲的未来发展。只要把执着的追求融入到许多社会活动组织上，就必然会或大或小地推动戏剧的健康成长。在履职中，他曾烧起了很多把火，努力恢复了中断十年的《河南戏剧》杂志，创办了黄河戏剧文学奖和理论评论奖，把黄河戏剧奖推向社会，举办黄河戏剧节，广邀省内外院团参与，为河南戏剧发展创建了良好的氛围和平台。全省每年都有若干次大的戏剧活动，比如搞戏剧比赛、评奖，开研讨会，办刊物出报纸，抓剧目推人才，他都要殚精竭虑亲力亲为，带领剧协团队一步一步去实施，去落实。中国豫剧节、中国曲剧节、梅花奖评选、小梅花奖评选、红梅奖评选、映山红奖评选、电视戏曲晚会、电台戏曲栏目、戏剧刊物和报纸、戏剧录像带和光盘……如同一场场战斗，都要他参与，都要他带领人上去冲锋陷阵。哪次战斗都不能失败，哪个环节都不能疏忽，否则，就会出现不可弥补的损失。他曾说，戏曲要想在多元文化越来越激烈的竞争中有所作为，努力奋斗必须成为更多戏剧同行的自觉。

冗杂的事务和沉重的压力逼着他学会了“两条腿走路”：首先是行政工作，其次是剧本创作。对于一个剧作家来讲，那些繁杂的事务要牵涉涌泉很多精力，或许把完成行政任务和组织戏剧活动的精力和时间用到剧本创作上会更有价值。由于真心喜欢戏剧的魅力，便甘当“过河卒子”，愿意“拼命向前”。干上了这个省级群团组织的领导，那就不能有辱使命，只能全身心带领大家一起凝神聚力来“捣鼓戏剧”。涌泉是在用自己的真情守护着戏剧，是在用良心营造着一片郁郁葱葱的戏剧的森林。经过他和伙伴们的惨淡经营，近年来河南戏剧出现了绚丽多彩的生动局面，而对自己创作上的耽搁和牺牲，涌泉很无奈，但他无怨无悔。

世界之所以有缤纷绚丽的色彩，就因为有像涌泉这样的人，努力、执着、勤奋、专一、坚韧、担当、奉献，他从来没有离开过戏剧，没有离开过自己的个性色彩，这不容易。

河南人有一种酷爱戏剧审美的传统和习惯，在当前的河南乃至整个中国，民族戏剧仍然是独特而不容忽视的艺术形式，它在凝聚人心，塑造民族精神，提升民族素养，向世界展示中原优秀传统文化方面有不可替代的作用。涌泉坚持走的，是一条民族艺术发展繁荣的大路，虽然路上满是荆棘和沼泽，但他迎难而上，努力前行，他是这条大路上引吭高歌的歌者，意气风发的舞者。

老家南阳唐河这块土地和涌泉有血脉联系，他受惠于家乡的深厚文化积淀。正因为这块神奇土地的滋养，使他爱上了戏剧，步入剧作家队伍后，又逐渐形成了自己的戏剧风格。他应该感恩自己的老家唐河。那里曾走出了冯友兰、李季和田中禾等一批享誉天下的大文化人。我想，沿着他们的足迹，承继文化传统，涌泉只要坚持努力，前程一定会更好，他成为一个大文化人也并不足为奇。与中国戏剧史中的高山峻岭相比，刚过不惑之年的陈涌泉也许资历尚浅，但他扎实的脚步，走出了一条宽敞的大路，已经为河南戏剧带来了一些前所未有的生机。是的，他今天头上还没有那么多耀眼的光环，但他前进的势头让我们充满期盼，河南戏剧土壤肥沃，谁能说他不会成长为一个新的“关汉卿”“王实甫”或“田汉”“曹禺”呢？

对于一个成熟的剧作家，往往“下一部”才是最难的，也最具挑战性。不仅要保持自己的风格，还要突破原来的模式，同时，必须得考虑市场，因为要做到观众接受和喜欢，剧团才有饭吃，戏剧艺术才有可能生存和发展。现在的涌泉还有很多“下一部”。他前进的势头让我们充满期盼，我们希望他身健神健笔健，为戏剧创造更多的美丽。

高质高产的剧作家陈涌泉

董文建

参加“陈涌泉作品研讨会”我非常高兴，在我退休之前，河南省文化厅实施的“河南省艺术名家推介工程”一直由我负责，前面 11 位艺术名家的推介活动也都是我主持的。看到来自省内外的专家老师，说句心里话，我心里非常激动，我对长期以来关心河南舞台艺术事业发展的各位专家老师一直心存感激，河南舞台艺术每前进一步，都离不开在座的专家老师的支持，河南舞台艺术事业的繁荣发展有在座的专家老师付出的心血。听了各位专家老师的发言，我很有感触，也非常感动，就像李霞副厅长说的那样，专家老师的发言不仅仅是对陈涌泉个人的肯定，同时也是对河南省文化厅工作的肯定，对我们河南整个艺术创作队伍的肯定。为了参加这个座谈会，我提前做了一个小小的功课，但比起专家老师的发言非常肤浅，我拿出来也是请专家老师批评指正。

阅读、观看陈涌泉的作品，我感触最深的有以下三点：

第一，陈涌泉有深厚扎实的文学功底。读他的作品，我们会感到语言清新简洁，文笔朴实流畅，语法严谨得体，作品字里行间渗透着他对社会对人生的独特思考，处处显示出他扎实的文学功底。陈涌泉的作品不管是环境描写，还是角色对白，抑或人物唱词，读来都朗朗上口，富有诗意，处处给人以亲切感，让人爱不释手，深切地感受到戏剧文学的特殊魅力。陈涌泉是一位高质高产的剧作家，在他创作的 30 多部作品中，最突出的当数《程婴救孤》。很多专家老师都说了他们对《程婴救孤》的感情，其实我对《程婴救孤》的感情一点也不比你们浅。河南的同志们可能都知道，第九届河南省戏剧大赛时，《程婴救孤》只排到金奖第九名，名次并不靠前，后来是我力挺把《程婴救孤》推向全国，我带着《程婴救孤》去参加第七届中国艺术节，我经历了《程婴救孤》夺得大奖的所有过程，所以说我对这个剧目有着十分特殊的感情。当《程婴救孤》一举拿下第十一届"文华大奖"第一名、第七届中国艺术节"观众最喜爱的剧目"第一名，2004—2005 年度国家舞台艺术精品工程十大精品剧目第一名，中宣部"五个一工程"奖时，我的兴奋一点也不比主创人员少。可以说，一部《程婴救孤》救活了一个剧团，振奋了一个省，轰动了全国，影响了整个戏剧界。我觉得这样说并不夸张，我们可以和全国所有的获奖剧目比较一下，没有哪一部戏获得过这么多的第一，而且都是国家级大奖的第一。《程婴救孤》上演十几年来，已在全国各地演出近千场，还多次代表国家到意大利、法国、美国交流演出，成为中国当代戏剧走向世界的一张名片。除此之外，《程婴救孤》还得到全国文学界、学术界、教育界的高度肯定，尤其是它在戏剧文学方面的突出成就更是有口皆碑，它和陈涌泉创作的另一部作品《风雨故园》双双被选入《大学语文》教材，这对于一位剧作家来说，绝对是一种至高无上的荣耀，就全国范围而言，没有几个剧作家能有两部作品都被选入《大学语文》教材。去年我到文化部汇报工作时，文化部艺术司吕育忠副司长还十分动情地说，改革开放 30 多年来全国没有一部地方戏能超越《程婴救孤》的思想价值和艺术水准，这个剧目注定会成为经典而流传后世的。

第二，陈涌泉善于编织戏剧故事，塑造的人物形象也都具有鲜明的个性，这使他在新时期的剧作家中具有独特的地位和价值。陈涌泉的作品不管是原创剧目，还是整理改编剧目，故事性都很强，常给人意想不到的转机和结果。他作品中的故事情节从来不落入俗套，他总能运用纯熟的技巧把故事编织得合情合理、跌宕起伏、环环相扣、引人入胜、充满智慧，常让人有一种于无声处听惊雷、柳暗花明又一

●《天职》剧照

村的快感。不管是《程婴救孤》《风雨故园》,还是《婚姻大事》《阿 Q 与孔乙己》,抑或其他的作品,我觉得它们的故事情节永远都是新鲜的。另外,陈涌泉还非常注重人物性格的塑造,他笔下的人物形象都栩栩如生、个性鲜明,具有独特的艺术魅力。陈涌泉善于从戏剧人物的语言着手,去表现人物的内心独白;善于在戏剧冲突中去展示人物的行为动作、性格发展,既注重人物发展的生活逻辑,又注重人物发展的艺术逻辑。阅读陈涌泉的作品,总感觉有一股清新之风扑面而来,给人留下深刻的印象。因此,他作品中的人物不管是程婴、鲁迅、朱安,还是阿 Q、孔乙己、杨业、陈蕃、彩云,无不有血有肉、生动可爱,一个个都成为特定环境下的"这一个"。戏剧创作的核心是塑造具有独特个性的人物形象,而我们不少剧作家,总是只注重讲故事,不善于写人物,所以他们笔下的人物几乎都是似曾相识,难免给人一种做作虚假、苍白无力的感觉,甚至会让人心生厌恶。能否塑造出具有独特个性的人物形象,我觉得是一个优秀的剧作家与一般的剧作家的重要区别。在这一点上,陈涌泉无疑树立了良好的榜样。

第三,陈涌泉的作品都是以传递真善美为主旨,有着强烈的文化自觉和文化自信。综观陈涌泉的作品,我们可以看出他的创作态度非常严谨,他始终把一个剧作家的社会责任放在首位，非常注重戏剧作品的教化和引导功能。这不仅体现在他在戏剧创作的选材上，也体现在他在戏剧故事的讲述中，他作品中的人物形象，特别是主人公身上，都闪耀着光辉的人性力量。比如：《程婴救孤》中的程婴，通过讲述他16年救孤育孤的艰难，传递出人间的大义大爱；《风雨故园》中的鲁迅和朱安，通过透视他们不幸的婚姻命运，揭露了封建婚姻制度对人性的摧残。其他如《天职》中刚正不阿、两袖清风、视百姓如父母的纪委书记纪忠，《两狼山上》中一腔热血、赤诚报国，集家国情怀和民族大义于一身的杨业，《陈蕃》中六上六下、忠心耿耿、一心为国家社稷着想、不惜屡次冒死直谏的清官陈蕃，都传达了剧作家对真情道义的呼唤，对邪恶残暴的鞭挞。另外，还有反映普通百姓生活于喜怒哀乐中见真情的《婚姻大事》，有危难之中不忘承担责任用自己柔弱的双肩撑起良心之债的《王屋山的女人》，有不为金钱所动、不被困难所惧甘愿用自己的意志去分担别人苦难的《都市阳光》。这些作品无不是对真善美的深情歌颂，对美好生活的向往与重构。可以说，陈涌泉的作品，都是在传递一种正能量，都是在讲述美丽的中国梦，体现出他作为一个剧作家高度的文化担当意识。

最后，我还想表达另外一种感动，我和陈涌泉同是南阳人，一方水土共同养育了我们，我为有他这样的老乡而感到自豪和骄傲。同时我也祝愿陈涌泉在今后的岁月里，能够佳作不断，再续辉煌，创作出新的高峰之作！

尊重传统经典　勇于开拓创新

——青年剧作家陈涌泉印象

姜志涛

近年来，河南省文化厅为振兴戏剧事业做出一项重要举措，就是实施河南省艺术名家推介工程，把成就突出、贡献巨大的表演艺术家、剧作家、导演艺术家、音乐家相继推介到全国，让更多的人了解这些艺术家的特点和成就。如表演艺术家李树建、汪荃珍，剧作家姚金成，音乐家方可杰等，都先后举办了隆重并有很高学术含量的研讨活动。2014年底，推介工程的人选是青年剧作家陈涌泉。这是一个非常值得关注、值得重视、值得研究、值得推介的剧作家。戏剧不景气，剧作家队伍严重萎缩，推介陈涌泉不仅是对他个人的鼓舞、鞭策，也是对编剧这个行当的激励和肯定。我们常说：剧本，剧本，一剧之本。可见编剧的重要。陈涌泉从事编剧以来，成就突出，贡献巨大，他的作品在全国屡获大奖，是中国戏剧界有广泛影响的青年剧作家。这次河南省为陈涌泉举办隆重推介活动很有必要，这不仅是表彰和奖掖，更是一次能源输入，通过推介和研讨，相信涌泉会像加足油料的长征火箭，直冲云霄。

初识涌泉，是2002年在中国剧协举办的《阿Q与孔乙己》的座谈会上，那时他还是个三十出头的青年,可是他的作品却令我大吃一惊。那年河南省曲剧团杨帅学进京参加中国戏剧梅花奖的角逐,参演剧目是《阿 Q 与孔乙己》。演出非常成功,杨帅学本人表演十分精彩,演员的成功演出得益于剧本的厚实、丰满。这台戏构思新颖,结构独特,人物鲜活,立意深刻,是一部有良好艺术品质,有可贵创新精神,有对民族劣根性深刻批判,有别样美学突破的戏。该剧在京演出后引起首都观众和戏剧界的强烈反响,在中国剧协举办的专家座谈会上,当会议主持介绍编剧陈涌泉时,站起来的竟然是个三十出头的青年,看着这位性格内向、举止有些腼腆的青年人,我大感意外,真不敢相信这么成熟的戏剧作品竟出自这么年轻的作者之手,我立即对他产生由衷的敬意。通过看他的戏,我感觉涌泉是一位有学识、有思想、有功力、有闯劲儿的青年剧作家。他把鲁迅先生两篇作品里的两个不同的艺术形象,整合在一台戏中,这种设想和构思非常大胆也非常巧妙,阿 Q、孔乙己是两个不同出身、不同经历、不同性格的艺术典型,但他们最相同的一点就是都具有民族劣根性。鲁迅先生对他们既同情,又气愤,正所谓"哀其不幸,怒其不争"。

陈涌泉的成名作《阿 Q 与孔乙己》使得善演市井风情,表现底层小人物的曲剧变得深刻、雅致,具有了思辨性和厚重感。更可贵的是,陈涌泉在强化作品思想深刻性的同时,不忘戏剧的观赏性,他注重刻画人物性格,强化语言、唱词的风趣性、幽默感,因此,观众在看戏的过程中,时而放声大笑,时而泪水潸然,但笑过哭过之后引发的是沉甸甸的思考和无奈的感叹。《阿 Q 与孔乙己》是曲剧具有突破性的原创剧目,突破表现在创作题材、舞台样式、戏剧观念、表演形式上。正因为有这样的突破,才全面提升了曲剧的品位,并为曲剧舞台留下一个能长期演出的保留剧目。

《阿 Q 与孔乙己》的另一个特点是:忠于鲁迅的原著精神。这台戏表面上看,作者思维很活跃,想象力很丰富,手法也很大胆,其实涌泉认真分析原著,领悟了原著的精髓,虽然增加了许多情节,但阿 Q、孔乙己这两个人物的精神内涵和性格特征与原著一脉相承,没有丝毫偏离和扭曲。忠于原著是这台戏成功的关键。后来听曲剧团的人说,涌泉的这部作品 1995 年就创作出来并投入排练了,那年他才 28 岁,上演后在河南反响强烈,获得了河南省文学艺术界优秀成果奖。对于戏曲编剧来说,28 岁能写出这么成功的作品实属不易。戏曲编剧比一般的文学创作更难,作者要熟悉舞台,懂得程式,了解行当,涌泉是在农村长大的孩子,大学读的是中文系，到剧团才四年，就能写出这样优秀的作品让人刮目相看，当然，他的成功也离不开“天赋加勤奋”的模式。

认识涌泉没过多久，他的另一部作品豫剧《程婴救孤》问世了，这部感人至深、气势恢宏的大悲剧上演后，引起更大轰动，给他带来更大的声誉。这是根据传统剧目《赵氏孤儿》改编的，那年不知为什么，全国形成了《赵氏孤儿》热，仅北京就有国家话剧院、北京人艺两家排演《赵氏孤儿》。不怕说得罪人的话，别看是大剧院、名导演排的戏，两台戏我都不喜欢。两部戏不约而同地玩起了当年很流行、很时髦的解构主义。解构的结果是使观众早已熟悉的经典，变得面目全非。编导把自己21世纪的思想、观念强加在古代人物身上，结果是混淆是非，颠倒善恶，不辨忠奸，亵渎经典，北京的许多媒体都有批评声音。恰逢此时，豫剧《程婴救孤》进京演出，看完戏后，观众交口称赞，这才是真正的《赵氏孤儿》，这才是真正的传统经典。

《程婴救孤》后来火得难以想象，大红大紫，占尽风光。国家舞台艺术精品工程十大精品剧目名列榜首，第七届中国艺术节又荣获“文华大奖”，《程婴救孤》几乎包揽了所有的戏剧奖项，戏剧界所有的奖杯、奖章、奖盘、奖状尽收囊中。说句玩笑话，真有些让人“羡慕嫉妒恨”了。《程婴救孤》获得如此多的奖励、赞誉皆属实至名归。我读过许多关于《程婴救孤》的评论文章，全都是赞扬和肯定，可谓好评如潮。理论家细致入微地分析《程婴救孤》的特点，毫不吝啬地将赞美之词奉送给编剧、导演、演员。《程婴救孤》有许多可以总结和研究的经验，但我认为剧作家陈涌泉敬畏传统、尊重经典的严肃态度是成功的关键。古典名剧在当下演出是需要适当的调整、修改，但前提是精髓不能变，更不能将所谓的现代意识强加到古典名剧之中，北京人艺的《赵氏孤儿》就是这样解构的，当孤儿长大之后，程婴把当年为救他许多人牺牲性命的往事讲给他听，这位孤儿冷冷地说：这关我什么事。观众气愤地议论：这个不懂感恩，不知复仇的小混蛋，当初救他作甚！首都的戏剧圈里有这样的说法：正因两台话剧《赵氏孤儿》的失败，才反衬出豫剧《程婴救孤》的杰出和优秀。豫剧《程婴救孤》让观众强烈感受到传统的魅力，经典的伟大。

《程婴救孤》的成功给涌泉的创作带来巨大动力，2005年他的又一力作《风雨故园》隆重推出，该剧题材独特，表现的是鲁迅与原配夫人朱安的情感故事。听说首演很轰动，但也有很大分歧。但我熟悉的河南朋友还都是交口称赞这台戏，遗憾的是我没有看到。直到2014年12月底，河南豫剧三团再度排此剧，我才有幸一睹其风采。看后异常兴奋，这是一台有味道、禁琢磨、情感复杂、思想深刻的好戏。我被涌泉的才思、胆识再一次折服了。好就好在剧作家为我们塑造了真实的、鲜活的、血肉丰满的朱安和鲁迅。鲁迅与朱安经历的是一段痛苦的婚姻，由于没有感情，结婚20年，两人竟然没有过肌肤接触。鲁迅有文化旗手的光环，他与朱安这段婚姻生活以往很少有人碰触。涌泉怀着对鲁迅深深的敬意，将这段极富戏剧性的故事搬上舞台，戏没有矮化鲁迅，更没有贬损鲁迅，而是将他的婚姻遭际、内心的痛苦真实地展现在舞台上。鲁迅不是悲剧的制造者，恰恰是这出悲剧的第一男主角。鲁迅是个伟大的思想家、坚强的文化斗士，但也不是没有瑕疵的完人，在母亲包办的婚姻中，在封建礼教的束缚下，他只有妥协、忍耐。悲剧的女主角朱安，更是个让人同情、怜悯的受害者。她是个典型的中国传统妇女，没读过书，还是个缠足的小脚。但她心地善良、通情达理，即使丈夫对她无端的冷漠，她也不怨恨、不计较。涌泉把朱安的复杂内心，刻画得细腻深刻。

《风雨故园》的成功，证明涌泉在创作上，不墨守成规，敢于另辟蹊径，是个有大作为，能写出大作品的剧作家。

河南是戏剧大省，曾经创造出轰动全国的好作品，如《花木兰》《朝阳沟》，也造就了一批蜚声中外的表演艺术家，如常香玉、马金凤。为了这片戏剧沃土更丰腴、更肥沃，需要更多的戏剧名家不断涌现，如今河南青年剧作家的队伍中，涌泉无疑是排头兵。相信借这次推介活动，涌泉会释放出更大的动力，创作出更好的作品。

文思如涌　清泉长流

——陈涌泉的戏曲创作

谢柏梁

河南文化界气魄很大，河南省艺术名家推介工程既有著名的戏曲表演艺术家，又有成就卓越的戏剧文学名家，将场上与案头的大家们都集合起来，双美同艳，令人备感欣慰。这在很大程度上回归了中国戏剧和世界戏剧发展的本体。

在中国戏剧史上，包括南方的九山书会、北方的玉京书会，各地的书会才人不可胜数。才人书会就是真正意义上的戏曲编剧的民间团体，略等于现在我与陈涌泉都担任副会长的中国戏剧文学学会。遥想宋元时期，在温州、杭州等江南一代，在大都、平阳等通都大邑，都出现了南戏与杂剧的黄金时代，人才辈出，不可胜数。书会才人的相互竞争与彼此影响，形成了南方和北方的戏剧生态文化圈，创造了中国戏剧史上花繁叶茂的大好局面，于是就有《青楼集》中记载的表演艺术家花枝乱颤、《录鬼簿》里头的剧作家们文采洋溢。我在这里着重强调的是剧作家群体，但一点都没有说表演艺术家不重要。各个部门的艺术家都很重要，走在前台的表演艺术家尤其重要。可就中国戏剧史而言，基本的原创性文本本体，就是由剧作家所呈现出来的。如果剧作家不存在，如果剧作家的良性竞争不存在，如果以剧作家群体为突出代表的这样一种原创精神与戏剧文本不存在，那中国戏剧史也就同样不存在，演员发挥的空间也就几近于无。

大家记得关汉卿曾讲过一句话，他“以为我家生活，偶倡优而不辞”。这就将剧作家在戏剧中的地位视之为本体和主体，即便客串演戏也有趣味。演员们更多的是在为剧作家们描容写心，推波助澜，为剧作家们的文化原创精彩呈现，荡气回肠地在舞台上进行再度创作。明清以昆曲为主体的戏曲发展史上，文人剧作家同样成为戏剧的中心，一剧之本成为各大戏班争相演出的瑰宝。所以中国古典戏剧史上，从来就是以剧作家本位制为主体来持续发展的。当然，剧作家本位制到了乾隆年间徽汉班社进京之后，尤其是皮黄京剧出道之后，因为南戏、杂剧、昆曲和地方戏给京剧提供了诸多可以用来演出的剧本，所以表演艺术家们以拿来主义的姿态，在不具备版权意识的前提下强势起来，从绝对意义上彻底压倒了剧作家固有的本位感和中心感。只有从京剧开始，演员们才一马当先，包括剧作家在内的其他部门都瞠乎其后。但是京剧演员们还是知道写剧先生们的重要性，他们把剧作家当成自己的最好伙伴。尽管剧作家本位制受到了极大的挑战，但是剧作家还是受到了相应的尊重。

当中国戏剧史的历史车轮疾驰到20世纪之后，新型的舶来品话剧艺术引进了导演艺术制度，导演成为话剧的领袖人物与灵魂所系；等到电影、电视的导演中心制强大起来之后，又以压倒一切的优势，极大地围剿、打压了剧作家们的历史优越感和昔日的编剧本位制。从此以后直到如今，剧作家先是沦为戏剧影视的附庸，后又成为本行业的弱势群体。

正是在这个历史层面上看问题，咱们拥有悠久文化传统的中原文化界，不仅仅重视表演艺术家，同时还为姚金成、陈涌泉等人开了系列的推介与研讨会议。我认为这样的会议与活动，不仅仅是为几位剧作家在鸣锣开道，更是为中国剧作家们找回了本该具备的历史尊严，在一定意义上回归了中国戏剧史上的编剧本位制，继承了中国戏剧史的一个重要的文化传统。尊重剧作家，敬畏剧作文学的原创者，这是正本清源的大事件。正是从这个层面上看，我很荣幸地参加并见证了陈涌泉等剧作家的研讨盛会，感觉特别欣慰、分外幸福。

尊重剧作家，以剧作家为中心展开诸多戏剧活动，这不仅仅是中国戏剧发展

● CCTV空中剧院转播《程婴救孤》前，陈涌泉与总导演黄在敏一起接受著名主持人白燕升访谈

的特殊情况，也是世界戏剧发展过程中的基本惯例。从古希腊悲剧开始，所有的戏剧活动都是围绕着剧作家而展开的比赛活动。埃斯库罗斯、索福克勒斯和欧里庇得斯等大家先后争胜，专家们和老百姓们为剧作家们的新作投票，最终靠票数来为剧作家们的新作做出决胜的评价，争夺冠军的宝座。我最近出版了一本《世界悲剧通史》，我发现西方戏剧界更多的是剧作家们的比赛、评奖与竞争，而不仅仅是演员层面的竞争，当然演员之间的比赛、竞争与评奖也是不可偏废的极好的文化现象。可是我在想，唯独中国的剧作家们，居然在祖国沦落为一个弱势群体和一个戏剧影视界的附庸，这真是一个不符合中国戏剧史和世界戏剧史规律的极其尴尬的局面。

所幸河南戏剧界给我们开了一个头，让我们知道中国戏剧发展到今天，还有这样的剧作家本位制传统。中原文化界是在自觉不自觉的摸索中，正在做传统的复归与文化的归位，是在从综合的方面来共同推进中国戏剧健康、强势而有效地发展。从这个历史文化层面来讲，我觉得陈涌泉的这一次作品研讨盛会，对我们这些从事戏剧文化学习和研究的人，是一次极大的鼓舞，也是对戏剧史传统的发扬蹈厉。

我们穿越时光，回到11年前的第七届中国艺术节暨第十一届文华奖评审期间，地点在姹紫嫣红的浙江。我当时是上海交通大学中文系主任，有幸担任2004年国家艺术节评委，并在文化部陈晓光副部长带队之下，观摩评议了诸多场戏曲舞台剧。我们戏曲组的召集人是全国文联的李春熹先生。组员还有郭启宏、郑怀兴、毛时安等人。由于我年轻一些，所以会议纪要与总体评价都是由我最后完成的。后来在此基础上，我写作发表了一篇较长的论文，对整个戏剧节上的戏曲剧目予以了整体回顾。

第七届中国艺术节正是陈涌泉的“发迹”之时。按照常理来看，《程婴救孤》是一个不大可能被看好的作品。为什么呢？因为该剧并不是完全出自自己元构思的原创之作，而是一个元杂剧经典剧目的顺向改编和衍生剧目，这一点大家都十分清楚。

可是《程婴救孤》的机缘之好，实在令人惊叹。因为每到世纪之初，各国人民都容易回忆起一些永恒的经典。元杂剧《赵氏孤儿》是最早传到西方去的中国大悲剧，在21世纪初叶，西方的大学课堂和戏剧剧场，都有浓厚的致礼经典、还原演出的一些尝试；中国也是如此，大名鼎鼎的北京人艺、国家话剧院和上海越剧院也都先后推出了《赵氏孤儿》系列的改编制作，但是这些作品都无一例外地过分张扬人性，放大人情，将杀死屠岸贾变成了无奈、不忍之举，强调养父养子之间的多少年之后的无边亲情。如此改编当然有其创意在，但极大地阉割并且肢解了元杂剧的原创精神和基本框架。您哪怕不打《赵氏孤儿》的招牌，另起炉灶去写作，大家也许可能更加买账一些。因此，富于颠覆性的经典改编，还是不能被大众所接受、为专家所信服。于是，在观众与专家对这些名牌大剧院一致失望的前提下，同一题材的豫剧《程婴救孤》横空出世，以符合原作精神、延伸程婴品格为主线，对复仇精神做出了更加细致也更加悲壮的阐释。陈涌泉严谨而奔放的顺向改编、李树建的精湛演出、黄在敏与张平的导演、薛殿杰的舞美，全都集中起充沛的艺术超能量，从整体上感动了观众，征服了评委。

在评委圈中，关于陈涌泉的悲情创作、李树建的兴团义举等段子纷至沓来。伴随着一位原先名不见经传的青年编剧的崛起，河南豫剧自民国以来五大名旦所树起的五杆帅旗，以该剧为契机第一次鳌鱼换肩，换到了一位男性豫剧领军新帅的手中。话剧同类题材在演出市场与观众口碑中的总体沦陷,也使得大家对民族戏曲特别是中原豫剧处理传统经典的能力,有了更加坚定不移的认识。于是这时有评委十分感性而激情地说:看了豫剧《程婴救孤》,激动得无以复加,恨不得当场向艺术家们跪下来……

结局当然没有任何悬念地定下来了。这个戏获得了几个第一:第十一届“文华大奖”第一名和第七届艺术节“观众最喜爱剧目”第一名。后来真的有人对面质问我,说为什么要把一个改编之作放到冠军宝座上。我的回答是,整个第七届中国艺术节获奖剧目的前后排名,也许排在当中的剧目还可以在次序上有所挪动,可是第一名和最后一名,应该没有任何人能够撼动,因为这是所有评委的一致意见,当然也是广大观众的一致意见。该剧在那样一个水土不服的杭州演出,又是以最佳人气奖的第一名,赢得了基本不看豫剧的当地观众的热情欢迎。因此《程婴救孤》所获得的首奖位置,是无可选择、无可挑剔、毋庸置疑的。陈涌泉团队的这一剧目,所赢得的不仅仅是专家的酷评和国家的奖项,也是观众的口碑和大众的期待。人心所向,不可摧也,这就是该剧当年获得国家大奖的基本情况和相关背景。

涌泉作为一个大学中文系科班出身的剧作家,有着十分浓厚的文人情怀,具体表现在对经典充满敬意但又植根当代观众审美需求的系列改编作品之中。他的经典改编又分为两个层面,一是古代经典的改编,二是现代经典的重塑。前面说过,在对古典名剧做顺向的改编、开掘和发展方面,陈涌泉源于古典,但是又在好多方面有自己的开拓和出新,他把传统和现代两方面的审美维度拿捏得恰到好处。曾经看到有论文说元杂剧《赵氏孤儿》很简单,忠奸斗争过于纯粹,这一评价可能有偏颇之处。说我们今天的陈涌泉好,未必非要说元代的纪君祥不足;说《程婴救孤》好,更不需要论及《赵氏孤儿》的不够。因为经典的纯粹之美是贯通古今的,陈涌泉的改编之作,正是经典之美的现代延伸。涌泉顺向扩充、发展、丰富了古代经典的一些内涵,这是他所做出的卓越的贡献。把集大成的继承和原创的发展结合起来,这就构成了陈涌泉的成功。

在现代经典的重塑方面,涌泉同样做得很精彩。包括鲁迅笔下的人物乃至鲁迅自身的家庭生活,都成为涌泉笔下的戏剧佳作,例如《阿Q与孔乙己》《朱安女士》等剧,皆是如此。这些剧目都让鲁迅笔下的人物混搭起来,在舞台上鲜活会聚,

《程婴救孤》剧组参加在美国纽约百老汇召开的中国豫剧与美国戏剧研讨会

并让鲁迅先生的心理状态、情感选择与人生追求，直观地呈现在我们眼前。2012年9月，涌泉的《朱安女士》文学剧本，荣获第二十届曹禺戏剧文学奖第一名，这一殊荣同样是充满了学术文化的诸多含金量。

在颇有好古之风的文人情怀之外，涌泉还特别明显地体现出关于乡土气韵的自觉追求，也就是说在特别接地气的原创剧目方面，他也做得很好。《王屋山的女人》等一系列戏，都出自他自己的生活积累，是关于中原女性一诺千金的赎债之作。《婚姻大事》《黄河十八弯》《城市的星空》等一系列农村题材剧或者农民工进城的都市题材剧，甚至包括其影视作品《八月桂花遍地开》《咱们村的年轻人》等作品，都下接地气，上接天光，外有知音。连同他的古典名剧改编作、现代经典重塑作在内，他的作品先后获得过国家文华大奖、文华剧作奖、国家舞台艺术精品工程十大精品、中宣部“五个一工程”优秀作品奖、中国戏曲学会奖、中国艺术节观众最喜爱剧目奖、中国人口文化奖金奖、中国戏剧文学奖金奖、中国电影华表奖、中国电影金鸡奖提名奖、美国洛杉矶国际家庭电影节最佳外语音乐片奖等大奖。我想获奖当然是一个方面的荣誉，更为重要的是他对中原大地这方土地爱得深沉，所以才能将一方水土的百姓情怀体现在作品当中，这才能够赢得大家的共同喜爱。河南戏剧界的文化生态环境之好在全国居于前列，豫剧今天已经成为覆盖面最广、影响面最大的剧种，凡此种种都与陈涌泉等河南剧作家的乡土情怀、中原气韵和艺术追求息息相关，这也是需要认真总结的。

陈涌泉大学毕业之后投身于剧团，成为新一代的书会才人，这就使他树立了为演员写戏、为剧团写戏、为剧种写戏的基本观点。前面提到过，豫剧的五个领军人物，以前全是女性，从陈涌泉笔下的《程婴救孤》起，豫剧的领军人物不仅仅是女性，而且出现了以李树建为代表人物的“男神”。这正是陈涌泉对这个剧种的莫大贡献，他帮助开拓了河南豫剧发展的新的途径，在充满阳刚之气、慷慨悲歌的豫剧历史上，又出现了新一代的男性领军人物。陈涌泉做到了为剧团写戏，为演员写戏，同时也为剧种的发展写戏，为河南豫剧的新一代将帅写戏，这就是他成功的又一个奥秘。

在豫剧国际化的推广方面，河南豫剧居功至伟，去年《程婴救孤》在纽约的演出，便具备了较大的跨文化传播意义。直到今天为止，北美中国戏曲曲艺协会的都文伟会长，还说像这样的好戏，如果能够早一点与北美的学术界、文化界结合，我们可能会做得更加主流化，与当地文化界融会得更好。陈涌泉改编、创作的一些剧目，都具备出国演出、展示豫剧的传统风范与现代意义的优势。怎样把涌泉的剧目，把咱们河南的豫剧、曲剧等主流剧种，把咱们中国的传统戏剧更好地传播到海外，弘扬到世界，我们还要做更多的思考与实践。

我们从北京、上海来到河南，与中原戏剧界同仁欢聚一堂，为陈涌泉的戏曲创作喝彩叫好，其实也是在为河南戏剧和中国戏曲点赞，也是在为中国戏曲学院的戏曲创作提供更多的养分。我们将会以此为契机，把祖国源远流长、波澜壮阔的中华戏剧事业，在国内植根得更深，在海外传播得更广。

陈涌泉戏剧创作中的文化自觉

刘景亮

近年来,青年剧作家陈涌泉特别受到戏剧界关注。无须一一摆出他所创作的《阿Q与孔乙己》《婚姻大事》《黄河十八弯》《李香君》《天职》《两狼山上》《城市的星空》《丹水情深》《王屋山的女人》等作品,单看他改编的《程婴救孤》及原创剧目《风雨故园》被选入大学语文教材,其中《程婴救孤》由河南省豫剧二团演出后名列第十一届文华大奖榜首、2004—2005年度国家舞台艺术精品工程十大精品剧目榜首,赴欧美多个国家演出,并成功登上美国百老汇舞台;《风雨故园》(新版名《朱安女士》)荣获第四届中国戏剧奖·曹禺剧本奖,就足以显示他的创作实力和艺术成就。阅读并研究他的作品,会发现在他的创作中存在着可贵的文化自觉意识。这种文化自觉使其作品具有了不同寻常的艺术品格。

一

陈涌泉戏剧创作中的文化自觉,首先表现在对民族传统文化的清醒认识,表

● 国务委员陈至立为《程婴救孤》颁发国家舞台艺术精品工程十大精品剧目奖牌

现在对中华民族文化的自信、自尊，对戏曲传统和传统戏曲的珍爱和守护。这一点，在他改编传统剧目的创作中尤为明显。

当今，改编传统剧目，人们往往立足在“改”上，考虑如何解构，如何颠覆。而陈涌泉的改编，首先是以珍爱、敬畏的心理认真学习，深入领会，准确把握。在此基础上，尽力维护原剧中有价值的信息，保留观众喜闻乐见的主要情节，继承仍然具有积极意义的价值观念。《程婴救孤》是根据元杂剧，以及许多地方戏剧种都有演出改编的《赵氏孤儿》，原来所有的搜孤、救孤、忠臣义士为救孤遭遇的牺牲和苦难以及孤儿报仇等等，这些在观众中有影响的重要场面都保留了下来。原剧所表达的忠义思想，特别是“义”的思想，不仅得到了保留，也得到了强化。山东梆子《两狼山上》是根据传统剧目《两狼山》改编的，原剧的主要人物和爱国主义思想同样得到了保留和加强。

对于传统经典剧目有价值的思想观念的传承，是对传统文化精神的自信；对于经典剧目重要情节的守护，是对观众欣赏传统的尊重。在陈涌泉改编的传统剧目中，还能够看到他对戏曲传统美学原则、传统戏曲神韵的继承。在他的改编中，戏曲形神兼备、虚实相生、自由洒脱、注重意境等美学原则得到了继承和发展。例如《程婴救孤》，在程婴舍弃亲生儿子救下孤儿后，空旷的舞台上，变得苍老、佝偻身躯的程婴在风雪中，在“老程婴，坏良心……”的童谣声中，艰难地慢步过场，没有台词，没有动作，但观众却能够感受到程婴抚育孤儿的千难万难。这里所营造的是一个以无生有、以少胜多的场景，是包容着无限感情能量的情境，是引发观众无限联想的意境。在《两狼山上》中，更是减去了大量的事件过程铺排，把杨家将的“家国之情”、英雄神采表现得淋漓尽致，实现了以情感人的艺术效果。

尊重传统、维护传统的自觉意识，也贯穿在陈涌泉现代戏的创作中。《风雨故园》《婚姻大事》《丹水情深》《城市的星空》《天职》《王屋山的女人》等剧目，所塑造的主人公形象，或者忍让处下，或者与人为善，或者舍己为人，或者忠于职守，或者诚信为本，都是在颂扬炎黄子孙代代相传的道德原则。《婚姻大事》中，凤春和慧娟都爱上了金锁，但二人都没有为自己打算，而是设身处地地为对方着想，都要牺牲自己的幸福成全别人。这正是中国传统文化特别推崇的“己所不欲，勿施于人”“己欲达而达人”的仁爱思想。尽管这是一出具有浓郁喜剧风格的剧目，却能让观众感动得泪流满面。其感人的力量就是来自传统道德的张扬。

陈涌泉创作的现代戏剧本的艺术形式，同样显示着他对戏曲传统的继承和维护，主题清晰的线性叙事、洒脱自由的时空关系、形神兼备的人物塑造等等，维护了戏曲和观众千百年来建立起来的牢靠的审美默契。

对传统尊重和维护的文化自觉意识，使他的戏剧创作获得了文化根基、文化厚度，给人以坚实的历史感。

二

一个人的文化自觉不仅表现为对文化传统和传统文化的敬畏与守护，还表现为对传统的理性审视，既能看到文化传统和传统文化的优越方面，又能清醒地意识到它存在的缺陷，它在当今世界文化碰撞、交融中存在的不足和差距，并且自觉地填补缺陷，缩短差距。

陈涌泉对我们的文化传统一直保持着清醒认识。他耕耘的文化领地在戏剧，对于自己关注的具体传统剧目总要放在整个文化传统和戏剧传统下进行把握。还以改编《赵氏孤儿》为例，他很清楚，原剧存在着“愚忠”和有悖民主精神的成分。而且，纪君祥用“赵氏孤儿”的形象影射赵宋王朝，这在宋王朝灭亡刚刚50年的当时，观众都很清楚这层影射意义，不会太多地思考为救孤牺牲那么多人值得不值得。随着历史的千年演进，这层影射意义已经在观众审美意识中消失，观众就有可能认为这种表现有悖民主、平等精神。这也正是伏尔泰改编时要修改牺牲自己的儿子换取孤儿生存的原因所在。当然，这样的改法会把原剧改得面目全非，会遭到中国观众审美经验的抵牾。在这一点上，陈涌泉是清醒的，他的改编走了强化“道义”“信义”的路子。屠岸贾屠杀婴儿，进而要屠杀全国婴儿是道义不容，而众人救孤是“义”的感召，是一种社会责任的担当，程婴的牺牲更有一层对承诺的信守。以对“道义”“信义”的强化把观众的审美理解、审美想象引向积极方向。《两狼山》是表现爱国主义的传统剧目，此类剧目的传统表现总是把爱国和忠奸斗争缠绕在一起，被歌颂的爱国主义者往往呈现出忠君思想，而且是“愚忠”，这也是我们传统文化中越来越背离当今社会发展的缺陷。陈涌泉在改编《两狼山》的时候，巧妙地摆脱了忠奸斗争的纠缠，以极其简练的笔墨营造出具有张力的戏剧情势，让杨家将直面国家利益、民族气节与个人生死的冲突，抒发他们的家国之情，感人至深。

陈涌泉编剧、河南省豫剧三团演出的《风雨故园》，是一出可圈可点的剧目，但是所产生的社会影响与其达到的艺术水平并不相称。我想，一个主要原因是一些人担心此剧会损伤鲁迅先生的形象，因为此剧叙述的是鲁迅的原配夫人朱安的人生悲剧。毋庸讳言，在《风雨故园》中，鲁迅确实是朱安悲剧形成的原因之一。但是，综观全剧，我以为，分寸的把握是适度的，剧中的鲁迅形象仍然被塑造为新文化运动的旗手和闯将。同时清楚地展示了封建礼教是造成朱安、鲁迅婚姻悲剧的首要原因。而剧中作为旗手和闯将的鲁迅对自己的妻子朱安的无视和冷漠，正是含蓄地表明了鲁迅先生反封建的思想武器主要是从西方文化中接受的民主主义思想、个人主义思想。这样的表现，恰恰表现了陈涌泉对当时社会状况和五四新文化运动的清醒审视。这样来反映五四新文化运动和运动中的旗手，至少比一味地颂扬更接近历史真实，更具有文化内涵。

中国传统戏曲在创作观念和表现方法上同样存在缺陷，例如，心理刻画简单，人物性格单薄，情节进展的逻辑严密性不足，等等。陈涌泉在自己的戏剧创作中，对这些不足和缺陷同样进行着有意识的补救，在对《赵氏孤儿》《两狼山》的改编中，把强化心理揭示和人物情感有层次的表现作为改编的重要方面。他的代表剧目，都力求简化事件的过程，加强戏剧情势的建立，并对人物的性格逻辑和情感逻辑反复推敲。《赵氏孤儿》原来的演出，孤儿在知道自己的身世后，义无反顾、毫不犹豫地就杀死了屠岸贾。据说歌德在改编此剧时，曾感到孤儿面对养育自己十八年的仇人无法举起利剑。陈涌泉改编时，在推敲人物心理逻辑时同样发现了这一问题。他高明地来了一个反复，孤儿不忍亲手杀死屠岸贾，要屠岸贾自己了断，不想屠岸贾却拿起宝剑刺向孤儿，程婴为护卫孤儿被刺身亡，校尉们杀死了屠岸贾。很显然，这个改动更符合人性，更符合人物心理的变化逻辑，也更符合整个事件的发展逻辑，同时完成了程婴性格的最后升华。

正因为陈涌泉在创作中能够理性地审视戏曲传统，努力对戏曲传统存在的缺陷和不足进行弥补，才使得他的剧作能够在传承传统美学神韵的同时，具有了现代品格。这种现代品格，就是在对应当今观众审美心理变化基础上对传统美学的充实和提升。

三

陈涌泉的文化自觉还体现在对自身文化责任的自觉。因本文的宗旨是说他在戏剧创作中表现的文化自觉，所以，这里不再涉及为了培养青年观众，他在戏曲进校园活动中所付出的努力和取得的成果，也不再涉及为了推进河南戏剧事业的整体发展，他作为省剧协主要负责人在改善本省戏剧生存环境方面所做出的努力和取得的成果。只能就他的艺术追求和艺术作品来说明他对自身文化责任的自觉意识。

陈涌泉进入戏剧创作队伍以来，艺术界流行着各种各样的创作观念：一些人热衷于创作中的自我表现；一些人认为文艺创作就是为受众提供娱乐；一些人提倡文艺创作要张扬人的生命意识和人性；有的人想要躲避崇高；也有人信守着文艺创作为现实的政治、政策服务……而陈涌泉特别看重的是在戏曲创作中弘扬真善美。在他看来，艺术创作说到底是一种社会活动。对社会有益应该是一切社会活

●《李香君》剧照

动的第一要义。艺术创作对社会有益就在于净化人们的心灵，提高人们的素养。而艺术地弘扬真善美，则是最能清洗人们心灵尘垢的途径。

这一创作宗旨体现在陈涌泉创作的所有剧本中。他的优秀剧作为我们塑造了一个个生动感人、体现善和美的形象。《程婴救孤》中的程婴、《两狼山上》的杨业、《城市的星空》中的苏亮、《李香君》中的李香君……这些人物的美德就是向社会传播的正能量，潜移默化地净化着人们的灵魂。为了使人们更多地直接感受善和美，他的一些剧本甚至就没有出现直接体现假恶丑的形象。在具有内在张力的戏剧情境中展现人物的善和美，成为他这些作品的突出特点。他的剧本《风雨故园》《婚姻大事》《城市的星空》等，就没有反面人物形象。《风雨故园》通过一个不合理、不般配的婚姻构成了一个特定戏剧情势，所有的人物都陷进这一情势下不得解脱，而又在奋力挣扎，构成了独特的戏剧冲突，冲突中的人物命运成为形成"紧张"、产生悬念、稳定观众注意的基本元素。《婚姻大事》写了一群好人，所有的人物都在为他人着想，在为他人着想中出现失误，形成误会，构成人与人的冲突和人物的内心冲突。也同样在为他人着想中化解冲突，实现和解。这样的情节构成，并没有因为缺乏反面形象而影响情节的“紧张”和观众欣赏中的悬念。此剧第一场就形成了危机，随着剧情的发展，危机不断加剧，一直维系到结尾。演出中，观众被剧情牢牢吸引，更被人物的纯朴和善良深深打动，剧场效果十分强烈，此剧已经成为河南省曲剧团的保留剧目，十几年盛演不衰。这一作品在戏剧情节构织方面为我们提供了有益的启示：戏剧冲突的营造、戏剧情势的建立，具有多种途径。

应该特别指出，陈涌泉的剧作十分注意对应剧种个性。这一点，正是出自他对个人文化责任的自觉。每一个地方戏剧种都有自己的剧种个性，个性不仅存在于特殊的唱腔音乐、特殊的表演中，也存在于人物形象的性格、语言、行为方式中，存在于道白的节奏、唱词的词格中。在近几十年的戏剧创作中，人们保护和强化剧种个性的意识越来越淡薄，一度创作尤其如此。各地方戏剧种趋同化已经威胁着剧种的生存。因为剧种个性是剧种的存在依据，戏剧界亟须唤起保护和加强剧种个性的自觉意识。在这种情况下，陈涌泉剧本创作表现出的剧种意识就显得尤为可贵。他为河南豫剧和曲剧创作的剧本，十分注重具有地方特色的人物性格的塑造、地方习俗的表现、地方语言的使用。比较他为曲剧创作的《婚姻大事》《阿Q与孔乙己》和为豫剧创作的《程婴救孤》《李香君》《黄河十八弯》……就会发现，为曲剧写的剧本突出的是轻巧、清新、抒情、趣味，对应曲剧的风格，唱词的词格多长短句，适合曲剧的曲牌体音乐。而为豫剧写的剧本突出的是厚重、热烈、大气，对应的是豫剧的特点，唱词多三三四词格的十字句、二二三词格的七字句，对应的是豫剧的板腔体梆子腔的音乐。他的一些代表性剧作能够得到同行的好评、观众的喜爱，成为常演剧目，与他这一方面的文化自觉具有密切关系。

期盼陈涌泉有更多、更优秀的作品问世，也期盼有更多剧作家以高度的文化自觉意识创作戏剧作品，使戏剧百花园更加绚丽多彩。

探隐发微写人性

——陈涌泉剧作的文化意蕴

谭静波

这些年,戏曲作品想要获几个奖项并不是太难的事,因为各级各类的戏剧赛事活动还不少,戏曲圈内还挺热闹。然而,戏曲作品要想赢得广大观众,特别是青年观众的认可并不是那么容易,因为多数青年人基本不看戏。例外的是,著名青年剧作家陈涌泉的戏曲作品却呈现另外一番风景。近年来他创作的几部大戏,不仅连连获得各级各类大奖,而且频频走进高校,受到青年学子们的青睐。其作品《程婴救孤》《风雨故园》还相继入选大学语文教材,成为青年学子的案头读物。这一现象令人既欣喜又诧异,这些眼光挑剔的青年人何以对涌泉的作品产生兴趣?是故事讲述奇特,外形包装华丽,还是唱腔旋律悦耳,市场运作给力?我以为这些都不是主要因素。重要的是,陈涌泉的作品有内涵,有灵魂,有个性化的追求,有复杂的情感跌宕,有对人的精神本质的探隐发微……一句话,陈涌泉的作品是从人性出发来展现人物命运,把握情感脉络,设置人物动作,具有丰富的文化意蕴。这使得他的作品能够真正地走进人心,能够架起通向青年内心世界的桥梁。

一、从人性出发，关注具有独特文化特征的人的内心需求，揭示深刻的文化意蕴

人与动物的区别，除基本的生存需求外，“人在自身生存的所有基本需要和欲求都带上某种道德意义和人性感情”，“这是人类在各自民族历史发展过程中逐渐形成的一种文化心理结构”。艺术家要张扬人性之美，首先表现在能够关注具有独特文化特征的人的欲望与需求，抒发人物的真情实感，挖掘人性的真实内涵，揭示深刻的文化意蕴，其作品才有较高的艺术价值。陈涌泉创作的《阿Q与孔乙己》和《风雨故园》，即是两部关注人性，具有深刻文化意蕴的作品。

《阿Q与孔乙己》改编于鲁迅的两部代表作。何以将两个看似互不相干的人物扭结在了一起？皆因他们都是封建社会的受害者，是一对麻木的挣扎在社会底层的小人物。难能可贵的是，剧作家使这两个具有独特文化特征的悲剧人物有机地生活在了一个紧密构连的生存空间里，用一种对比与映衬的手法反映他们不同的欲望与需求，揭示他们之间的是非恩怨，挖掘人性的真实内涵，展示他们既相似又相异的悲剧人生，发人深省，耐人寻味。如“咸亨酒店”一场，假洋鬼子以一块钢洋戏弄两位小人物，提出谁能像狗一样钻桌子钢洋就归谁。诚然，二者态度截然不同。阿Q听后兴奋异常，认为：“一低头，一弯腰，手扒脚蹬过去了，直起身来一笔销，一块钢洋到了手，喝酒吃肉任我挑，这好事打着灯笼往哪儿找？”孔乙己则连连阻止，认为：“廉者不受嗟来之食”，“穷且益坚，不坠青云之志。士可杀不可辱！”当阿Q迫不及待地钻了桌子，抓到了钢洋后，接着又冲着假洋鬼子的背影骂道：“呸！我是人，你才是狗！”而后在得意大笑中沉醉在玩弄钢洋的悦耳声响里。致使孔乙己不得不在悲哀中感叹：“人见利而不见害，鱼见食而不见钩，朽木不可雕也！”一个简单的细节，经过作者的聚焦放大，显得无比生动传神。同是社会下层小人物，同样具有麻木的心理，但由于具有不同文化教养，面对同一事物却有着不同的认识和不同的行为，一个为了满足物质欲望而如此自轻自贱、自甘屈辱，却又自我解嘲、自我陶醉；一个虽然迂腐，但为了守住人格尊严而决不坠青云之志，不为五斗米折腰的执着。入木三分的刻画，加深了人们对鲁迅先生对阿Q精神胜利法批判的深刻理解，对以孔乙己为代表的封建社会穷苦知识分子悲惨命运的哀叹和同情。

剧中“恋爱悲喜剧”是对阿Q悲剧人生中人性内涵的进一步揭示。爱情对于社会人来说是个绕不开的话题。在鲁迅的原著中，阿Q的表现十分愚昧、可笑，没问清吴妈的心思就要和人家睡觉，结果挨了打，赔了钱，还被赶出了未庄。陈涌泉笔下的阿Q与吴妈的恋爱，在保持滑稽愚昧的同时又有了更复杂层面的开掘。如增添了遭遇恋爱风波后，进城发了“财”又返回未庄的阿Q在吐谷祠做梦时还娶了吴妈，看社戏风光一把的情节，说明阿Q是吴妈心中常牵挂的人，阿Q对吴妈的爱亦并非心血来潮，而确有基础根由。到了“大团圆”一幕，阿Q在囚车上与吴妈之间一番表达内心世界的对话，更令人生出别样滋味：“可记得半年前的那一晚？”“一桩桩一幕幕如在眼前。”“我爱你确实是真心一片。”“我对你也并非冷心冷肝。”……此刻，阿Q对吴妈的感情是一个男人对女人的真实感情，甚至阿Q对吴妈的处境亦十分理解，明知难逃一死，在临刑前还是大胆道出了“下辈子求你和我配姻缘”的心声。这里，阿Q是被当作一个真实的男人来发泄他人性的欲望和需求的。如果说阿Q在许多方面的表现是自私的、愚昧无知的、丑陋的，但在此处的呈现则是善良的、美好的。这也恰恰表明了人性的多面与复杂。

对人性真实内涵开掘的另一精彩处表现在孔乙己对阿Q态度的转变上。剧中孔乙己因被阿Q揭发“偷书”而被赵太爷打断了腿，本应对阿Q报复记恨，可当他看到阿Q被警长当盗贼抓去要做替罪羊时，却不计前嫌拼命阻止阿Q画押，彰显出了一种特有的慈悲与大度。可叹愚昧无知的阿Q却不能理解他的良苦用意。阿Q要上刑场了，孔乙己竟卖掉了长衫，买来酒水和茴香豆为阿Q送行！看着委坐在蒲草上艰难挪动的孔乙己与披枷戴镣站在囚车上的阿Q极其认真地探讨“穿长衫”的问题、“画圈”的问题，那场面着实让人既悲哀，又感叹、感动。况且，这一送行，显示出芸芸众生并不全是麻木的雕塑般的看客，他们良知未泯，灵魂未灭，蕴含着小人物对自身命运的一种怜悯和悲悼，折射出人性中最可贵的真与善。

深入挖掘具有独特文化特征的人物人性内涵的另一部代表作是陈涌泉根据鲁迅先生真实生活经历而创作的《风雨故园》。剧中的女主人公朱安是鲁迅先生的原配夫人，但作为一个女人，她的命运又十分悲哀。用作者的话说：“她是封建包办婚姻下一代旧女子的缩影，但比其他不幸女人更不幸的是，她不但生前没有爱，死后又失去了名。人们可以找一千个回避朱安的说辞，一万个她配不上鲁迅的理由，但无法否认她作为一个人的存在。在人格上,所有人都是平等的,她的人格必须得到尊重,她的尊严谁也无权力剥夺。"所以,舞台上讲述的故事十分坦诚、坦露,直逼人性的真实。这是一场彻头彻尾的包办婚姻,朱安嫁给了鲁迅,一个是目不识丁的小脚女人,一个是新文化运动的旗手、时代青年的精神领袖。但从人性的角度出发,朱安的遭遇又难免让人感叹和同情。这里,作为一个女人,朱安对爱的追求是强烈的:为了讨得鲁迅的喜欢,上花轿时,这位小脚女人特意将鞋内塞上棉花装大脚;当婚后的鲁迅不辞而别逃往日本,为了平息族人的讨伐,朱安将一切包揽在自己身上,当了一次"女英雄";为了接近鲁迅,她曾做了新鞋让鲁迅试穿;为了赢得妻子的权利,她曾大着胆子从鲁迅房间抱被子;为了追随"大先生"的新潮,她曾迈着小脚跟邻居孩子学体操,尽管动作很滑稽……然而,这一切努力都是徒劳的,在这场畸形婚姻中,两人并未真正"过"在一起。具有新的精神追求的鲁迅长期煎熬在无奈之中,贤德、愚昧的朱安固执地坚守着"从一而终"。精神孤独的男人和性情执着的女人既无夫妻之情,又无夫妻之实,"二十年未曾与他牵过手,二十年不知啥叫温柔。二十年我还是个女儿身,二十年天天守着一个愁"。剧中小蜗牛的意象特别生动,"小蜗牛,小蜗牛,爬呀爬,爬不到头","有朝一日摔下地,粉身碎骨筋被抽"。它是朱安精神命运的深切象征!朱安的命运,即旧中国众多妇女的真实写照。

陈涌泉的《风雨故园》,是对一种不合理婚姻充满人性化的解读,尤其是心理层面的解读,鞭辟入里,委婉细腻。朱安与鲁迅结婚的第一天起,二人就各自陷入深深的孤独中,这种"孤独"的延伸过程也是这出戏剧的发展过程,它显示了创作者对主人公精神层面和心理世界开掘的深度。鲁迅的孤独耐人寻味,朱安的孤独更发人深省。对朱安三十年人生道路的"心路"描述是层层递进的。她经历了情感被冷落被抛弃的孤独;经历了无法与对方交流的尴尬所造成的惶惶不知所措的孤独;当许广平将爱的神箭射中鲁迅,朱安又经历了对爱情彻底绝望的刻骨铭心的孤独。最后,祭奠在上海去世的"大先生"鲁迅时,朱安品味到了守住这份"空头夫妻"似乎脸上也有光彩的慰藉,这个女人又经历了内心由激荡趋于平静的孤独。正是这娓娓道来而又跌宕起伏的"心路",道出了封建枷锁桎梏下女性的人生之苦、人生之痛、人生之哀、人生之伤,为男权社会背景下的中国妇女唱了一曲悲悼的挽歌,带给人无尽的思索和深刻的启迪。

●《婚姻大事》剧照

二、从人性出发，关注现实生活中的新视角、新层面，塑造个性化的新人物

20世纪80年代以来，改革开放的大潮给社会注入了一股又一股变化发展的动力，市场化、工业化、信息化、全球化、新技术革命，令人目不暇接，在这场时代大潮中，每天都有令人热血澎湃、激情振奋的人，每时每刻都有撼人心魄、动人情肠的事，从乡村到城市，亿万人演绎着中国民众跨越历史藩篱，从传统向现代社会迈进的沉重而又壮阔的步履。时代在变，生活在变，人的观念、人的心灵也在变。中国社会的变革，包括人的生存方式的变革。中国社会的现代化，包括人的现代化和人们精神文化品质的提升。因此，我们的剧作家在塑造典型人物时，当然要深刻地体察现代人在与其新的生命环境的相互作用的过程中人性的新情况，才能塑造出丰富多彩的有时代色彩的个性化的新人物。陈涌泉的几部当代戏剧作品，采撷到了这一新亮色。

陈涌泉创作的《婚姻大事》，表现的就是改革开放时期的农民面对婚姻大事所生发的新思维、新追求，展示了新时代、新生活中农民新的个性人格。剧中的梅大狗是家中的老大，因父亲过世早，憨厚老实的他为拉扯弟妹长大成人，年近四十岁还未成婚。如今弟弟们为撮合他的婚事而弄巧成拙，使他误担了骗婚的嫌疑，新媳妇凤春的不依不饶使他备感窝囊，结婚第二天就背上自己的木匠工具去了陕西。没想到在陕西，大狗的忠厚和灵巧的木匠活打动了温柔善良的小寡妇秋蝉，二人撞出了感情火花。而大狗返家后却发现凤春早已谅解了他，而且对他关爱有加，使他陷入两难境地。剧中三个矛盾冲突的人物在其具体情境中所产生的思维方式、行为特点，与以往同类性格特点的人物相比较，已经明显地发生了新的变化。从“先验意识”的角度审视，以往农村中像大狗这样生活窘迫、老实巴交的人，想的就是找个女人成个家，凑凑合合过日子，不可能有更高的奢望和追求。而如今的大狗，不仅仅是找女人，还要找爱情！所以，凤春虽是他早已相中的梦中情人，但看到人家不情愿时，他便毅然出走了。不仅出走，而且还大着胆子恋爱了！这实在令周围的人始料未及。同时，两个女人也不示弱。秋蝉虽是性情柔弱、带着孩子的小寡妇，但她决不是以往那种谨守妇道的小女人，遇到心爱的人，也敢毫不犹豫地表白爱情，理直气壮地追寻爱情。而性如烈火的凤春更是知错就改，为夺回原本属于自己的爱情奋勇出击，紧追不舍。他们是新时代的新农民，他们感受着时代的变革，感悟着生活的发展，品嚼着越来越红火、越来越甜蜜的日子，活得很坦诚，活得很真实，活得很洒脱，活得很有个性！更难能可贵的是，面对情感抉择时，两个女人虽然都很痛苦，很难以割舍，但都能相互体谅，相互退让，主动成全对方，能从个人的欲求，走向道德的崇高，实在是活出了一种境界！

关注现代人的生存方式变革、人的精神提升的另一部力作是由陈涌泉与王国毅、张克鹏合作的《王屋山的女人》。剧中讲述的是王屋山的女人彩云信守承诺，替夫还债的故事，看似一出简单的道德评价的戏，却写得个性十足，人情味十足。王屋山的这个女人不寻常，她比她家的男人活得大气，活得仗义。丈夫遇到危难，气量狭小，竟撒手离去，她想：扔下我们算什么？懦夫！公公怕牵连儿媳，出了个损招，竟吞下乡亲们的欠条，她叹：太丢人，太不地道！彩云虽为小女人，却是大丈夫。因为她是大山哺育的女人，正直、厚道、坚韧、刚强。她是改革开放时代成长的新一代农民，有文化，有抱负，有眼光，有胆识，所以，关键时刻能一声吼：“只要王屋山还在，决不少大伙一分钱！”这誓言，惊天地，泣鬼神！在打拼还债的漫漫征途上，作为女人、作为母亲的她，有柔弱的一面，疲惫不堪，华发频添，思念儿子，肝肠寸断，亦有坚韧的一面，风吹仍从容，雨打更执着，她活出了自信，活出了神采！更让人感动的是，在还债过程中，她仍坚守诚信为本，不赚亏心钱。当她长期供餐的包工头欠款不还时，她仍然讲诚信，送温暖，感动得工友们在大雨中自发为她的餐车撑起一个大篷伞。这胸襟，这情怀，动人心，撼人魄，让人在感受非凡人格的同时，品味到这位非凡女性精神世界的高洁与丰厚！这一人物的独特性，亦是剧作家对现代生活中人性的新发现。

三、从人性出发，追求形神兼备的艺术表达，实现人物形象塑造的现代化、典型化

一部有魅力的人性化的戏剧作品，其情节的构成，必然来自角色与环境密切交合，相互作用。它要表达的是富有层次、富有张力的人物的行为动作、人物的情感状态，而这种行为动作、情感状态应该是一种跌宕起伏、生动鲜活的运动过程。这种运动过程能够让人体验到一种有序的完整的情感概念，由此展现出作品“形”与“神”的完整性、生动性，使人物焕发出无比动人的光彩，达到激荡人心的效果。陈涌泉编剧的《程婴救孤》即是具备这样一种形态及美感的扛鼎之作。

以《赵氏孤儿》为基础改编的豫剧《程婴救孤》，其重点写的即是“程婴救孤”，从程婴为救孤而忍辱负重到为护孤而慷慨牺牲，完成了由突出忠奸斗争的“大报仇”，向弘扬正义战胜邪恶的“大营救”的转换，使这一古老名著具有了新的含义和思想价值。更为可贵的是，剧作家在完善这一转换的过程中，不是简单地组装拼贴这一行动过程，而是有血有肉、精耕细作地去开掘这一情节、情感的“生长”过程。对于程婴这样一个性格极其特殊的人物，“把一种本身发展完美的内心世界的丰富多彩性显现于丰富多彩的表现”，使其张弛有致、跌宕有序，形神完备地实现了人物形象的现代化、典型化转变。

《程婴救孤》的第一个动作是“转移孤儿出宫”。在戒备森严、险象环生的情势下，程婴此举的心理依据是要替为社稷、为黎民惨遭家灭九族的赵朔一家保留一

脉骨血，所以他惊天动地地发出了这样的心声：“我岂能袖手旁观，见死不救！”“刀山火海虎狼阵，不可为而为之我要闯宫门！”在转移孤儿的过程中，韩厥将军的大义自刎，进一步坚定了程婴救孤的决心，“你为保孤不畏死，程婴焉能惜性命？”动作环环相扣，境界步步升华。

《程婴救孤》的第二个动作是“舍子救孤”。孤儿终于被转移出宫了，然而更大的灾祸降临了：如若不交出孤儿，全城婴儿将被杀害；如若交出婴儿，忠良根脉将断绝……天大的压力使他的内心一下苍老了。“昨夜，我们夫妻抱头痛哭，彻夜未眠……”当程婴告知公孙杵臼自己要舍子救孤的决定时，内心无比悲凉又无比淡定。而当公孙杵臼决定舍命助程婴救孤，二人相约“九泉之下再叙别后之情……”沉默后的大哭，大哭中的拥抱，又让人备感悲壮。是程婴的大义感动了公孙杵臼，是公孙杵臼的大义感动了程婴，他们前仆后继，义无反顾！这两场戏，语言十分凝练，动作十分紧凑，但人物情感表达的浓度却很厚很厚，人物境界的维度也很高很高！

为救孤儿，韩厥将军死了，彩凤姑娘死了，公孙杵臼死了，惊哥和妻子都死了，程婴在一天之内几乎失去了所有的亲人和知己，在经历了一系列紧张密集的情节情感的变幻、铺陈后，人物被凝固、被收敛、被压抑的情感情绪一下子突然喷发了，“哭一声我儿惊哥，再叫了声公孙仁兄……我两眼泣血呀万箭穿胸……”这里的词、这里的韵所形成的肝胆欲裂的痛哭，其情感冲击力、节奏爆发力，像江河决堤，怒涛翻卷，将一个中年男子的失子之痛、一个贤良志士的失友之伤痛快淋漓地展现出来，带给人极大的心灵震撼。

当情感的起伏跌宕经历了第一个高潮后，剧作家又在集聚着另一个更大的高潮。在世人的眼中，是程婴害死了孤儿，排山倒海般的唾骂，雨点般的石块掷砸，鞭笞着他的肉，嚼噬着他的心。“老程婴，坏良心，他是一个不义人……”歌声中，四季轮回，程婴乌黑的胡须变白，身躯由挺直到佝偻。16 年后，孤儿终于长大了，本该受到善报的程婴在经受了“生不如死”的重重磨难，即将真相大白的时候，又因误解而突然遭到一顿棍棒毒打，他的情被掏空了，他的心被辗碎了，从内到外身心俱损的他终于向公主和魏绛打开了封闭 16 年的情感闸门：“无情棍打得我皮开肉绽，老程婴我又闯一次鬼门关。公孙兄你在天之灵睁眼看，我活着更比死了难……”他倾诉的是匡扶正义征途中历经磨难时的欲哭无泪、欲悲无声的凄凉。“为救孤我每日伪装与贼伴，为救孤我身居贼府落不贤，为救孤我遭人唾骂千万遍，为救孤我忍辱含垢十六年……”他抒发的是抗争邪恶岁月中忍受万般屈辱时心中泣血的哀痛。“哪一年不是三百六十天哪，我又当爹来又当娘……夏天我怕他热，冬天我怕他寒……三岁上你把天花犯，发烧发了整三天……”他绘出的是一幅疼子、惜子、怜子、护子的“爱子图”，语言极其素朴，情感极其浓烈，把老程婴舍生取义的伟大胸襟和悲天悯人的人道主义情怀生动地坦露出来。

结尾情节的改动出人意料。面对屠岸贾，孤儿纠结于“毕竟被他抚养了十六年”而难以下手让其自刎，当屠岸贾将剑刺向孤儿时，程婴再次挺身而出护住孤儿，自己却死于屠岸贾剑下。这一改非同小可，既照顾了当代人的心理情感，又保持了原剧的主题精神。程婴之死，死得崇高，死得其所，死得坦然！程婴之死更使程婴完成了从救孤、育孤到保孤、护孤的系列行动，完成了既有“形”的完整又有“神”的完美的精彩收官！整出戏呈现的是一种经典的、美感的运动状态，正是这种形神完整的成功表现，才实现了人物形象塑造的现代化、典型化。作品大开大合的情节，人物感人肺腑的动作，托举的同样是具有自我牺牲精神的美好人性，是仁义文化培育的人性。

涌泉戏剧作品的人性化开掘是独到的、细腻的、深刻的，所以他产生的影响也是非同凡响的！祝愿涌泉的作品始终关注人本、关注人性，永远与青年相伴，永远与时代同行！

人民剧作家陈涌泉

徐培成

河南省艺术名家推介工程的开展实实在在地为推出中国文化艺术的拔尖人才、促进艺术的发展繁荣起到了积极的作用。我敬佩河南、敬重河南的艺术家们，感谢河南省文化艺术界的领导同志们脚踏实地地为培养造就新时期文化名人搭建了桥梁与平台。

陈涌泉同志就是这个平台上光彩夺目的一位优秀青年剧作家。近年来，他创作的豫剧《程婴救孤》《王屋山的女人》《两狼山上》《风雨故园》等众多剧目，都在国家赛事上获得大奖，好评如潮。《程婴救孤》还走出国门，赢得了外国朋友的高度赞誉，并拍成了戏曲电影发行国内外，影响极大。特别是广大观众踊跃看、认真看、抢着看他写的戏的动人场面令我十分感动。陈涌泉真棒！真是人民大众爱戴与喜欢的人民剧作家！

我想开名家推介会不仅是来赞美陈涌泉，更主要的是要认真分析研究一下陈涌泉的成功之路，让陈涌泉起到引领示范作用，带动更多与时代同步、与人民同心的青年剧作家，让他们沿着陈涌泉的成功之路创作出更多更好的讴歌时代、讴歌

●《王屋山的女人》剧照

人民，推动社会发展进步的好剧目。陈涌泉给我留下的突出印象有两点：

一是陈涌泉是个厚道人。我与陈涌泉相识已有七个年头了，当我第一次接触他时，简直不敢相信这么年轻的小伙子能写出《程婴救孤》这样名列文华大奖、国家舞台艺术精品工程十大精品剧目第一名的剧本，真的令我惊诧不已。而后又陆续看到他编写的《风雨故园》《王屋山的女人》《两狼山上》等剧目，我服了，他年龄虽然小，但是思想修养十分老到，他对儒家文化、中原文化学习研究的底子太厚了。综观他的剧作，对忠、孝、仁、义、礼、智、信的表达太生动、太深刻了。他对中华民族优秀文化的学习理解，以及对中华民族传统美德的推崇颂扬，直接反映出陈涌泉本人的品德与修养是多么的纯真、正直与高尚。他在程婴身上抒发的义薄云天，在朱安身上体现的善良坚守，在彩云身上讴歌的诚信为命，在杨家将身上张扬的忠烈英勇，都表达了一个剧作家的立场、情感与追求。人们常说艺品如人品，剧本见功力。陈涌泉的文本不追求语言的时髦与华丽，不搞人为的故弄玄虚与花哨。他注重开掘主人公的高尚品德的深刻性，追求情到深处的艺术性，揭露人生的复杂性，倡导要坚守人性真善美的时代性。这就是我认识的陈涌泉，他的纯朴善良，他的厚道老诚，他的低调做人、高调做事，都给我留下了十分美好的印象，让我十分敬重。

二是陈涌泉是个大孝子。我这里所要说的孝,决不局限在他孝敬自己的老人和亲人,而是陈涌泉在情感深处和作品之中的报恩思想。我同陈涌泉聊天时,多次听他讲到"滴水之恩,涌泉相报"这句话。他所说的感恩报恩就是他经常讲的感谢父母,感谢师长同学,感谢培养支持他的领导,感谢同行合作的兄弟姐妹们,更感谢广大群众……很多人都知道陈涌泉出身贫寒,家境困苦,他是从中原大地的泥土中走出来的优秀学子,他把贫穷当成了动力,他把苦难当成了摇篮,他用刻苦学习、自觉学习、勤奋学习书写着自己的成长之路。我所要向青年朋友们推荐学习的恰恰就是陈涌泉的动力来源于他的感恩情怀,这一点正是他奋发图强的动力源泉!阅历丰富、事业成功的大家们常说:苦难的童年是自己一生奋斗的宝贵财富,而改变贫穷是人生奋斗不止的力量源泉。综观陈涌泉文本的字里行间,剧中人物的坚强意志、英雄壮举,剧中情节的起伏跌宕,人物之间的情感纠葛,全剧最后彰显的主题立意都充分展示出陈涌泉对历史人物忠、孝、仁、义的慷慨悲歌。在现代戏中他着力关注着人民大众、基层群众。他把人民群众讲诚信、吃苦耐劳、勤奋创业的纯朴人格、优秀品德表现得有血有肉、活灵活现、感人至深,他把人世间阴暗龌龊的势力小人的卑鄙行径描述得惟妙惟肖、入木三分,并给以狠狠的鞭挞、揭露与批判。陈涌泉笔下的文本充分展示了他爱憎分明的情感与立场,强烈地折射出他对人民大众深深的热爱之情,对家乡故土的眷恋深情,对社会给予自己成长帮助的感激之情。他在用写好剧本服务全社会来感恩父母、感恩师长、感恩全社会。他用自己勤奋创作的艺术成果孝敬回报生他养他的父老乡亲、中原大地;他在用艺术家的良心督促自己努力耕耘,用丰硕的艺术成果回报伟大的时代、伟大的人民。因此我说陈涌泉是个孝敬社会、孝敬人民的大孝子!我之所以敬重陈涌泉这样的剧作家,就是喜欢他把吃苦受苦的经历当成了动力,就是敬重他知恩图报,坚守真善美,传递正能量,把优秀的艺术作品奉献给全社会。他用正直高尚的人生观、价值观、艺术观来号召人们,当今社会道德提升的要旨是把人从金钱中解放出来,把情义从利益当中解脱出来。

陈涌泉的成功经验值得向全社会推广,特别值得青年剧作家们学习。我坚信涌泉今后一定会写出更多更好的有思想的作品来!

一座沟通古典与现代的桥梁

喻荣军

认识涌泉是因为中国剧协举办的全国青年编剧研修班,他是班长,为人随和亲切,在那时我读到了他的剧本《朱安女士》,印象很深刻,同时对他充满好奇,为什么一个写戏曲的编剧会对鲁迅那么感兴趣?后来,有机会读到他更多的剧本,作为编剧对另外一个编剧的心心相念,我对他的作品越来越关注,而且我们有着共同的经历、相仿的年龄,又都是从农村出来的孩子,所以对他总有一种亲切的感觉。

虽然我们都是编剧,但因为各自的领域不一样,之前我并没有机会看他的作品的现场演出,但读他的剧本却很享受,从他的剧本当中我可以感受到作者的勇气与才华,尤其是《程婴救孤》,一气呵成,所有的人物命运与事件都止不住往前走,酣畅淋漓,非常痛快,可见作者架构剧本与组织事件的能力。在《阿Q与孔乙己》之中,那么熟悉的人物却让你时时感叹作者的把握与创新,而这些创新又让你觉得作者的独特之处,他对于鲁迅的熟知与理解,几乎与鲁迅的创作融在一起,既水乳交融又交相辉映,读完之后,不得不惊叹于作者的才华、学识与胆识。

我读过的涌泉的作品多为改编作品,尤其是他对经典名著的改编。作为编剧,我深知改编的风险，相比较于原创，改编往往是一件吃力不讨好的事情，尤其是对成熟或经典作品的改编，你一定要有自己的视角，否则就很容易被苛责。但是涌泉改编的《程婴救孤》就成了他的代表作品，他把原作打破、重组，重新定义和定位，从而成为自己的作品。《赵氏孤儿》是多么经典的作品，曾被国内外无数次地改编重译，在这样的高峰上进行攀登，得有怎样的勇气与魄力！涌泉强调古典戏曲的现代转换，他是有思考的，并且把这种思考赋予创作之中。于是，《程婴救孤》就不是《赵氏孤儿》，即便伏尔泰改过，也有过无数种的呈现，可是涌泉的《程婴救孤》却是如此的打动人，这里面的人物不再愚忠，少了君臣伦常的束缚，多了一诺千金，所有的人都是为了一个生命而前仆后继，这却更加接近了人的本性，这些人物一下子就变成了可以和我们隔着历史废墟进行对话的当代人，这样的理解会更加接近人性，从而不但会让现代的观众喜欢，也会变得永恒，成为经典。

我们现在为什么要演历史剧？借古说今，太简单了。历史从来就是任人打扮的小姑娘，所有的历史都是当代史，是赢家的历史。历史是现实的镜子，如果历史剧经过改编还是历史剧，那改编就没有意义了。好的历史剧归根结底是现实题材，只是披了一件历史的外衣，因为戏是给现在的观众看的，观众早已改变，他们有自己的审美与思考，所以作为一名创作者，涌泉非常明白这一点。

涌泉的作品大气而睿智，他明白如何站在巨人的肩膀上去攀登，在别人的故事里重诉自己的故事。在《阿Q与孔乙己》之中，鲁迅的东西很明显，阿Q还是那个读者熟知的阿Q，孔乙己也是观众熟知的孔乙己，但涌泉的创作既明显又了无痕迹，他能把两个故事糅在一起，浑然天成，妙不可言。在剧中，他把对鲁迅所塑造的人物的理解与认知甚至评判都很好地糅进自己的创作之中，非常精彩。

同时，涌泉又是一个不惧挑战的剧作家，这很令人尊敬。他的剧本《朱安女士》选题和视角都很独特，在中国文学史上，鲁迅是一个鲜明的标志，可是他的生活之中却有一个朱安，这是一个巨大的矛盾，由此来深入文化巨人的内心世界，非常有新意。

涌泉很草根，又很现代，他关注的题材很广泛，既有当代农村题材，又有古典历史题材，而他对于鲁迅的思考又显得很精英，同时，他又是一个有使命感的作家，对古典戏剧的当代诠释有他自己独特的见解，他是一座古典作品与当代观众进行沟通的桥梁，而这座桥梁极具风骨，又非常通畅。

艺苑栋梁材

——青年剧作家陈涌泉印象

荆 桦

当你初次见到陈涌泉时，可能不会留下很深的印象。他，中等身材，皮肤微黑；五官端正，不算出众；满腹经纶，言语不多；虽然年轻，颇显沉稳；每逢重要场合，往往在不为人注意的角落才能见到他的身影。但就是这位平时不显山不露水的小人物，10余年间却佳作迭出，硕果累累，写出了一系列品位高、质量优、久演不衰的好戏，为剧团提供了优质“弹药”，为河南争得了荣誉。下面，我们对陈涌泉的主要作品作一简略的介绍。

由陈涌泉编剧，卓鉴清、李杰导演，河南省曲剧团演出的《阿Q与孔乙己》，先是荣获河南省第六届戏剧大赛金奖，接着荣获文化部主办的第三届中国戏曲“金三角”交流演出剧目奖、编剧奖，河南省“五个一工程”奖，第三届河南省文学艺术优秀成果奖，第十五届中国曹禺戏剧奖·剧本提名奖。《阿Q与孔乙己》一剧先后于2001年9月应文化部、2002年6月应中央电视台、2003年4月应长安大剧院邀请，三次赴京演出，被首都专家誉为思想性、艺术性、观赏性兼具的佳作，是近年来全国根据鲁迅小说改编的戏剧作品中最好的一部。优秀青年演员杨帅学，因成功地塑造阿 Q 这一艺术形象，荣获中国戏剧梅花奖。

2000 年，陈涌泉创作的现代戏《黄河十八弯》，由洛阳市豫剧二团首演，荣获河南省第八届戏剧大赛金奖，开创了洛阳市 20 年来第一次获得全省戏剧大赛金奖的新纪录。陈涌泉获编剧一等奖，该剧主要演员曾广兰获特别奖，陈大华、焦杰英、刘亚林获表演一等奖。

2002 年，陈涌泉取材于焦景周小说集《野牡丹》编写的无场次现代轻喜剧《婚姻大事》，由河南省曲剧团首演。这是一出深受广大观众欢迎的大众化的剧目。它故事曲折，人物鲜活，雅俗共赏，妙趣横生，荣获河南省第九届戏剧大赛金奖，同时，为河南省夺得第一个"中国人口文化奖"金奖。陈涌泉获编剧一等奖，主演李亚军、秦芳欣等获表演一等奖。

同年，在全国戏剧界出现"孤儿热"之前，陈涌泉根据元杂剧《赵氏孤儿》改编的《程婴救孤》，由河南省豫剧二团搬上舞台。此剧参加河南省第九届戏剧大赛，一举获得演出金奖和包括编剧一等奖在内的 18 个单项奖。随后，《程婴救孤》又连续荣获国家专业舞台艺术"文华大奖"第一名，2004—2005 年度国家舞台艺术精品工程十大精品剧目榜首，第七届中国艺术节观众最喜爱的剧目第一名，第四届中国民族文化博览会金奖，几乎囊括了全国所有舞台艺术最高奖项的桂冠。扮演程婴的李树建因此荣获全国先进工作者光荣称号。

2005 年，陈涌泉又做了一次新的、大胆的尝试。他以"风雨故园"为名，第一次把鲁迅原配夫人朱安的形象搬上豫剧舞台。他的这部新作，是用戏曲形式表现鲁迅题材达到的又一个新高。《风雨故园》上演后，在文艺理论界、戏剧界引起了震动，也激起了许多戏剧爱好者浓厚的兴趣。值得高兴的是，这出戏为豫剧的创新、题材的突破，做出了有益的实验。河南省豫剧三团汪荃珍扮演的朱安，盛红林扮演的鲁迅，已为许多观众所认可。

陈涌泉，这位进入戏剧界不到 20 年的年轻人，一个名不见经传的后生、晚辈，在不长的时间里，能在积淀很深、名人辈出的河南戏剧界脱颖而出，以至引起全省乃至全国戏剧界的关注，绝非偶然，他的创作历程值得我们思考。

1967 年，陈涌泉出生在河南省唐河县一个偏僻的小村陈岗，他的父母都是农民。因为父亲身体欠佳，贫寒的家庭主要靠勤劳善良的母亲支撑，他们兄弟四人也主要由母亲含辛茹苦地抚养成人。陈涌泉在这样的家境中，自幼便养成了吃苦耐劳、顽强拼搏的性格。他由小学到中学，由中学到大学，都是在经济来源十分困窘的状况中完成学业的。

1987 年 9 月，陈涌泉因品学兼优，被保送到河南师范大学中文系就读，他是这所高校的高才生、学生会主席。在校期间，陈涌泉勤于写作，发表了不少小说、杂文、报告文学之类的作品，获得过不少奖项。因为他喜爱戏剧，1991 年 6 月毕业时，来到河南省文化厅求职。一位领导说："省曲剧团缺个编剧，你愿意干吗?"陈涌泉没有多加考虑，便服从了领导的分配。

河南省曲剧团是一个优秀的艺术表演团体，这里人才济济，名家云集，有着光荣的过去，曾为河南的戏剧事业做出过突出贡献，是陈涌泉向往的单位。当他背着行李来到曲剧团时，眼前的景象却出乎他的预料：剧团大院里杂草丛生，垃圾横陈，几排房屋简陋破旧，毫无生气。团里给他指定的住所是一个放置杂物的大房间，里面横七竖八地用旧布景隔开几块小天地，已经有六七人在这里安身。刚开始的几年，他每月的工资只有 100 多元，除了吃穿用度，连一辆自行车也买不起。一些资深的老艺术家，欢迎陈涌泉这位年轻的大学毕业生加入他们的行列，至于他能不能写出剧本，大家并没寄予过高的希望。但是，陈涌泉是一位意志坚定、能够吃苦耐劳的年轻人，面对重重困难，他没有动摇，更没有逃避。他要通过自己顽强的拼搏，去圆他多年来藏在心底深处的戏曲之梦。

《阿 Q 与孔乙己》的成因与辉煌

1993 年 7 月，河南省举行首届曲剧演员电视大赛，导演石光武要陈涌泉根据《阿 Q 正传》为青年演员杨帅学写一段戏。开始，陈涌泉不敢贸然答应，因为鲁迅先生这部享誉世界的名著，其思想之厚重、内涵之丰富，是戏曲特别是河南地方戏曲难以承受的；阿 Q 这个无处不在的魂灵，他所承载的几千年来国民性的积淀、人类普遍存在的精神病态，又是一般戏曲演员难以理解和把握的。不过，陈涌泉是一位性情随和、容易商量的人，他经不起导演和演员一再请求，加上他多年来熟读鲁迅著作，有着丰富的积累，便抱着试一试的态度，选取了阿 Q 对革命神往的一段文字，写成了一个独角戏《阿Q梦》。这出小戏着重表现阿Q式的“我要什么就是什么，我喜欢谁就是谁”的“革命”理想，以及想要征服他痛恨的赵太爷、假洋鬼子之流的心路历程。由于这个小戏找准了切入点，开掘出了阿Q那种异化了“革命”的内心世界，剧本结构紧凑，唱词生动流畅，加上杨帅学极具特色的表演，娴熟精巧的音乐伴奏也配合得严丝合缝，这个小剧目在曲剧演员电视大赛中一炮打响，杨帅学荣获金奖，陈涌泉的名字在河南戏剧界开始为人所知。

1994年，全国豫剧丑角大赛在郑州举行，《阿Q梦》和川剧《顶灯》作为特邀节目参加展演，获特别奖。自此，杨帅学开始走红。

在这次全国豫剧丑角大赛上，以郭汉城先生为首的来自北京的几位戏剧专家，给予《阿Q梦》以高度评价。郭老师殷切希望陈涌泉在《阿Q梦》的基础上加以拓展，能够写出一部大戏。

其实，陈涌泉此前就有以阿Q这个人物为主，从新的角度写成一部大戏的考虑，专家们的鼓励，增强了他的信心。但是，他没有急于动笔，而是认真地思考了足有半年时间。他思考的中心是如何突破、如何创新，他不愿重复已呈现在银幕和话剧舞台上的《阿Q正传》。经过深思熟虑，陈涌泉决定把《阿Q正传》和《孔乙己》结合起来编成一出戏。他认为，这两部作品具有构成一台戏的多种条件。

鲁迅笔下的阿Q和孔乙己，一个是愚昧落后的农民，一个是迂腐穷酸的知识分子。他们虽然处在同一时代，却代表着两个阶层、两类性格、两种人生。他们都是孤独、麻木的，都深受封建制度的戕害。在喜剧的面具下，都包藏着一个悲剧的内核。把这两个人物集中在一起交叉对比，能使观众从他们险恶的生存环境和畸形的精神世界中，感悟、发现更多的东西，从而更加清晰地了解历史，深刻地认识现实，细微地体察自我。正如陈涌泉所说：“在改编的原则上，我所遵循的是忠实于原著的路子，即在精神实质上的高度忠实。这种忠实，并非亦步亦趋、生硬机械地‘复印’原著。”他在《阿Q与孔乙己》的写作过程中，努力寻找通俗戏曲与经典名著、传统艺术与现代观念的契合点。他打破原小说的故事结构和时空界限，用“姓氏及其他”“一块钢洋”“恋爱悲喜剧”“不准革命”“梦里风光”“最后的遗憾”“大团圆”七场戏组成这台大戏，让阿Q、孔乙己在价值观念、思维方式上进行碰撞。这既是对封建社会一些国民心态的写真，也在某些方面达到与今人精神的契合。它的诗化境

●《阿 Q 与孔乙己》剧照

界与哲理思辨，使这部悲喜剧达到了较高的文学品位。

演员的精彩表演也为陈涌泉的新作锦上添花。第二次扮演阿 Q 的河南省曲剧团演员杨帅学在《阿 Q 与孔乙己》这部大戏中，改变了《阿 Q 梦》完全按丑行塑造人物的路子。他在表演上避免外露与浮泛，注重人物内心世界的开掘，既刻意继承传统，但又不拘泥于戏曲程式的束缚，力求贴近生活、贴近人物，夸张而不失真，可笑而不庸俗，力求从形似达到神似。

河南曲剧重唱，很多戏都是以唱取胜，《阿 Q 与孔乙己》也是如此。这出戏中的许多唱词写得好，音乐设计者也在唱腔设计方面下了大功夫，因而旋律优美，韵味丰厚，个性鲜明，富有新意。如“大团圆”一场阿 Q 在囚车上唱的“革命革成了抢劫犯，稀里糊涂要玩完。是人总要把阎王见，我不叫屈来不喊冤。叹只叹，有件事叫我太遗憾，大堂上画的圆圈不够圆。看来我还缺少基本功训练，冰冻三尺并非一日之寒。到阴间一天练它三千遍，不信来世画不圆……”通俗易懂，雅俗共赏，辛酸中不乏幽默，精神胜利的心理状态仍然没有改变。这是阿Q的语言，加上表现力很强的唱腔设计，杨帅学过硬的演唱功力，自然而然获得了很好的效果。

《阿Q与孔乙己》公演后，社会上出现的热烈反响令剧团和陈涌泉始料不及。从戏剧专家到大学教授，从专业刊物到新闻媒体，先后发表了评论、报道等各类文章100多篇，其中绝大多数是肯定性的赞扬，认为这出戏是“创新的戏曲”，是“成功的探索”，是“曲剧的新突破”，是“传统戏的新超越”……对剧中的不足，专家、学者也提出了善意的批评。

传统戏曲不可能一成不变。对于经典作品的改编不能亦步亦趋，关键是改编者要体现出原著的艺术风貌和精神实质。从这一点来说，我认为陈涌泉根据鲁迅作品改编的《阿Q与孔乙己》是一次成功的艺术实践。

《程婴救孤》的突破与超越

元代纪君祥编写的杂剧《赵氏孤儿》是一部上乘之作，早在18世纪就被传到西欧，著名诗人、戏剧家伏尔泰、歌德都改编过这部剧作。《赵氏孤儿》在我国也堪称家喻户晓，京剧、秦腔、蒲剧、晋剧等剧种都演过这出戏，其中京剧大师马连良先生主演的《赵氏孤儿》，已达到炉火纯青的地步。在这部十分辉煌的作品面前，陈涌泉没有望而却步，他以自己深沉的思考、独到的见解、坚强的毅力、辛勤的劳作，勇敢地向名剧挑战，向权威挑战。

原著《赵氏孤儿》以情节曲折见长。它矛盾尖锐，冲突激烈，双方斗争惊心动魄，悲壮惨烈；事件发展起伏跌宕，扣人心弦。但是，用今天的眼光审视《赵氏孤儿》，无论从思想上还是艺术上，都显出了作品的局限。原著矛盾的基点是“文武不合”，程婴等人反复强调的救孤动机是“存种复仇”，这种立意在某种程度上削弱了“救孤”的精神内涵，降低了它的思想价值。陈涌泉改编的《程婴救孤》，突出的是正义与邪恶的较量、善良与残暴的比拼，是一个民族在大是大非面前应持的态度。程婴等人舍生忘死救下的不只是一颗复仇的种子，而是一种民族精神和人类良知的体现。他们历经艰险的救孤过程，超人的高尚行为，弘扬了中华民族舍生取义的传统美德，彰显了弱者对强者不屈不挠的韧性斗争。

戏剧是文学，也是人学。典型环境中的典型人物在剧本创作中举足轻重。陈涌泉在编写《程婴救孤》的过程中，为了不使人物被事件淹没，他特别注意对典型人物的塑造，集中剖析典型人物的心路历程，展现典型人物的精神世界，关注典型人物的生命价值。陈涌泉这种创作意图，着重在程婴身上加以体现。他以程婴为切入点，浓墨重彩地塑造这一人物形象，强化了16年中他经历的灵与肉的双重磨难。描写他救孤之险、育孤之艰、失子之痛、丧妻之悲，严守心中的秘密，默默地忍受着被误解的屈辱。在漫长的岁月中，他把大悲化作平淡，从剧痛走向坦然，他的非同寻常的经历，表现出了忠义之士坚强果敢、舍生取义、不畏邪恶、不怕牺牲的民族精神。他的超乎常人的坚强意志，他的无比圣洁的内心世界，都是中华民族最可宝贵的高尚品格的展现。这种精神无论在过去、现在乃至将来，都是值得珍视的，都是应该发扬的。

特别值得注意的是，在《程婴救孤》中，陈涌泉对原作《赵氏孤儿》的结尾做了较大改变。原剧的结尾是："奸贼全家皆灭亡"，"忠义之士各褒奖"，老程婴苦尽甘来，赢得了"十顷田庄"的奖赏。正是所谓善有善报，恶有恶报，各得其所，天理昭彰。这种"大团圆"的结局可能符合中国观众的欣赏习惯，但这种处理，在某种程度上削弱了《赵氏孤儿》的悲剧力量。

《程婴救孤》的结尾是，当程婴16年来忍诟蒙冤的秘密得到揭示，屠岸贾等恶贯满盈的坏人即将得到惩处之时，程婴为了保护孤儿却死在屠岸贾的剑下。这种改动，出乎人们的意料，并对观众产生了极大的震撼。演出实践证明，这样的结尾，增强了《程婴救孤》的悲剧力量，使全剧的悲剧风格更趋统一，使主题思想更为深刻。它警示人们，正义战胜邪恶不是一蹴而就的事情，困兽犹斗，恶人垂死挣扎，在日常生活中并不少见。这种改动，使程婴的艺术形象更加完整，意蕴更加深刻，从而也加深了观众在痛惜中对客观现实的思考。

当然，《程婴救孤》的成功，还来自领导的高度重视，各界的鼎力支持，创作集体的精诚合作，二团全体演职员的顽强拼搏，尤其是还得力于扮演程婴的二团团长李树建全身心投入的精彩表演。好的剧本、好的导演、好的演员、好的音乐、好的舞美，共同促成了这一精品的产生。2004年9月《程婴救孤》展现在第七届中国艺术节杭州舞台时，立即引起轰动，获得好评如潮，被与会的专家誉为“经典名著改编的典范”，“实现了古典名剧的现代转换”。

戏剧评论家毛时安说：河南省豫剧二团排演出了一出伟大的悲剧，扮演程婴的是一位了不起的演员。文化部艺术司原副司长、著名剧作家戴英禄说：李树建的演唱，有龙吟凤鸣、狮吼虎啸的韵味。中国艺术研究院院长王文章说：很多演员都会传统戏的表演程式，但像李树建这样用戏曲程式结合话剧的表演手法来塑造程婴，在舞台上是罕见的。

2004年9月27日，当河南省豫剧二团的演职员们在杭州欢庆《程婴救孤》荣获“文华大奖”第一名，并获文华剧作奖等6项桂冠的空前胜利时，陈涌泉在郑州大学医学院第一附属医院门前买了一份《大河报》，看到了这个他盼望已久的佳音。恰在此时，他的慈母正躺在医院的病房进行抢救。在他创作剧本最关键、最辛苦的时刻，母亲专程从唐河来到郑州，照料他的生活，支持他进行写作。母亲来时身体硬朗，此时却身染沉疴。他把报纸压在母亲枕下，欲哭无泪。

没过几天，也就是这年的阴历八月十六，陈涌泉的母亲撒手人寰。在母亲坟前，陈涌泉长跪不起，泪如雨下。他把一本《程婴救孤》随火点燃，片片纸灰、袅袅青烟随风冉冉升起，让母亲在冥冥之中，看到儿子辛勤劳动的结晶。这部剧作，寄托着母亲的心愿，包含着母亲的心血，陈涌泉认为只有如此，才可告慰母亲的在天之灵。

《风雨故园》的尝试与冲刺

2005年冬季，由陈涌泉编剧、河南省豫剧三团汪荃珍(饰朱安)、盛红林(饰鲁迅)主演的《风雨故园》，是一出思想性、艺术性俱佳的好戏，是陈涌泉以戏曲形式反映鲁迅生活的一次新的尝试，也是以演现代戏著称的河南豫剧三团在表现近代题材尤其是表现鲁迅这位大文豪家庭生活的一次难度很大的艺术实践。

毛泽东主席说：“鲁迅是中国文化革命的主将，他不但是伟大的文学家，而且是伟大的思想家和伟大的革命家。鲁迅的骨头是最硬的，他没有丝毫的奴颜和媚骨，这是殖民地和半殖民地人民最可宝贵的性格。鲁迅是在文化战线上，代表全民族的大多数,向着敌人冲锋陷阵的最正确、最勇敢、最坚决、最忠诚、最热忱的空前的民族英雄。鲁迅的方向,就是中华民族新文化的方向。”

客观地、准确地在戏曲舞台上表现鲁迅,十分不易,无论是编剧、导演还是演员,都需要有非同寻常的胆识、勇气和高超的驾驭能力。这是因为,一个时期以来,有人把对鲁迅的评价推向极致,似乎鲁迅的一切都是完美无缺的,他几乎变成了人们心目中的神灵。

多少年来,我读了鲁迅的一些作品,对鲁迅充满了崇敬之情。但孤陋寡闻的我,从来不知道鲁迅还有一个名叫朱安的原配夫人,只是听说鲁迅在许广平之前有过一次婚姻,他的前妻是谁,详细情况如何,没有多想,更没有多问。

1954年2月至5月,我随香玉剧社参加“中国人民慰问人民解放军代表团”去新疆天山南北慰问演出时,国家民政部部长袁任远任代表团团长,鲁迅的夫人许广平任副团长。她和我们相处半月有余,给大家的印象是仪态大方,和蔼可亲,学识渊博,平易近人。那时,许广平50多岁的年纪,虽然满面红光,身体强健,但两鬓已经有了白发。由于大家对鲁迅的崇敬,进而对鲁迅这位志同道合的亲密伴侣也有一种特别的敬仰心情。此时,在慰问演出的间隙,我给香玉剧社的学生们上文化课时,间间断断地讲了鲁迅的《祝福》《孔乙己》《阿Q正传》等作品。当然,那时由于我年纪不大,水平不高,所谓的讲解必然是很肤浅的。

我认为,《风雨故园》这部剧作可贵之处是在思想解放的今天,让鲁迅走下神坛,回归人间(这不仅仅是《风雨故园》起到的作用),让不为众人所知的朱安重见天日。

在鲁迅和朱安这桩不幸的婚姻中,他们都是受害者。作为反封建斗士的鲁迅,他被动地迎娶朱安是遵从了“父母之命,媒妁之言”。从他结婚的当日开始,直到他离开人世,朱安只是他名义上的妻子,他和朱安一直分居,从未同床共枕。鲁迅和朱安成亲以后的20多年中,他忍受着心理和生理的双重煎熬,对朱安实行的是“韧的战斗”。在绍兴、在北京,朱安为他操持一日三餐,为他缝补浆洗,但在情感上,他始终对朱安形同路人。他说:“这是母亲给我的一件礼物,我只能好好地供着,爱情是我所不知道的。”

无辜的朱安本是绍兴一个善良纯朴的姑娘,是被封建礼教禁锢的弱女子。在那个时代，她被父母许配给鲁迅，只能“嫁鸡随鸡”，以泪洗面，连同床异梦也难以做到，成为守活寡、被戕害的典型。《风雨故园》复活了朱安，再塑了朱安，写出了令人惋惜的朱安的悲剧命运。

《风雨故园》明确地告诉观众，鲁迅和朱安的婚姻悲剧，其根源来自“大夜弥天、风雨如磐”的旧中国的封建礼教，是一个目不识丁的家庭妇女和一个学贯古今的文坛巨擘之间存在的巨大差距，不是鲁迅不近人情。这些，陈涌泉在剧中都做了生动形象的描述。《风雨故园》中朱安的遭际博得了人们的同情，人们理解了她的无奈，这种叙述也并未伤害鲁迅。

《风雨故园》营造了内涵深刻的戏剧冲突，设置了令人牵挂的戏剧悬念，刻画了个性鲜明的人物形象，描写了氛围浓郁的时代特征。汪荃珍细致入微地塑造出的朱安的艺术形象，盛红林从形似到神似对鲁迅精神风貌的展现，尤其是汪荃珍那一波三折、金鸣玉振般的演唱，都为《风雨故园》的成功演出奠定了基础。

陈涌泉的成就是出色的。他的成就最为突出之处是敢于突破，敢于创新，从不亦步亦趋，人云亦云。

陈涌泉的成就来源于他的刻苦自励，甘于寂寞，虚怀若谷，勇于拼搏。

陈涌泉还比较年轻，未来正在向他招手。我相信，他决不会满足现状，新的高峰就在前面。这位艺苑栋梁正在积蓄力量，准备继续登攀！

蝶　变

——速写陈涌泉

姚金成

1990年前后，戏曲演出市场直线滑坡，剧团生存环境日趋艰难，许多从业者悲观彷徨，熬不住的就想办法、找门路逃离这个似乎正在慢慢下沉的航船。我作为一个以舞台戏剧创作为志业的写作者，也不得不考虑探寻向影视转移的可能性。

就在这个时候，听说河南省曲剧团安排进来一个河师大中文系的毕业生，叫陈涌泉，南阳唐河县人，学业很优秀，据说还跟老厅长彭玮在任时安排的人才计划有关。后来在一个场合见到了这位未来的年轻同行。像大多数基层上来的年轻人一样，他给人的印象是朴实、懂事、聪明、努力。他内心的志气肯定不会小，但谦逊和低调却也恰到好处。说到底，他和我很有几分相似，除了都是“下面上来的”，而且也都是原先的文学青年转投梨园。我作为早一代入行的“老戏剧人”，内心甚至多少有点可笑的不安和歉意——怕“夕阳西下”的戏剧行给年轻人留下不堪的印象，怕生存艰难的编剧职业误了热心错爱者的前程。

我的歉意虽然可笑，我的担心却并不多余。因为戏曲编剧这行，的确不是什么令人羡慕的职业，尤其是在整个戏曲行业都遭遇“生存危机”的时候。

剧本创作之难，越是行内人对此越有深知。戏剧圈内有不少流行“行话”都是感叹写戏之苦、之难、之累、之烦的。比如“要生气，写个戏”，比如“点灯熬夜连轴转，最后落个大笨蛋”。剧作家齐飞老兄有名段为证：“上辈子做了恶，这辈子搞剧作，甩也甩不掉，摆也摆不脱，摔了个大跟头，头还是往前磕。”每到开会说至此，满座“上辈子做了恶”的“笨蛋”编剧们总是哈哈一笑，一肚子的苦水便全化作了自嘲自乐。

一个好的戏曲编剧不但要有小说家那样深厚的生活积累、深刻的人生感悟、编故事的高超本领，要有诗人那样奔放的激情和铸句炼字的功夫，更要有小说家、诗人不一定具备的娴熟的戏剧结构技巧和丰富的舞台经验。由于受时空条件和戏曲审美规范的种种限制，而且最终要直接面对剧场效果的检验（无异于比赛中评委当场亮分），使戏剧创作在文学功力之外平添了相当高的“技术门槛”和“经验门槛”，另外还得加上个“运气门槛”。有人把戏曲剧本的创作比喻为“高台车技”——在一个有限的高台上奔驰旋转、跳跃腾挪，玩出惊心动魄的百般花样——可以说是传神之论。因此，要入戏曲编剧这个行，即使有不错的禀赋和写作基础，一般来说，也少不了要有七八年冷板凳的修炼，而且最后能否修成正果也不好打包票。这也是戏剧界多年来剧本荒、舞台编剧人才奇缺的重要原因。当然这恐怕也是老厅长深谋远虑、早早到大学中文系招揽青年人入行的重要原因。

戏曲编剧的活儿难干，路难走，新入行的五六年甚至七八年不见成果是常事。涌泉在曲剧团最初的几年估计也概莫能外。1995年前后，听说他在《青年导报》兼职当记者，大概就是“堤内歉收堤外补”。然而，很快他就有了不同一般的动静——他要把鲁迅先生的小说《阿Q正传》改编为曲剧上演！

我曾经对鲁迅的小说和杂文爱不释手。我知道鲁迅先生自己就一直不赞成把《阿Q正传》改为戏剧。我很认同这个观点。我认为，思想内涵的深邃性和阿Q人物的复杂性、独特性，使这部小说很难在戏曲舞台上准确再现，更难和普通戏曲观众偏于世俗道德评价的审美趣味呼应共鸣。因此，无论从哪方面说，这都是个成功率极低的写作试验。

然而，几乎出乎所有人的预料，陈涌泉竟把这个题目折腾出了一道独特的令人羡慕的风景。

这也得益于一个高人——罗怀臻的激励与指点。怀臻是我上海戏剧学院校友，其思想锐利不羁，常有过人高见。其以力作《金龙与蜉蝣》《西施归越》《真假驸马》等剧赢得万千风光和众多粉丝，故一言九鼎，所信者众。在他的力推下，曲剧《阿Q与孔乙己》剧本一路修改打磨、登堂入室，待1996年彩排亮相并参加河南省第六届戏剧大赛，竟令人有惊艳之感，一举夺得了大奖！我曾在剧场观看此剧，老实说，河南曲剧唱腔、音乐的乡土风格和杨帅学（阿Q的饰演者）亦丑亦正的形象气质，与鲁迅笔下阿Q神韵的吻合，简直令人惊叹！阿Q不就应该是这个模样吗？恐怕鲁迅先生看了也会会心一笑，点头称是的！

当然，实现这个成功转换的重要关键是涌泉的剧本。

把这样一个人所共知的经典文学名著立体化为一台当众演出的戏剧，就好像在一条钢丝上跳舞，左边是“不像”（“不忠于原著”），右边是“没戏”（不好看），落到哪边都不落好。既要“好看”，又要“忠于原著”，从某种角度说，这比一部完全原创的作品更难，它需要改编者的眼光、功力和智慧。而涌泉的《阿Q与孔乙己》做到了这一点。

如剧名所示，这个剧本最独特的妙处是把鲁迅先生笔下的另一个典型人物孔乙己与阿Q编织于同一故事中。这一创意使该剧的戏剧性、可演性大增，场面和人物更为鲜活通俗，因之更适合于戏曲舞台表演呈现。而人物形象在戏剧化地丰满呈现时又能准确地拿捏分寸，使其鲜活生色而不走味、悲欢歌哭而不变形，这就要得力于作者对文学原著的深刻理解和戏剧创作的扎实功力了。《阿Q与孔乙己》的故事结构顺畅结实，唱词入情入理，其素材基本来源于鲁迅作品，但却进行了巧妙的移植组接和演绎发挥。既有鲁迅小说的神韵和味道，同时却又是地地道道的河南曲剧。这种融合实在难能可贵，可称得上是鲁迅小说改编为河南戏曲的突破性成果。

我在剧场看戏时特别注意普通观众的情绪反应。观众们兴致很高，看得津津有味，场内不缺少笑声和感叹，且大致都在戏眼上。我想，那些文化程度不高的普通观众，他们对阿Q和孔乙己两个悲剧人物身上所蕴含的深意未必了然，但对两个人物的糟糕命运显然都感叹不已。而文学青年和读书人则可透过舞台上活灵活现的人物去感受、思考鲁迅先生对民族性和民族命运的透视和忧思。“俗者见俗，雅者见雅”，这就是戏剧观赏中的“多层次审美”或曰“雅俗共赏”的效果吧？

这是多数戏剧作者都想追求的理想效果，而涌泉在其处女作中就基本实现了这个目标，可谓是出手不凡，令我们这一代老戏剧人对这个初出茅庐的年轻同行转眼间不得不刮目相看。

不过，与后来大红大紫的《程婴救孤》相比，这只是一场热身赛。

2002年，省豫剧二团李树建的翻身之作《程婴救孤》经历一路艰辛终于亮相于舞台。这个戏的剧本由陈涌泉根据元杂剧《赵氏孤儿》改编，黄在敏和张平导演。《赵氏孤儿》是古典名剧，几十年来从京剧到许多地方戏都有不同版本的改编演出。所以，当豫剧《程婴救孤》刚推出的时候，虽然颇得好评，也夺得金奖，却并未引起河南戏剧界特别注意。但是，没有料到，就是这个戏石破天惊，把豫剧的影响力提高到了前所未有的高度。

《程婴救孤》的走红有其必然性。元杂剧《赵氏孤儿》是中国戏曲的经典之作，是民族优秀文化的结晶，其舍生取义救孤育孤的故事体现了中华民族自古崇尚的正义精神。涌泉在元杂剧《赵氏孤儿》基础上，以现代文化的视角又作取舍发挥，改编成豫剧《程婴救孤》，使这一古老的经典故事与当代舞台艺术表现手段和豫剧声腔相结合，焕发出了新的审美风貌和震撼人心的魅力。剧目以“救孤育孤”为线索，以浓重的笔触谱写了一曲以主人公程婴为代表的忠义之歌、英雄之歌，从而使剧目主题升华为一种民族精神的颂歌。

《程婴救孤》着重刻画了程婴的救孤之险、育孤之艰、失子之痛、丧妻之悲和误会之屈辱。这里表现的程婴，无疑是个英雄，同时更是一个有血有肉的人。正如剧中公孙杵臼问程婴，就算他能舍弃亲生儿子，他的夫人又怎能答应时，程婴说了一段话：“实不相瞒，昨夜我们夫妻抱头痛哭，彻夜难眠啊。别人的孩子是孩子，可我程婴的孩子，他，他也是孩子啊！况我中年得子，我舍得让他去死吗？我们夫妻恩爱多年，一下子让她遭受夫丧子亡的双重打击，她实在是受不了啊！公孙兄，可不这样做，咱可是救不了孤儿啊……”此时的程婴是个父亲和丈夫，是个活生生的人，他也不舍得丧妻失子，但为了保存赵氏孤儿他只能这么做了。后来当他目睹妻儿的惨死时，跪地痛哭道：“儿啊儿，普天下哪个父亲都爱儿，我中年得子更心疼。人常说虎毒不食子，爹爹我竟成了害你的元凶。眼睁睁看着贼人将你害，我不能挡，不能救，不能躲，我不敢吭，眼泪往肚里流……”这是一种更贴近人情人性的表达，所以更能触动当代观众的心灵。在对程婴人格魅力的刻画上，除了他英勇无畏和忍痛换子的大义凛然，更突出了他为了使孤儿安全活下去的忍辱负重。他是在被误解的痛苦中把孤儿抚养成人的。这是程婴人格中色彩浓重、最能揪动人心的光彩之笔。正如剧中公孙杵臼所言：死并不难，难的是要忍受活着时众人对他的辱骂，而且是在奸臣的眼皮底下苟且偷生16年。所有这一切使程婴的形象更为鲜活也更丰满，展现在观众眼前的不是一个迂腐的忠臣，而是一个清醒的、为正义舍身的勇士。故事又以程婴为孤儿挡下一剑最终献出生命为结局，凸显了伟大的人格魅力。这一改编使悲剧的意蕴更为凸显，使这部戏成为一曲崇高精神的颂歌。所以当舞台的调度把牺牲后的程婴从舞台深处推向观众时，这个豫剧舞台上感人至深的古代义士，便活在了观众心里。

当然，《程婴救孤》能在那么短的时间里走红全国，拿下全国赛事一系列最高奖，客观上也有一个戏剧性的绝佳机遇。在2002年、2003年前后，北京戏剧舞台上相继推出了几台根据《赵氏孤儿》改编的戏剧作品，还多是名家名团之作。这些以“现代意识”和“重新解读”为标榜的新版《赵氏孤儿》，都对原作最核心的主题“复仇”做出了否定性的演绎。它们新则新矣，但却让经典意味全失。许多戏剧界人士对此难以接受，可喜欢追风的媒体偏偏对这种“颠覆经典”的“前卫”之作趋之若鹜，大加赞美。许多戏剧界人士不以为然，心里憋着一股不平之气。正在此时，一出尊重原著而又有现代文化视角的豫剧《程婴救孤》在北京精彩亮相，戏剧界的“挺经派”如同久别之后见亲人，对豫剧《程婴救孤》自然是喜爱珍惜溢于言表。在这种舆论氛围中，《程婴救孤》如锦上添花，一路凯歌，不但在国内大红大紫，而且演到了欧洲，演到了美国百老汇，谱写了豫剧演出史上最新的辉煌篇章。

此后，涌泉又推出了一系列的新作，如《风雨故园》《婚姻大事》《天职》《王屋山的女人》《陈蕃》等，“青年剧作家陈涌泉”的名字也逐渐为全国戏剧界所知。

编剧圈里有个说法：编剧要出头，既要有才气，又要有运气。看来涌泉是才气、运气双全，而且都堪称上佳。所以，入行5年，就有处女作排演打响；入行十几年，就有代表作夺得全国最高奖，连获殊荣。20多年时间，就从一个一名不文的习作者化蛹成蝶，成为一个具有耀眼成就的知名青年剧作家，这算得上一个“戏剧改变人

● 陈涌泉与文化部副部长董伟、中国剧协主席濮存昕在新春联欢会上合影

生”的励志佳话了吧！

说到运气，这十几年间，河南戏剧生态环境的进步和改善自然是河南戏剧人最大的运气。回顾这 20 多年河南戏剧的历程，20 世纪 90 年代初的一段时间，似乎是河南戏剧最艰难、最低迷的阶段，被称为“落后全国戏剧一圈半”。以 2000 年《香魂女》夺得第六届中国艺术节大奖为标志，河南戏剧开始了一个复兴崛起的黄金 10 年。而今，可以说第二个黄金 10 年已经又扬帆起航。这是从下到上包括涌泉在内的河南戏剧人集体共同努力拼搏的结果。涌泉现在不仅是硕果连连的青年剧作家，还担负着省剧协副主席兼秘书长的重要职责。前边的路还长，无论是创作还是工作，都还会面对许多新的挑战和机遇，相信在未来的岁月里，涌泉一定会不负众望，创造出新的更大的辉煌。

少帅涌泉

王明山

我用这个题目，并非是有意抬高陈涌泉，也不是倚老卖老故意作秀，更不是让人肉麻地溜须拍马，之所以称涌泉是“少帅”，有我的理由：第一，涌泉在创作上有“敢为天下先”的勇气和胆略，在“由高原到高峰”的行进中起到了领头作用；第二是在河南剧作家中获奖级别最高，是河南戏剧界领军人物之一，且最年轻；第三是在省剧协秘书长这个位置上，他开创性地完成了组织、服务、协调、提高的职能，带领大伙齐心合力团结一致打过很多漂亮仗，取得过不少战果，再者说他还很年轻，还有很长的路需要走，还有很多事需要做，在河南戏剧的事上他还要多多担当。接着，我就简单唠叨唠叨这个在我面前“披着学生外衣，干着老师勾当”的小老弟。

1993年秋，在新密文联工作的我接受一个任务，就是要把“全国豫剧十大名丑大赛”活动鼓捣到新密举办。新密有钱，事就好办，加之一年前曾承办过“全国豫剧十大名旦大赛”，给有关部门留下的印象还不错，所以没怎么费劲就成了，组委会还请我当了个副秘书长。接着选手报名、资格审查、开幕式筹备等一系列程序开始紧张地运行。在此期间，担任活动开幕式导演的石光武让我看了一盘录像，是一个

20分钟的独角曲剧《阿Q梦》，说是一个20多岁的学生编剧，20多岁的学员演唱。我看过后，惊讶了，这个东西不得了！第一是形式特别，第二是结构流畅，再就是唱词老到还有文采。演员条件极好，形象、唱腔、表演都有一定成色。听完我的评价，石导接着说："兄弟得帮个忙！这次是'豫剧名丑大赛'，可这是个曲剧，我很想让这个孩子参加，不想让他失去这个机会，你看能不能想想办法！"我马上被石老师痴心爱才的真诚所感动，同时我也十分喜欢这个作品，就找组委会有关领导反映情况，看能不能"特别"一下，得到的回应是"绝对不行"！我就又问：那怎么办就"不绝对"呢？回答"除非改成豫剧"！我马上找到石导问这个演员会唱豫剧不会，石导说应该会，我又问接受能力怎么样，他说还可以，我说："那就好办了，把它改成豫剧！距开幕式还有四天时间，我就近找人谱曲，让他必须在明天早上交稿，让演员一天学唱，你再给他排练一天，只有这样了。"石光武老师说："那我就替帅学（选手杨帅学）这孩子谢谢你了！"接着让杨帅学马上报名，参演剧目豫剧《阿Q梦》，同时我找到20多年一块儿合作的作曲哥儿们，把我经手删减过的本子（因比赛有时间限制）交给了他，让他必须在12小时之内完成。杨帅学按时参加了比赛，还如愿得了大奖。这让我认识了出类拔萃的青年演员杨帅学，也知道了这个起点很高的青年编剧陈涌泉。

三年后，我已调到了郑州戏剧研究所，但家还在新密，开完会后正准备走，一个老师对我说："今晚儿童剧院有个戏叫《阿Q与孔乙己》，你看不看？""什么？《阿Q与孔乙己》？"我心里一震，鲁迅笔下这两个人物怎会嬲到一块儿？马上有了看戏的好奇。到剧场以后，一看说明书，编剧是陈涌泉，心想这小子真大胆，看看他是怎么折腾的，顿时期待开演的愿望更加强烈……演出很成功！导演处理、舞美制作、音乐设计、演员表演都堪称精到。作为编剧，我更看中的是剧本的绝妙，从中看到了作者的才华，作者的思维，作者的创作技法。回来后我开始暗暗调查陈涌泉，了解陈涌泉，琢磨陈涌泉。当我知道他是读中文的大学毕业生又学编剧时，暗暗感叹：这个陈涌泉不得了，不出意外，他定会成为河南境内最好的剧作家！我之所以这么认定，原因是明了的，根据是实在的。就拿我来说，也算是刻苦认真、勤勤恳恳、好学上进、高产量，写出了不少群众喜闻乐见的剧本，但我最清楚，那么多年我多费劲，多吃苦。"文革"时期毕业的中学生，没学到什么东西，当初连查字典都不会，因为汉语拼音没掌握。为此，当我进入剧本创作这个专业圈子之后，我不得不重新给自己补课，找一中教师给我一课不拉地教高二语文，外加其他科目，如古典文学、修辞方法，那时我才真正知道了什么是主语、谓语、宾语，什么是词组、词根、词素，"的、得、地"的准确用法，我还报考了"汉语函授"，工资低得要命，还要拿出一半来订书籍杂志，那时真正体会到"书到用时方恨少"的个中滋味。后来虽然在省文艺干校组织的编剧班脱产学习一年，完整地读完了中央戏剧学院的全部课程，但那只是在编剧理论、编剧技法方面有所提高，没有系统地掌握文学知识的"先天不足"仍是我创作中的一大障碍，所以，在剧作的选材，对人物、逻辑的深思考等方面都会逊人一筹，这个必须有"自知自明"。涌泉系统读完了中文课程，又有编剧的天赋，还在剧团工作，熟悉舞台套路，起点比我高出一截，就我看过的他两部作品(《阿Q梦》《阿Q与孔乙己》)而言，确实如此。

接着，涌泉对经典名剧《赵氏孤儿》大胆改编、创作的《程婴救孤》在全国引起强烈轰动，写出《婚姻大事》《黄河十八弯》《风雨故园》《陈蕃》《两狼山上》《都市阳光》等作品，大部分都是抱着"闯一闯""改一改""变一变"的理念选材创作的，别开生面，充满"这一个"之个性，我赞同著名剧作家罗怀臻和我交流时说过的一句话："涌泉的创作有思想，敢创新，哪怕一个作品失败了，也要看作是贡献。"因为他敢于大胆往"陌生"的地儿"拱挤"耕耘，必然会有收获。我们戏剧人都谈困惑，都为戏剧的生死存亡而牵肠挂肚，涌泉敢于这样去另辟蹊径，大胆探索，不是值得我们赞扬和鼓励的吗？他这个"帅"字旗我们肯定要护，还应跟随着向前走。

剧本创作方面，涌泉敢为天下先，写出了别开生面质量很高的成功作品，取得了骄人的成就，是不可否认的领军人物之一，年纪轻轻，堪称"少帅"。在戏剧这个偌大圈子里，作为省剧协驻会副主席、秘书长的涌泉，更是做出了空前的贡献，显示出他的智慧、能力，展示出谁都不能否认的帅才！

从他当上秘书长以来，在剧协主席李树建的运筹帷幄之下，涌泉作为剧协工作的直接参与者和主持者，想方设法，开创局面，做了大量的工作，费了不少心思，投了不少精力，做出了不少贡献。如把河南唯一的戏剧刊物《河南戏剧》复刊，办得有声有色，有质有量，在全国产生了很大影响，我省获"曹禺戏剧文学奖"的作品大都是在这个刊物发表继而推荐上去的。还有在组织活动方面也显示出涌泉的帅才。如“黄河戏剧·剧本奖”“黄河戏剧·导演奖”“黄河戏剧·文艺评论奖”“黄河戏剧·小品大赛”“黄河戏剧·音乐奖” 等专项评定活动，“梅花奖选拔赛”“红梅奖大赛”“小梅花奖大赛”等等，他一年一度做的工作报告中洋洋洒洒，含金量极高，正能量极大。

涌泉率领大伙做这些事情，意义非凡，为提升河南戏剧的名誉和地位，为提高河南戏剧的创作演出质量，为展示河南戏剧的艺术成就，为培养河南戏剧的后起新人，为河南戏剧事业的创新发展起到了举足轻重的重要作用。河南被称为“戏剧大省”，在全国有了让人提气的声誉和位置，离不开省委、省政府等领导的重视和支持，离不开省委宣传部、省文化厅、省文联等部门的重视和支持，离不开各级组织的真抓实干，也离不开省剧协这个群体的奋发努力，而这个群体的核心人物是“少帅涌泉”。

涌泉看上去腼腼腆腆，可极有思想，思路敏捷，做事雷厉风行，成功率极高。另外，他非常谦逊，对人尊重有度，批评有致，非常值得信赖，还有他做事考虑很细，比如办一次活动，让什么人参加，都能做到召之即来；建一个组织，资格、年龄、身份、地位怎么摆布都考虑得面面俱到，让人不得不赞成认同，说他是“少帅”，他就有“少帅”的素质。

河南戏剧正处于辉煌时期，要想“百尺竿头，更进一步”，那是需要河南戏剧人用不俗的智慧和不懈的精神去努力追求的，我们希望少帅涌泉继续扛好旗帜，带领河南戏剧的老兵少将继续向艺术的高峰攀登！

今生有幸识涌泉

贾　璐

算起来我和涌泉相识已经将近20年了，而且对于他来说我是未识其人先识其文，是作品让我认识了陈涌泉这个优秀剧作家。

那是20世纪90年代，我在郑州看了曲剧《阿Q与孔乙己》的演出，越看越激动，没想到河南的剧作家还可以这样写剧本，在我有限的视野里，河南的剧作家写剧本大多数都太“按常理出牌”了，写出来的剧本总是那么“老实”“本分”，写剧本的套路总是让人有司空见惯的感觉。而《阿Q与孔乙己》却不是这样，它让人兴奋的还不仅仅是编剧大胆地将阿Q与孔乙己这两个不在鲁迅同一作品里的人物放在一起，更在于他笔下飞扬的那种空灵和机趣，给观众带来审美愉悦的同时，又会引起你的深思，甚至会有含泪欲落的辛酸。它在河南的戏剧舞台上显得那么另类。什么叫创作？一个“创”字就道尽了一部作品应该不同凡响、不同流俗，必有它的独到之处。

未看戏时就听说这个剧本是个20多岁的青年编剧所写，更是钦佩不已。看完戏，抑制不住激动之情，对身边的金成兄说：“有机会给我引见一下这个青年编剧。”金成兄往前一指说:“那就是陈涌泉。”我赶忙叫着名字趋前相迎。只见一个其貌不扬甚至略带羞涩的年轻人走过来,说话是那么低调,姿态是那么谦逊。

这就是陈涌泉给我的第一印象。

我曾经在多种场合说过:我们对《阿Q与孔乙己》有些不公,因为按照它的呈现和品相,还没有给予它更多的“显性”待遇,我们河南太需要这样不同于流俗的作品了。在我有些偏爱的见识中,我是将《阿Q与孔乙己》视为远远高于越剧《孔乙己》的。由于“急功近利”,我们将很多可以凿之磨之使其成为和氏璧的好坯子浪费了,成为遗珠之憾。抛开历史上关马郑白那些名剧,王实甫的《西厢记》、汤显祖的《牡丹亭》,甚至梅兰芳的《霸王别姬》《天女散花》,以及程砚秋的《锁麟囊》等,即使让当代表演艺术家,如尚长荣、茅威涛、沈铁梅等立身扬名的还是他们的《曹操与杨修》《西厢记》和《金子》,而不是一些所谓“显性”作品。当然,作为一个“行路者”,涌泉是不会太在意这些的,因为他的目光永远盯着远方。

2001年,涌泉又悄没声地捧出了他的《程婴救孤》。当时,根据中国古典十大悲剧之一《赵氏孤儿》改编的话剧、戏曲作品在全国几乎达到了“泛滥成灾”的地步,而且反应都比较一般。所以,当陈涌泉的《程婴救孤》出笼的时候,有些“杂音”也就是顺理成章的了。当初,我有幸在河南省豫剧二团参加这个剧本的第一次研讨会,毫不讳言地说,我在会上是力挺这个剧本的。后来,这个戏上演时,我正在济源创作《愚公移山》,专门赶赴郑州看了这个戏,看后,我对主抓艺术的董厅长说:这个戏应该抓下去,前途看好。

后来,《程婴救孤》果然一路高歌猛进,唱响大江南北,甚至饮誉海内外,成了省豫剧二团乃至河南豫剧的一张招牌和名片。豫剧二团也从《程婴救孤》发端,一发而不可收,佳作迭出。

接下来,涌泉又冷不丁地撂出一个重磅炸弹——《风雨故园》(后改名为《朱安女士》)。在陈涌泉作品研讨会上,我提出剧名还是叫《朱安女士》,或者干脆叫《朱安》为好,因为《风雨故园》不仅有些形而上学的味道,还有些费解。而《朱安女士》或者《朱安》,只要一看剧名,对鲁迅稍有了解的人都知道写的是鲁迅的原配夫人。

从事剧本创作这么多年,有好多好的建议让我们受益匪浅,但是也毋庸讳言,有时候我们也难免受到一些云遮雾罩、貌似深刻的理论的误导。我在多种场合说

● 河南省委、省政府召开座谈会，庆祝陈涌泉、贾璐、杨林同获曹禺戏剧文学奖

过，一个优秀自信和有着独立精神的剧作家当然要善于听取意见，更为重要的是要善于甄别意见，没有主见，往往会迷失自我。

在陈涌泉作品研讨会上，几乎所有的专家都提到了，陈涌泉敢于和善于挑战名人和名著。如果说改编鲁迅的《阿Q正传》《孔乙己》和纪君祥的《赵氏孤儿》算是挑战名著，已经足够显示了陈涌泉的胆识和自信的话，那么以鲁迅的原配夫人为原型创作了《朱安女士》，于我则有石破天惊的感觉。所以，在研讨会上，我真诚地说，这在我是绝对不敢的，甚至连选这个题材的念头都不敢有，虽然我也曾经改编过红极一时的莫言的小说《红高粱》、张艺谋的电影《大红灯笼高高挂》，以及张爱玲的《金锁记》。

每个作家不管他的作品获了多少奖，在全国乃至世界影响有多大，不管某部作品给他带来多少显性的“效益”，其实在他的心目中，都把他的作品划分为一线、二线和三线。就像著名剧作家盛和煜、黄维若，他们的剧本《山鬼》和《秀才与刽子手》，似乎都没有给他们带来多少显性效益，但是大家都不得不承认，那是他们最好的作品。在陈涌泉作品研讨会上，专家们津津乐道的还是陈涌泉的《程婴救孤》《阿Q与孔乙己》和《风雨故园》。我想，涌泉也是把这三部作品视为他的一线作品的。

虽然《风雨故园》已经获得了全国戏剧文学类最高奖——曹禺戏剧文学奖，但是，就目前来说，我认为《朱安女士》还没有走到它应该走到的高度，但是，起码圈内人士已经认识到了它的价值和含金量。不错，在为尊者讳、为贤者讳的世俗中国，写这个题材，鲁迅无论如何是个绕不过去的坎儿，其实，这里面有一个如何进行舆论引导的问题。涌泉在做这个题材的时候，也是小心翼翼的，他为了保险起见，还煞费苦心地让鲁迅和许广平的儿子周海婴为剧本写了不无褒奖的文字。

外省的一些戏剧专家在谈到河南的戏剧走向和大趋势的时候，多次提到要建立文化大省的文化自觉和文化自信，我们河南固然需要莺歌燕舞的东西，但是，更需要选择和创作出像《阿Q与孔乙己》《朱安女士》这样充满文化自觉和自信的作品。如果说《阿Q与孔乙己》是过去时的话，《朱安女士》是现在进行时，一定要抓住不放。如果《朱安女士》不抓下去，将会是我们的损失。

我看涌泉的剧作不可谓不多，我发现了一个有趣的现象：涌泉从来不主动去抢占那些"讨好""讨巧"的"显性"题材。他总是那么从容和自信，主动选择那些难啃的骨头去啃，他并不是刻意追求什么"难能正可图大功"，故意剑走偏锋，而是来源于他的自信和"傲性"，这本身就具备了大家的风度与气象。这也是我佩服涌泉的最主要的一个原因。

从《阿Q与孔乙己》开始有幸认识了涌泉，后来我们又有了更多的交集，甚至成了好朋友，我自认为对涌泉已经有了足够的了解。但是，在陈涌泉研讨会之前，《梨园春》搞了个特别节目"涌泉相报——剧作家陈涌泉戏剧作品专场晚会"。通过主持人白燕升对陈涌泉的身世，以及创作《程婴救孤》前前后后的故事的介绍，我才发现，我对涌泉的了解是那么肤浅。在白燕升介绍到陈涌泉趴在母亲的病床上创作和修改《程婴救孤》，并将写成的稿子在母亲的坟头焚烧，以告慰母亲的在天之灵的时候，我走神了，流泪了。我在思考，陈涌泉为什么能成为陈涌泉？陈涌泉为什么能创作出《程婴救孤》《阿Q与孔乙己》《风雨故园》？

陈涌泉给人的第一印象总是那么内敛，那么沉静，那么静若处子。在白燕升介绍陈涌泉的点点滴滴的时候，我似乎才发现，陈涌泉是一个内心汹涌波澜的人，是一个心有大爱的人，是一个常怀悲悯之心的人。我一向认为，有没有悲悯之心，是决定一个作家能否创作出具有永恒价值之作，能否创作出传世之作的主要衡量标准，只有经过大疼痛和大爱的人，才能写出好的作品。

涌泉的《程婴救孤》和《朱安女士》传递出来的悲悯之心就不用说了，即使是涌泉笔下的阿Q，在观众含着眼泪的笑声里，也处处能触摸到涌泉赋予他的同情与悲悯。

我的父母也是70多岁就去世了。我很羡慕别人六七十岁了父母还在世，或者父亲在世，或者母亲在世。子欲孝而亲不待这种遗憾，这种疼痛，是永远无法弥补的。什么损失都可以弥补，这种亲情割裂之痛是永远弥补不了的。这样，我才能理解，为什么陈涌泉创作了《程婴救孤》，那一刻，我和涌泉产生了共鸣。

涌泉在敬畏伟人、敬畏名著的基础上，又敢于挑战伟人名著，但是他又是从草根的视角上来审视的。他将其划为一线的作品里的主人公都是草根的，比如程婴是个草泽医生，阿Q草根得不能再草根了，孔乙己则是个穷困潦倒的穷酸文人，至于朱安，则几乎是伟人鲁迅身后的一个影子，涌泉在剧中将其意象化为一只小蜗牛。涌泉虽然写的是草根，但是他写的草根发挥出来的精神，绝对是中华民族永恒的一种精神，能够打通大多数人的情感通道。

另一个有趣的现象是，涌泉的一线作品，都以人物来命名，像《程婴救孤》《阿Q与孔乙己》《风雨故园》(写到这里，我还是固执地认为，《风雨故园》还是改回《朱安女士》为好)。文学其实就是人学，对人和人物命运的关注、发现与开掘，是人文知识分子对社会和世界最大的人文关怀。因此，涌泉能创作出为数不少的优秀作品就不足为怪了。

如果说认识涌泉是我的一件幸事，又为以前对涌泉的了解流于肤浅而感到惭愧的话，以后，我要和涌泉多交朋友，多打交道，真正走近涌泉，了解涌泉，向涌泉学习。也争取像涌泉那样，当一个喷涌不止的涌泉。

热忱似涌泉　才思如泉涌

汪荃珍

日前，涌泉作为“河南省艺术名家推介工程”的推介名家之一，在河南电视台《梨园春》栏目成功举办了“涌泉相报——剧作家陈涌泉戏剧作品专场晚会”，我作为他的同事、好友，有幸参加了演唱会。这台晚会汇聚了省内外众多名家，展示了陈涌泉不同时期的作品，盛况空前。陈涌泉目前是我省最具实力、最年轻的国家一级编剧之一，是享受国务院特殊津贴的专家，“新世纪百千万人才工程”国家级人选。他的剧作曾获曹禺戏剧文学奖、文华大奖、文华剧作奖、国家舞台艺术精品工程奖、中宣部“五个一工程”优秀作品奖、中国电影华表奖、美国洛杉矶国际家庭电影节最佳外语音乐片奖等等。陈涌泉能获得今天的荣誉是实至名归，因为他“热忱似涌泉，才思如泉涌”。

我和陈涌泉相识多年，同在河南省豫剧三团当过副团长，在多年的合作共事中，彼此间的了解非同一般。2005年，我主演了他创作的现代豫剧《风雨故园》，认定他是一位对中华民族传统文化、对中国梦的时代精神，有着热忱似涌泉的剧作家。他热切而坚定地站在尊重传统的基础之上，以深厚的传统作为支撑向前探索

●《风雨故园》剧照

和发展，他的作品中贯穿着对传统文化诚挚的热爱与理性的审视，对戏剧使命的热忱呼唤和对主题价值的热情张扬，以及对剧种特色的热烈强化，从而用满腔热忱秉承着“去粉饰，守真诚，为时代立言，发百姓心声”的创作宗旨，与历史同行，为时代放歌。他笔下的剧中人多是普通的小人物，但普通而不平凡，充分体现出平凡中的伟岸，平凡中的高风亮节，字里行间涌动着对普通人的美好情感的倾注。他对社会问题密切关注，对平民疾苦悲悯关心，对人生价值深刻探索，是一位真真切切、出类拔萃的剧作家。

我认定他是一位才思如泉涌的剧作家，他创作的《程婴救孤》《阿Q与孔乙己》《婚姻大事》《两狼山上》等，都取得了不错的成绩，广受好评。现代豫剧《风雨故园》更是一部倾注了陈涌泉多年心血的作品，是中国第一部反映鲁迅与原配夫人朱安女士不幸婚姻的作品，我有幸在该剧中饰演朱安。2005年，在我研究生即将毕业之际看到了这个剧本，一下子就被作品中的人物所打动，被作者独特的视角和非同一般的切入点所折服，决定排演这部戏作为我的毕业汇报作品。

当我向陈涌泉提出这个想法时，他对我能否塑造好朱安有些担心，曾调侃说：“你人高马大的，适合塑造英雄人物，朱安可是个南方的小脚女人，并且要从20多岁出嫁演到她69岁病故，年龄跨度40余年，无论从化妆、造型、形体、表演等诸多方面都有很大的难度。你确定要演吗？”涌泉这一席话，更激发了我创作的欲望。当我执意想尝试这个角色时，涌泉给了我很多支持和帮助，帮我查阅了许多鲁迅与朱安这一段婚姻的文字资料及大量的评论文章，帮我分析了朱安在30年的婚姻生活中，大致经历的喜悦、期盼、等待、失望、绝望这五个阶段，理出了朱安的感情线、行动线，为人物的表演风格、唱腔处理、动作设计找出合乎情理的依据。在此剧里，无论是“黄花姑娘十八变”“一句话拨云见阳光”“你一去日本三年多”等唱段，写景写情、写苦写乐、写人写心、写矛盾写冲突，都是入木三分，出神入化。特别是“小蜗牛，小蜗牛”那36句，更是字字血、声声泪，惊心动魄！我把这36句融在心，化为魂，感同身受，我乃朱安！从“小蜗牛，小蜗牛”到“无声的血泪肚里流”，从“二十岁与他订婚后”到“哗啦啦倒高楼”，从“他是座高高的山”到“抱着幻想手不丢”，从“难为他也苦了我”到“来世再也不把女人投”……这段唱我自己也记不清已经唱了多少遍，也不清楚有多少人在传唱，更不清楚有多少大学生在诵读品味它，但我非常清楚它是剧作者才思泉涌的心血结晶，剧作家一定体会更深，体验更透，感触更多，感伤更痛！感谢陈涌泉创作了《风雨故园》，才使我有了这次不同寻常的角色创作体验。当然，《风雨故园》仅是他才思如泉涌中的一朵浪花，还有更多亮晶晶、光闪闪的浪花，我难以尽言了。

在文艺工作春光明媚的今天，我衷心祝愿涌泉在传统戏曲现代化、民族戏曲世界化的征途上健步前行，创作出更多的佳作。

豫剧事业的中流砥柱

——陈涌泉艺术研讨会感言

李金枝

我和涌泉同志认识很多年,在2005年改编由我出演的豫剧现代戏《江姐》时特邀请他担任编剧,愉快的合作给我留下了难忘的印象。认识这么多年来,涌泉同志给我的帮助甚多,教益甚多。他对戏剧事业的热爱和忠诚,他对戏剧艺术孜孜不倦的追求,他对河南戏剧呕心沥血、默默奉献的精神有目共睹。

20多年来,由于现代新传媒的普遍应用,戏曲这个中华民族古老的传统艺术受到了极大的冲击和挑战,一些剧团解体了,原有的省、市、县三级编剧队伍多数人转行了,或者搁笔了。而陈涌泉同志,以他对戏剧事业的无限热爱和无比忠诚,不随波逐流,更不悲观失望。他牢牢地坚守着自己的信念,坚定、顽强地为戏剧艺术的发展拼搏、奋斗,写出了一部又一部好剧本,其中有许多剧作堪称杰出之作、传世之作、经典之作,为河南戏剧事业的发展做出了突出贡献,成为戏剧事业的中流砥柱。

人民群众喜爱戏剧,但他们看到的是演员在舞台上的表演,可是有多少人知道常香玉、陈素真这些戏剧大师演出的经典剧目的剧作者是哪一位呢?编剧,是戏剧舞台的幕后工作者，然而，任何优秀剧目都必然有一个好剧本。剧本，剧本，一剧之本，而剧作家则是戏剧之父。没有关汉卿，哪有《窦娥冤》？没有王实甫，何来《西厢记》？任何一个优秀的戏剧演员，都是围绕着剧本的主题和规定情景进行二度创作的。所以，著名戏剧表演大师的背后，往往站着一个默默奉献的剧作家，像常香玉、陈素真大师等，就是最明显的例证。陈涌泉同志是继樊粹庭、陈宪章和杨兰春老师等老一辈剧作家之后在新时期涌现出的戏剧大家。树建院长曾经深情地说过，没有陈涌泉，就没有《程婴救孤》，这句话代表了我们戏曲演员的心声，表达了我们演员对于以陈涌泉同志为代表的剧作家们的崇高敬意。我们的戏剧事业，离不开陈涌泉同志这样的剧作家，发展戏剧事业，需要更多的像陈涌泉同志这样优秀的大剧作家。

这些年来，涌泉同志的许多剧作不仅获得了人民群众的好评和欢迎，而且获得了国家级的多项大奖，为河南戏剧争得了荣誉，为河南人民增添了光彩，为河南乃至中国戏剧事业的繁荣发展建立了功勋。可以毫不夸张地说，涌泉同志不但是我们河南戏剧事业的大功臣，也是全国戏剧事业的大功臣。

作为一名豫剧演员，我有一个强烈的心愿，那就是盼望着涌泉同志给我们再写出新的、更多的受老百姓喜爱的好剧本。涌泉同志风华正茂，正值人生的黄金岁月，以他对戏剧的热爱和无比忠诚，以他的才华和文学艺术造诣，一定会创作出无愧于伟大时代的优秀剧本，一定会有新的精品剧作奉献给河南和全国人民，为中华民族传统戏曲艺术的兴旺发展，为实现中华民族伟大复兴的中国梦做出更多更杰出的贡献！

最后衷心地希望陈涌泉同志的作品像他的名字那样，“清泉透彻，涌泉而出，取之不竭”。

我认识的陈涌泉

庞新智

研讨一个人的作品，就不能不去了解这个人。由于对戏剧的共同热爱，我和剧作家陈涌泉结识已经将近20个年头了。因为是很好的朋友，他的作品《程婴救孤》《风雨故园》《阿Q与孔乙己》等我都看过多遍，时不时地还会饮茶畅谈或者抽烟闲聊，我对他有很深的了解。他多次对我笑谈："知我者，老兄也！"

陈涌泉其人，可以用"一""三""六"这几个字来概括——

他是一个十分纯朴的农家子弟，当他走出农家门，跨入大学门之后，便完成了他人生的"一次飞跃"。

涌泉的纯朴，是大家公认的。他不善言谈，和一群人一起站在大街上，最不会引起人们注意的，大概就是他了。他的纯朴，就像他老家的黄土地朴实无华，就像大山里涌出的清泉默默流淌。记得有一次我俩聊得高兴，不觉已到午饭时间，他笑道："今天我请客，就在旁边不远，相信你一定喜欢。"这是一家街边小店，南阳烩面。正是食客匆匆时分，我俩坐在路边，凑着简陋的小桌，吃得大汗淋漓。他说："吃饭如看戏，不在山珍海味，不在豪华昂贵，只要舒服就好，能吃出家乡的味道就更

● 陈涌泉生活照

好。”

天性纯朴的他，走出乡村，走进大学，让他学到了很多，见识了很多，也思考了很多。于是，他的人生开始飞跃。

当纯朴的他拥有了扎实的文学功底，并且拥有了深刻思想，在他身上便打上了优秀传统文人的印记。他终究还是“一介文人”。

我之所以强调他农家纯朴的出身，是因为这与中国优秀传统文人有密切关系。在他的作品中，对于社会问题的密切关注，对于平民疾苦的悲悯情怀，对于人生价值的深刻探讨，等等，这些不正是中国传统文人的共同特点吗？不仅如此，他对于文学的挚爱，是深入骨髓的。一起闲聊或偶尔在街头相遇，他会告诉你：“我又写了一个戏，请老兄评点。”谈着新颖的构思、念着优美的唱词，那种真诚、那种投入、那种自得其乐，便从他心底散发出来，满脸绽放的都是幸福和快乐。分享着他的快乐，再放眼满街汹涌的商业大潮和行色匆忙的人群，我不禁感叹："一介文人啊，真正的一介文人！"

他是带着"一种文化自觉"走进戏剧圈的。

他大学毕业走进河南戏剧圈时，正是中国社会大转型时期。此时，戏剧正处于最惨淡萧条的时期。和许多年轻人起步一样，他的到来并没有引起人们的注意；相反，他的同学和朋友甚至有几分不解——干剧团？怎么选了这个职业？即使到了今天，圈内人都在谈论一位卓有成就的剧作家陈涌泉时，也很少有人知道，当初那个不声不响的年轻人，看似同许多新来的年轻人没啥区别，但实际上却是很不同的。陈涌泉压根儿就是一个心里带着想法的人，他是个为自己选的职业做好了扎实准备的人。

这种文化自觉体现于他有"一个崇高理想"。

一个人的爱好，大都是与生俱来或者是从小养成的。涌泉对戏剧的热爱，也同样源自他生长于农村这片戏曲热土。但从爱好上升到热爱，则是当他知道了关汉卿、老舍、曹禺这些名家之后，一颗种子开始渐渐地在他心里发芽。不爱张扬、不爱言谈的他，表面仍然平静如故，但深藏在内心的是一个崇高理想：当人民剧作家——做时代助推器，为人民鼓与呼。

这种自觉体现于他为自己制定了"一个很高标准"——实现思想内涵、文学品位、审美品格的"三统一"。

这种自觉还体现于他为自己选定了"一条正确道路"——追求让演员好演、观众爱看、专家认可的"三满意"。

正是建立在上述基础上，涌泉的作品突出表现为"六个鲜明特点"：一是视角独特新颖，二是思想内涵丰富，三是矛盾冲突激烈，四是语言富有文采，五是节奏干净利落，六是故事酣畅流利。

这就是我认识的陈涌泉——一个穿越于古代、现实与未来之间，执着追赶理想，勇于引领时代的剧作家。

关于陈涌泉戏剧创作的几点思考

曹书文

陈涌泉是中原戏剧家群体的杰出代表，1987 年考入河南师范大学中文系，在四年的大学生活中，他接受了中外文化的多种影响与熏陶，为其后来走上戏剧创作道路奠定了较为扎实的文学功底。对文学经典的研读与喜爱，无形中形成了他与中外优秀文学经典的不解之缘，他最优秀的剧作往往源自对文学经典的改编，对文学大师笔下成功人物典型的重新塑造。不管是根据元杂剧《赵氏孤儿》改编的豫剧《程婴救孤》、根据清代传奇戏《桃花扇》改编的剧作《李香君》、根据鲁迅小说《阿 Q 正传》《孔乙己》改编的曲剧《阿 Q 与孔乙己》，或者是以鲁迅婚姻生活为题材创作的豫剧《风雨故园》等，都是从中外经典作家作品中获取了有价值的文化资源与艺术营养，上述剧作取得成功的因素很多，但有一点是可以肯定的，即剧作家的经典情怀，他之所以选择这些经典进行改编，很大程度上源自二者在精神、思想、情感上的契合共鸣，源自不同时代的作家穿越时空的思想碰撞、情感对话与精神交流。

作为一位国内知名的剧作家，陈涌泉愈来愈引起人们的关注，其代表剧目早已走进大学课堂，成为无数戏剧爱好者欣赏、研读的重要文本。人们对剧作家陈涌泉及其创作作品较为熟悉，而对其作为戏剧活动家、戏剧教育启蒙者了解与研究得明显不够。陈涌泉将其优秀的剧作引进大学殿堂，开河南高雅艺术进校园风气之先。近几年他几乎每年都应邀到河南师大为青年学子传播戏剧，推介河南戏剧文化、戏剧作品，包括当代的戏剧名家。他认为戏剧的未来、戏剧的希望在于青年，能否有更多的青年学子喜欢戏剧、创作戏剧、表演戏剧是戏剧艺术是否具有生命力的标志之一。戏剧需要走向青年、走向观众，更重要的一点就是要走向高校，因为只有高校的青年学生学习戏剧艺术，接受了戏剧文化的影响，才能将中华戏剧文化进行传承并发扬光大。现在很多青年人，不是因为不喜欢戏，而是因为没有接触、欣赏戏剧的机会。剧作家陈涌泉身体力行，在大学课堂言传身教，亲自为学生授课，谈如何欣赏戏剧，讲解自己戏剧创作的经验体会，培育河南戏剧生长、发展的种子和土壤。河南戏剧的繁荣、中原戏剧家群体的崛起，既需要优秀剧作、有影响的剧作家，同时也离不开喜欢戏剧、传承戏剧的读者与观众。

进入新世纪以来，河南戏剧创作与舞台表演取得了举世瞩目的成就，涌现出了一批以陈涌泉为代表的剧作家和以李树建为代表的表演艺术家，形成了一个颇具创作实力与表演才华的中原戏剧家群体，赢得了学界与观众的高度评价。然而，对于豫剧《程婴救孤》《风雨故园》等堪称艺术精品的剧作的研究还显得远远不够，人们对河南剧作独特的思想内涵、人性意蕴与艺术品位的认识理解尚未达到应有的理论深度。在中国新时期文学史、当代戏剧史中，几乎看不到有关河南戏剧创作的论述，更不必奢谈给予应有的价值评判。这实际上是对河南戏剧创作所取得的成绩的忽略、遮蔽或者说是误读。尽管目前已经开始有部分学者从学理上加以分析，从历史的角度去进行审视，也取得了一些标志性的研究成果，但从总体上来看，中原戏剧界的理论创新与创作实绩之间存在着不小的反差，对包括剧作家陈涌泉在内的中原戏剧家群体的研究还有较大的拓展空间，作为河南的戏剧理论工作者，我们有责任、有义务去总结河南戏剧创作的思想成就与艺术规律。河南戏剧创作独特的审美个性与地域特色、文化传承与时代精神将对中国新世纪戏剧事业的发展发挥一定的引领示范作用。

陈涌泉的戏剧创作给读者和观众最深刻的印象之一，就是对女性形象的成功塑造，这些女性不仅是来自社会底层，具有一般普通人所具有的质朴、善良、正直、

●《风雨故园》剧照

勤劳的美好品格，更重要的是她们已不再是传统社会被侮辱、被损害的弱者或是遵循三从四德富于牺牲精神的贤妻良母，而是以其独特的个性气质、精神面貌与性别立场活跃于戏剧舞台，由平面人物走向立体人物，由幕后边缘走向舞台中心。即使是鲁迅笔下很不起眼的寡妇吴妈，在曲剧《阿Q与孔乙己》中也焕发出特有的艺术光彩，她不但得到包括赵老太爷、孔乙己、阿Q等不同阶层男人的青睐，成为他们共同的追逐对象，更重要的是吴妈也以自己的感同身受表现出传统伦理影响下寡妇人性欲望的萌动，对男女之间命运的不平等流露出女性所特有的不满和哀怨。较之小说中固守礼教的寡妇吴妈，曲剧中吴妈复杂的精神世界、人性欲望与伦理意识之间的矛盾得到了传神的表现。豫剧《风雨故园》中作为鲁迅原配夫人的朱安，由于受到主流意识形态话语的影响，她成了伟人背后或被人讳莫如深或被人忽视遮蔽的女性，从未得到过公正的评价。《风雨故园》聚焦于鲁迅与朱安女士的婚姻悲剧，还原历史人物真相，让观众真正了解作为新文化运动先驱的鲁迅平凡的一面，作为普通女性的朱安女士的不平凡之处。尽管他们的悲剧是家族的、时代的、制度的悲剧，我们都同情他们两个人的不幸，但如果从女性的视角，站在男女平等的现代人立场看，作为女性的朱安比鲁迅更富有悲剧的意味。鲁迅后来取得的文学成就，固然是多重因素促成的，但是有一点我们不能否认，即与朱安默默无闻的奉献有关，她替鲁迅承担了照顾母亲的家庭责任，使作为孝子的鲁迅可以毫无牵挂地做事，全身心地投入文学创作。朱安女士的婚姻悲剧固然不能完全归咎于鲁迅，但相对于女性来讲，鲁迅既是传统婚姻制度的受害者，又是现代自由婚姻的受益人，在从传统到现代转型过程中，他一方面来自旧的文化营垒，另一方面又接受了现代西方文化，既无奈地接受了传统女性朱安，又在与现代女性许广平的相处中体验到爱的自由。一个男人不管生活于什么时代，都只能接受一种制度，遵循一种价值尺度，即你既然为自己家庭做牺牲接受了包办婚姻，实际上已没有理由、没有资格再去选择新的女性。当然我们不能去责难历史人物，而是要说明一个事实，即在历史发展过程中，女性的牺牲往往大于男性。从这个作品当中我们也可以感觉到剧作家对鲁迅的敬畏与理解。陈涌泉在许多剧作中，对女性，尤其是对下层人物的同情，可以用艾青的一句话来说明，即“为什么我的眼里常含泪水？因为我对这块土地爱得深沉”。陈涌泉笔下的人物之所以能站立起来，与剧作潜藏的爱的情愫有一定的关系。

正如有的学者指出的那样，陈涌泉的戏剧创作对民族传统怀着强烈的自尊与自信，对传统美德怀着无比的珍爱与坚守，《程婴救孤》对民族精神的弘扬、《王屋山的女人》对传统美德的呼唤、《两狼山上》对爱国主义英雄情怀的书写皆赢得了当代读者的情感共鸣。但是，剧作家在对传统伦理进行创造性转化时，需要强化现代意识，从而实现文化传统与现代思想的有机融合，让传统美德化为现代伦理重建可资借鉴的有益资源。比如《程婴救孤》，在讴歌程婴人性美光辉的同时，是否也应体现出对被牺牲的自己孩子生命的尊重，作为父亲是否有决定自己孩子生死的权利？可能这个问题在传统社会是毋庸置疑的，但在尊重个体生命的当代社会，《程婴救孤》对观众与读者的影响会引发人们的多维反思。

陈涌泉的戏剧创作以其特有的思想光彩与艺术追求，对中原戏剧乃至对新世纪中国戏剧事业的发展做出了重要贡献，随着对其戏剧创作研究空间的拓展与理论深度的提升，他在中国当代戏剧界的独特地位会得到更多学者的理解，对其戏剧创作成功经验的总结也将会为年轻的戏剧家从事戏剧创作提供许多有益的借鉴。

时间长河里的呜咽

——陈涌泉戏剧《风雨故园》及《阿Q与孔乙己》读后蘸墨

黄海碧

我一直认为:戏剧要讲述的核心,不应该是我们已发现的,而应该着眼关注于可能被错过或有待发现的。博尔赫斯说过:我们避而不谈的东西像极了我们自己。透过鲁迅笔下直戳民族劣根性喂养出的文学稀缺人物孔乙己、阿Q,反观今天的我们自己,哪个人身上没有其遗传的后遗症?所以,今天乃至今后相当长的时间里,我们仍需要不断从孔乙己或阿Q身上发现和认识我们自己。

曾经的极端化宣教,使我们对"横眉冷对千夫指"的鲁迅先生的认知,多是"投枪""匕首""战斗檄文"的斗士印象。随着新时期文学和各种思潮的纷至沓来,遂开始有了对鲁迅多角度的新解。尽管也有"文学才俊"以文痞嘴脸,自恃有若干长篇畅销一时,而忘乎所以地拿鲁迅做靶子抬高自己,声称"如果没有写出过长篇小说难称作家"的谬言惊世,殊不知即便是长篇小说写得能垒及发梢,若无一个华老栓、闰土、孔乙己、祥林嫂、阿Q那般深刻揭示民族劣根性,"哀其不幸,怒其不争"地唤起国民挺直脊梁的鲜明形象,终是难以载入中国文学史册的。近读青年剧作家陈涌泉的新编豫剧《阿Q与孔乙己》和《风雨故园》,无论是面对经典,还是重塑经典，都有种早就应该先睹为快，虽迟读但阅读快感仍油然而生。

首先觉得，这两个戏剧文本，都带有剧作者一种自觉的现代文学意识的气质——既要从新文学经典中提炼戏剧文学的现代性，又要通过对人的生存处境和社会性的思考，向着传统戏剧的民族化审美复归；于悲喜之间，刺入严肃的批判意味；以现代人的人文情怀，讲述旧时的中国故事。

就舞台形式而言，剧作家陈涌泉从鲁迅笔下同一时代背景中两个独立的故事《阿Q正传》和《孔乙己》中，从两个鲜活的人物各自原有的叙述空间，紧紧抓住阿Q与孔乙己两个人的麻木、颓废、迂腐和看不到前程也没有前程的共性，把他们带入共同的戏剧场域。在建立一种有机可信的戏剧人物关系中，完成了一次戏剧形式的历史转述，一次由小说到戏剧的延伸。如此，便有了从人物语言、行为方式到社会背景、生存环境诸方面，由小说到戏剧的精心取舍和艺术开掘，赋予孔乙己、阿Q这两个人物更加灵动鲜活的舞台形象，展现出清末行将坍塌与民国晨曦初现的社会变革中特有的由外追问历史、拷问人性，向内锥刺内心、碎牙饮血的艺术品相和审美意趣。由此，在电影"交叉蒙太奇"的艺术结构中，让阿Q与孔乙己处在同一生存空间，和下文即将谈到的《风雨故园》一样，将"吴侬软语"的地域文化独具的那股低回细腻的情感韵致，稀释于河南豫剧特有的高腔大嗓的中州韵里，酣畅奔放地娓娓道来，使豫剧舞台的未来呈现出一种能够深刻起来还将雅致起来的端倪。从中不难看到陈涌泉在这两部戏里，大胆探索、锐意创新的戏剧意识。毕竟说来，艺术的突破往往在于形式的突破，而非"内容决定形式"那么简单。

从主题立意上说，阿Q的故事线索与孔乙己的故事情节虽互为交叉，剧作家始终都把握在不偏离鲁迅先生为阿Q和孔乙己选取的特定社会背景下的性格逻辑、命运逻辑和他所遵循的生活逻辑的路径，朝着主题立意的一致性要求递进，即除了对主题的开掘，还是对主题的开掘！那么，如何使这两个故事和人物，在有限的戏剧空间里，实现一加一大于二的艺术整合与文学重塑呢？如何把在现实生活中，孔乙己处于封建科举失败者的地位，既不能够在冷漠无情的社会世态中，正视自己纠缠于"偷"与"窃"之间的尴尬处境，又不能清醒地认识自己，由功名利禄酿成好逸恶劳，堕落成为一个贫困识字的"废人"的悲惨命运？怎样传递阿Q盲目妄自尊大、自轻自贱地畏强凌弱、以丑为荣等自欺自慰地陶醉于虚伪的"精神胜利法”中？怎样把握阿Q作为社会底层百姓，虽能表现出革命的要求——当辛亥革命爆发的消息传来时，他就想“投降革命党”，借以从此能够改变自己的命运，却又不得不陷入泥沼一样的“革命观”——落后农民的私欲和糊涂观念联系在一起，压根没有真正意义上的觉醒的两难境地？在《阿Q与孔乙己》的戏剧陈述里，这一切都得力于剧作家有效的剪裁，整合在了完整的戏剧结构里，并围绕着“当街一个曲尺形柜台”生动的生活场景，借酒客们冷漠麻木、插科打诨的边缘戏份儿，盎然出“店内外充满了快乐空气”的悲凉世态和对人心势利极具反讽的戏剧氛围。我以为，如果没有观照历史、观照文化、观照现代的深刻文学洞察力，如果不能借丰富的舞台想象把文学性很好地融于戏剧，并转换成大众审美范式，仅靠娴熟的编剧经验和编剧技巧，进行一般意义上的拼贴或描红，除了成为一种低级的复述，是不可能有如今这样完美的文本成色的。尤为可贵的是，陈涌泉在深度思考对主题深度开掘上的倾心倾力，在编剧技法上所作的饱墨用笔，可以说是精心地完成了对鲁迅的这两部经典小说合而为一的戏剧表达，也为《阿Q与孔乙己》的舞台呈现，铺垫出线条清晰而又人物丰满的戏剧基调。

我想，这便是《阿Q与孔乙己》在挑战的前提是敬畏、颠覆的前提是尊重的改编原则下，以时代精神的创新，对传统精髓复归的价值所在。

以历史观而言，所有的历史都是对今天说话。

合卷《风雨故园》，闭目反思。笔者以为，在唯有痛楚、苦难和坎坷方能转化我们，使我们变得更加自信和强大，让我们体认生活在当下的重要性的现实语境中，触碰中国新文化旗手鲜为人知的失败婚姻，并以那失败婚姻为社会学标本，剖解社会根源性带给鲁迅的时代局限性，追问朱安女士备受屈辱的悲剧命运，既是一个门槛较高的戏剧选题，也是一次巨大的文学挑战。唯其如此，陈涌泉才在《风雨故园》的戏剧讲述中，从已知的文学巨匠身上找到了其封建的家庭生活和封闭的感情世界的切口，探究到了尘封于岁月深处可能被错过和忽略的新的文学价值及社会学意义。

戏剧的目的旨在反映人性、叩问心灵，让人们从戏剧所反映的时代演变过程中看到善恶原本的面目，在生与死的问题上引发是进还是退的思考。给我们惯有的戏剧思维带来积极的冲击，而非“走进剧场便是娱乐”的低俗导向。就这个意义而言，剧作家站在人性立场上，选取独特新颖的视角，于《风雨故园》中落下他人文情怀的温暖笔墨——透过鲁迅的原配夫人朱安女士这一舞台艺术形象的塑造，让我看到了作为一个封建社会的孤苦牺牲者的无声哭泣和无言控诉，以及她对那个封建腐朽社会的鞭挞和批判；也看到了“横眉冷对千夫指”的斗士鲁迅，受困于“曾经沧海难为水”的包办婚姻的藩篱之中，能想而不能做的离婚愿望，无疑是他走不出传统封建礼教羁绊的局限性。这一切，都像是西西弗斯永远推不上山顶的巨石，压得他喘不过气来。包办婚姻的藩篱也好，欲离不能的石头也罢，只会派生出人生难题的彷徨和抑郁，置身心于“故园”中难以自拔。如此一来，这“故园”里的无声风雨，虽无风雨交加的电闪雷鸣，但那股黏稠潮湿的沉闷也足以令人窒息。于是，便由朱安悲苦的人生，大胆地揭开了作为新文化旗手的鲁迅身上鲜为人知的苦闷的一角。

毫无疑问，这段相持20年的包办婚姻，既是朱安的不幸，也是鲁迅的苦闷，共同伤害了精神世界有着极大落差的两个悲情男女。同时，就创作心理学来说，这苦闷与孤独，又何尝不是剧作家对主人公感同身受的苦闷与孤独，对那个时代封建重压发出奋力反抗的呼唤呢？当然，置身其中的无力感让我们看到，当母亲一封称病的书信，鲁迅由东瀛归故里成婚时，剧中唱道：“不敢断然以身抗，怕伤了母亲一片心……逢场作戏藏苦闷……分明是母亲接新人”，“又看到母亲那双期待的眼睛，盼望我接受下这桩婚姻，我只得暂且忍、忍、忍”，面对素未谋面的媒妁之妻朱安，不得不以鸵鸟心态做逃避现实的妥协，发出“把希望寄托于时间长河……”的无奈。显然，剧作家不乏勇于担当地从这里做了颇具社会价值、文学价值和艺术价值层面进一步认识鲁迅的开掘——就封建传统孝道，销蚀了有道德洁癖的鲁迅自由思想的意志这一范畴，长期以来，很少进入大众视域。只是有违“为尊者讳”地在小众范围内传播。而今，剧作家从人文情怀出发，全力以赴，把深埋于历史皱褶里的人生故事，以戏剧的形式带入大众视野，突破严酷的传统认知立场，给今天的观众讲述一个傲骨凌霄的鲁迅在进退维谷中的尴尬。这种对平实可信的常人的描写，改变或者矫正着我们对鲁迅固有的视觉记忆。在这场严肃的戏剧故事里，让人们从朱安女士的悲苦人生里，对自以为了解的鲁迅产生多一层新认知的“陌生感”。这样的写作立场和批判精神，的确是难能可贵的！

● 《风雨故园》剧照

也正是洞悉了文学巨匠深陷旧式婚姻，纠缠于道德困惑的无力感，结出的一个女人无以修复的悲情疤痕，在时间长河里的呜咽，剧作家才走进朱安女士的内心，着力运笔写出了她“今生已将终身误，来世再也不把女人投”的哀叹：故园里树欲静而风不止的沉闷与死寂，朱安女士期盼——“夫君从东洋回家转，择定佳期娶朱安。几年来心中把他描绘千遍，魂里梦里把他牵”及“进门把他迎堂上，一杯热茶飘清香。问问他如何把我想，可像我梦里常到他身旁”，然而，那一次次的兴奋怀春、一天天的期盼饥渴，到头来只沉淀出寂寞的孤苦——“夜深人静起三更，洞房之内冷若冰。不闻绵绵温存语，唯有新郎翻书声”。作为一个旧时女性贤德应有的包容与忍耐，她也不得不自欺欺人地面对鲁迅的不辞而别，为他挡驾违心地唱道：“只因他路途远学业为重，都怪我紧催他早上路程。他对我多恩爱体贴入微，想说话先带笑句句中听。”戏可以这样演，话可以这样说，词可以这样唱，唯有她藏于

"大度"之下内心的失落，不可抑制地直戳观众酸楚的心窝。忍辱负重、从一而终的牺牲的朱安，虽说面对命运的不公，也有自己哀怨的诘问："不赞同你为何还要把我娶，从东洋往回赶日夜兼程？"当然，这样哀怨的诘问，对朱安而言，又仅止于自己的内心，是不能向婆母和夫君发声的。所以，她不得不以"满腔希望随风去，点点泪水心头滴"的凄楚，发出"天下女人我最可悲，白来世上走一回"的哀叹与控诉，在终难挽回那个斜阳西下沉沉的暮昏年代，接受那个时代封建礼教对女人的束缚、对人性的异化……

在这里，周母就像一把遮天蔽日的黑伞，隔离着新文化对这个家庭院落的光照，把朱安女士囚于身心俱毁的死屋；她就像一张无形的大网，不管鲁迅还是朱安，都无法挣脱出去。唯有如清新芳烈、春风扑面而来的许广平，能够映照鲁迅内心向往的"二十年不知爱情啥模样，突然间神箭射中我胸膛"，一边含着甜果蜜意走出故园，向未来开出幸福的支票，一边拖曳着"包办婚姻"的负重，"完结四千年的旧账"，任为他相守一生的女人，如蜗牛一样背负着沉重的封建道德躯壳，终此一生……由此，戏剧的力量也张扬出强大的对心灵的震撼，对情感的撞击，对社会的拷问，对人性的鞭挞！

细节，尤其是能否设置出精到感人的细节，是戏剧得以丰满和提升亮度的重要戏剧元素，也是剧作家艺术构思的智慧结晶。那个剧作家笔墨着力描摹的"蜗牛"，不管是幕后伴唱，还是朱安自喻"不停地爬"向丁香树，甚或宿命般"真的爬不动了"，佝偻着留下一个远去的背影，都带着人性备受摧残与屈辱的社会沉重感，赋予了该剧极具象征意味的心理意象。除此之外，剧本提示里"静场中，一只大脚从轿帘下伸出，试探着踩向地面。一时没踩着，却把绣花鞋掉了。按当地风俗，婚礼上新娘子掉鞋是不吉利的象征。满场人或惊或窘，神态各异……"细节虽小，却有着深厚暗喻的涟漪。戏写到这里，不难发现陈涌泉不仅是个剧作家，更是一个极具导演思维的剧作家。因为，在他为我们所展示的引人入胜的叙述和编故事能力，以及耐人寻味的叙事风格之外，更让我从那故事里，得以洞见戏曲创作中关于创意和革新的一些议题，即在很大程度上，通过编剧自己对角色的理解，向观众展现主观性视角的同时，保持相对客观叙事的原则。这也是当下戏剧家们需要认真思考的创作课题。

优秀的剧作家能够向自己的才能挑战，并超越自己驾驭戏剧能力的，委实不多。陈涌泉在《风雨故园》中勇于探索的尝试，是非常具有挑战性的。正是这样一种勇于探索的挑战，分寸得当地打破了对鲁迅方向性认知的恐惧。而这种"打破"，如果没有心怀克服这个时代的胆略，又是难以做到的。

读陈涌泉的剧本《阿Q与孔乙己》和《风雨故园》，一如激活了历史尘封的老照片。而读老照片又如读历史书，还时常能够读到历史书上读不到的细节。所以，就让我有种沿着通向过往年代走近鲁迅内心世界的桥，一路随着比历史真实更为细腻的栩栩如生的艺术复制，因应着戏剧故事语境和戏剧人物心境的改变而改变的阅读快感。也有种随着戏剧情节和人物命运走向，在自己的阅读经验和人生经历中，找到随着时间流逝，被不断刷新、重组的记忆而感慨万千。因为他的戏剧文本，带给了我们一种回望历史真实的阅读体验——不再带有"观念化"面具的追忆，而是以一种生动感人的戏剧样式，将其主人公们内心世界应有的境界，进行一种戏剧想象的诠释，让读者和观众从他的戏剧故事里，了解民国背景中过去的阿Q、孔乙己，了解朱安身上带有女性普遍意义的牺牲，了解鲁迅也有与朱安不一样的精神苦闷。

有位日本人曾经问鲁迅：周先生，你天天批判中国人，是不是因为你很讨厌他们？鲁迅先生低着头，沉思良久，突然抬起头，眼含泪光地说：不，我爱他们！我想，尽管不能和鲁迅先生的海拔高度相提并论，至少陈涌泉笔下对鲁迅的阿Q、孔乙己乃至那故园里的"风雨"，其书写的理由是一样的。

剧作家的精神

——说说我的好伙伴陈涌泉

张 平

说到涌泉我的感触非常深刻。在河南戏曲圈内,一个导演和一个编剧合作比较多的是我们俩。合作是一种境界,很多时候不是说合作就能合作的,这其中需要很多的机缘巧合与理解包容。从《程婴救孤》到《台北知府》《王屋山的女人》《陈蕃》,每一次合作都是我心中有底,涌泉心里有数。这么多年走来,我们感受颇深,感情很真。

我们俩合作往往起点都不高,但是最后的结果都非常好。比如说《程婴救孤》,说实在的,当初李树建和我分别从一团、三团调到二团,我们俩都属于"三讲"不过关。那时候我带三团,他带一团,在工作上都非常有想法、有性格、有自己的目标方向,一下子被"发配",实在想不通。是我们的水平有限还是其他?我们一起议了很多次,怎么办?李树建说,搞戏,就搞《赵氏孤儿》。

首先面临与哪个编剧合作。当时我和涌泉并不熟悉,但是我看了《阿Q与孔乙己》以后,觉得非常好、非常新,感觉这个编剧很有想法。果然,涌泉与我们迅速达成共识:既然搞就得搞新的,不能老戏老演,要用现在的观念去观照这个题材。涌泉说，咱们要宣扬老祖宗的一种精神，就是舍生取义、坚韧顽强的民族精神。春秋时期的那群人，为救孤儿，在慷慨赴死时根本就不眨眼，目前中国的经济快速发展，社会急剧变革，这种精神却越来越少，我们要通过这个戏，呼唤春秋时期中华民族那种敢于担当的精神。我的感觉一下子就明朗了：整个戏就是要呼唤大义精神的回归，张扬崇高的人性。涌泉举了个例子，他说美国好莱坞拍的一个电影叫《拯救大兵瑞恩》，咱们想一想，这么多人去救一个人，为什么？咱光说好莱坞浮躁，但人家拍片是为宣扬美国精神。《泰坦尼克号》里面，那么多人互相爱护，舍弃自己的生命成全别人。这种东西我们少了，我们心里的这份从娘胎里带来的东西都去哪儿了？所以说，我认为涌泉提出了当时戏剧界都还没意识到的一个问题，也提出了我们合作的这一个戏的排练方向。说实在的，这是一种现代文学意识，现代戏剧观念，给我的印象特别深。有了这个东西，我们的戏就有根了。再加上黄老师高屋建瓴的指点，戏就成了。涌泉是个语不惊人死不休的剧作家，剧本前后改了十几稿，深深感动了我，也激发我在二度创作上精益求精。

我们这一群人，真的没有退路啊！当时二团账面上就800块钱，李树建和我多次在一起哭，可掉泪不管用，眼泪也当不了钱花。涌泉理解我们，支持我们，写本子一分钱不要。这种雪中送炭的精神让我非常感动。就是这种同患难共甘苦的精神支撑着我们一步一步往前走。

涌泉有二次重构的能力，每个戏经他手之后，都有质的提升。像《王屋山的女人》，这个戏达到六七十度上不去了，怎么办？我非常着急，他当时很忙，我说：为了帮哥们儿一把你必须改。他看过剧本说，这个戏不能光说还债，要写出还债背后更深层次的东西，必须回归到从我们中华民族传统美德里面要东西，写出诚信精神和愚公移山精神。包括加上农民工、还债人变成讨债人、情感上的母子分离，原来一稿都没有，戏的艺术性一下子就上去了，与原来的戏不是一个层次了，有了深刻的让人反思的东西，有文化的意味在里面了。我感觉涌泉在写现代戏的时候，往往向古人要东西，把中华民族的传统美德张扬出来，体现在现代人物身上，能让导演有很大的创作空间。

我们最近合作了一个剧《陈蕃》。涌泉接手后提出，陈蕃是东汉的一位名臣。他死后先是宦官乱政，接着董卓就出现了。涌泉做了严谨的历史考证，深入研究了当

●《陈蕃》剧照

时的社会状况，提出我们现在排这个戏必须思考东汉灭亡的原因，揭示出封建制度的局限性和反腐的不彻底性，以史为鉴，观照现实。用现代意识观照古老的历史题材，整个戏就有了深刻的内涵和强烈的现实意义，提升了几个档次。

一部好作品要有一种境界，一个好剧作家也要有一种精神。涌泉的自我挑战精神、雪中送炭精神值得我学习。多年来，我和涌泉一起成长，成了亲密无间的好哥儿们、好伙伴。我们有共同的对戏剧的热爱、对戏剧的敬畏，所以才能愉快合作。希望以后我们继续合作，创作更多好戏，我期待着！

笔下自有千钧力

——涌泉印象

赵国安

众所周知，戏曲编剧是一项艰苦的工作，费心、费时、费力。作品出来还得要有高水平的主创队伍，需要高标准的戏曲团体去排演、去体现，才可能有理想的结果。很多有才华、有创作潜力的年轻作者，经不住戏曲编剧行业的"折磨和考验"，不再从事戏曲剧本的创作。但是我们所认识的陈涌泉，一个从大学校门走出来的文科优等生，出校门就投身于戏曲编剧工作，一干就是二十多年。多年来，涌泉笔耕不辍，佳作不断，成为我省乃至全国一颗戏曲文学领域耀眼的明星，一个卓有成就的青年剧作家。

我和涌泉认识是从合作《程婴救孤》开始的。初见涌泉给我的印象就是年轻、内秀，虽然不善言谈却能给人老成持重之感。读完他的《程婴救孤》剧本，我立刻对这个才华横溢的年轻人另眼相看，肃然起敬。当时接到剧本以为就是一个改编的传统戏，因为《赵氏孤儿》很多剧种都曾演出过，剧情是再熟悉不过了。认真阅读涌泉的剧本，发现我所熟悉的传统戏《赵氏孤儿》已面目全非。新《程婴救孤》剧本，题材开掘之深，人物塑造之精，结构之严谨，层次之鲜明，完全出乎我的预料，并立刻被吸引。该剧重新刻画了程婴这个典型“中国好人”的伟大形象,全剧布局合理,节奏紧凑,故事情节层层展开,丝丝入扣。坚实的剧本根基为二度创作提供了强有力的创作思路。当然由于职业习惯,我最关心的还是剧本的唱词部分。涌泉很懂戏,更会写唱词。他的唱词既符合豫剧传统唱词基本格律,又有新诗体特点,长短句穿插。整个唱词流畅、通顺,而且极易上口,不拗口。作为一个戏曲的唱腔设计,我很乐意接受这样的唱词。剧中的唱词有几百句之多,光是主人公程婴的唱就占了大半江山。当然最具特色的也应是程婴的唱段,主要人物的唱段质量关系着整个戏的质量。涌泉在这方面下了大功夫,从程婴一上场的亮相唱段,就立刻吸引了观众:

恨屠贼霸朝廊晋国蒙难
悲丞相与驸马饮刀衔冤
叹公主被困在冷宫深院
忧孤儿刚落地即陷凶渊
随彩凤进宫把公主探看
救孤儿脱危难抢在贼前

短短的六句唱词,既交代了故事的起因,又点出了主人公的心情,前四句开头的“恨”“悲”“叹”“忧”就写出了程婴的主观立场、个人意愿。程婴一上场,就把自己树在了矛盾的焦点,吸引着观众产生一种强烈欲望,要看此戏怎么进行。随着剧情的深入,在拯救孤儿关键又具体的措施上,程婴找到老友公孙杵臼,二人有一段倾诉衷肠的对唱,也是相当精彩的:

公孙唱:
从今后你要受万般苦痛
身和心受煎熬艰难丛生
叫贤弟咬咬牙忍辱负重
待孤儿成人后自会正名

程婴唱：

为孤儿你舍命令人钦敬
叮咛语为弟我常记心中
霎时间年迈人就要丧命
都是我连累你不得善终
……
仁兄你黄泉路上耐心等
待孤儿成人后我随你而行
……

唱词写得委婉生动，二位老友为救孤儿，置生死于度外，危难之际，二人像拉家常一样。要用生命去换取孤儿的存在，这是不同凡响的一笔。当现实到来，不但老友公孙杵臼被贼子刺死，连自己的亲生儿子也被奸贼摔死在自己的眼前。这是什么心情，什么景象？此时此景，他唱出了这样的唱词：

哭一声我儿惊哥
再叫一声公孙仁兄
你们惨死贼手　双双送命
血染黄土　尸首不整
我　我肝胆欲碎
叫天不应
两眼泣血
万箭穿胸
……

眼睁睁看着贼人将你害，我不能挡，不能救，不能躲，不能吭，眼泪往肚里流，不敢出一声……

这是肝胆欲碎的心境，这是撕心裂肺的情感，唱的既是主人公真实心情的反映，又是典型传统戏的唱词结构，特别符合豫剧豫西调“流水”板式的演唱。唱中有哭，哭中有说，唱出泪，唱出血，此时唱词和唱法已经交织为一体，充分体现了编剧唱词的戏曲功力，不能不让人佩服，让人点赞。让人期望的程婴的唱腔到此时远远没有画上句号，在最后一场的核心唱段，才是作者的重笔之作。程婴经历16年磨难，终于盼到“出头”之日，又被屈打，面对大将军和公主，他唱出一段长长的“咏叹调”：

无情棍打得我皮开肉绽
老程婴我又闯一次鬼门关
为救孤我舍去惊哥亲生子
亲生子啊
为救孤我妻思儿赴黄泉
为救孤我每日伪装与贼伴
为救孤我身居贼府落不贤
为救孤我遭人唾骂千万遍
为救孤我忍辱含垢十六年
……

这段长达40句的唱段，到了此时，让人感到不多不赘，痛快淋漓，前面连着六句“为救孤”排比之句，写出了16年程婴的“忍辱含垢”生活，接着写出了16年艰辛的育孤历程和期盼。这段唱词让人心动，让人情动，当然，首先感动的是我这个作曲者，当这段唱在舞台上成型之时，果然不同凡响。如今十几年过去了，大家有目共睹，豫剧《程婴救孤》在河南、在全国乃至全世界取得了一个又一个辉煌的成绩，同时戏中的主要唱段也早已在社会上流传。因为我在河南电视台《梨园春》工作的缘故，见证了社会上戏迷朋友上至六七十岁的老人，下至五六岁的娃娃，多少人在唱程婴的“十六年”唱段，多少人在学“哭惊哥”的唱腔，实在无法统计，这些二度创作上的成功，当然与涌泉的剧本创作有密不可分的联系，也真正体现了涌泉的“一剧之本”的功劳。

以后的日子里，我和涌泉又陆陆续续合作了《台北知府》《李香君》，戏曲电影《贞观家事》《陈蕃》等几部大型豫剧，除此之外，他又连续不断推出自己的大作曲剧《阿Q与孔乙己》《婚姻大事》和豫剧《风雨故园》等多部佳作。他在全国的影响和声望也越来越大，我对他的了解也日益加深。他是戏曲文学战线的一名“斗士”，敢于碰硬。写的大都是大题材，改编的大都是名人名著。这些冒险的动作，实际上是在挑战自己、挑战历史，而且很可贵的是，他都能获得成功。比如，我们合作的豫剧传统电影《贞观家事》是由原来的豫剧传统名剧《三哭殿》改编的，这个戏在河南可以说是家喻户晓，是豫剧唐派须生的看家之作，可想要改编这样的传统名剧，要担当相当大的风险。但是让我佩服的是涌泉在《三哭殿》原作的基础上，不伤筋不动骨，在保持原貌的前提下，小修小改，就给人以新意，给人以满足。以剧中唐王的唱词为例，比如“李世民登龙位”“下位去劝一劝贵妃娘娘”这些脍炙人口的唱段，他基本保留。同时，根据剧情和人物的发展他也增添了新的唱段，表现唐王的左右为难：

一边是孤王的皇亲国丈
一边是孤王的外孙儿郎
詹国丈连着詹爱妃
御外孙牵动着女儿心肠
手心手背都是肉
口咬哪个我都心伤
人常说清官难断家务事
怎知这家务事也难坏一代君王

这段新加的唱词，我谱曲完成后让老艺术家贾廷聚先生演唱，舞台上试验后，马上在戏迷观众，特别是唐派热爱者中引起反响，传唱开来。大家不但没有对老传统戏上加新词感到反感，相反，观众还特别喜爱，一段唱往往能叫几个好。这不能不说与涌泉的“笔功魅力”有关吧。在我们最新合作的新编历史剧《陈蕃》创作过程中，我又一次领略了涌泉“笔下自有千钧力”的深厚功底与积淀。他用现代人的感悟,现代人的审美,写出了一个历史清官陈蕃。故事之悲壮,内涵之深厚,特别是唱词的精辟深刻,愈来愈显示出涌泉笔锋的老辣熟练。他在《陈蕃》核心唱段写道:

大汉如同参天树
巍然屹立傲苍穹
树大更需小心护
最怕日久生蛀虫
……
顽疾需要用药猛
霹雳手段不留情
肃贪腐　勤内政
强国基　抚百姓
一片澄明玉宇净
大汉江山万年青

这些唱句掷地有声,历代老百姓期望于此,心盼于此。此剧每每演唱到此处,剧场中掌声雷动,群情振奋。这些唱词的千钧之力跃然纸上,不能不使人从心底对作者发出赞叹与钦佩。

祝愿年轻的涌泉,未来的日子里再出新的佳作,再创新的辉煌。我也期待着与他再次合作。

诗人剧作家陈涌泉

汤其河

陈涌泉是我省乃至国内不可多得的著名剧作家。河南省艺术名家推介工程将其推出，是水到渠成，众望所归。多年来，涌泉同志伏案疾书，潜心耕耘，创作出一系列举足轻重、有血有肉的不朽剧作，为国家戏剧舞台的繁荣贡献着自己的才华和睿智。

他的剧作中，戏剧是有思想的，人物是有血性的。无论是改编还是原创，始终站在时代的前沿，融入当代人的理念，施以流畅的文笔，注以高度的自觉。悲剧大开大合，壮美激越；喜剧让人忍俊不禁，前仰后合；更有娓娓的叙事，行云流水，酣畅淋漓，好不痛快。品其味而厚淳，观其色而俊丽，视其形而高远，读其剧而受用。古典戏剧中，洋溢着现代时尚；现代戏剧中，萦绕着古典艺术之美。跌宕起伏，纵横交错，万变不离其宗——戏。有戏才是戏，有戏才成剧。这是一个剧作家走向成熟的重要标志，也是一个成熟剧作家必将成熟的剧作全面反馈社会、回报民众的理由和归宿。

我和涌泉老弟是好友，也是艺术创作的合作伙伴，在他的《程婴救孤》《阿Q与孔乙己》《婚姻大事》等一系列成功作品中，我有幸与其合作了《风雨故园》《江姐》。

《程婴救孤》是他的成名作、代表作，很早听说其他版本的《赵氏孤儿》，但都没有像它一样的有高度、有深度、有力度、有成熟度。更听说和眼见李树建院长在二团最困难的时期，立足于干大事，出精品。剧团账面上的资金捉襟见肘，可谓揭锅见底。但就是砸锅卖铁，也要先立戏，立好戏！剧本费用只能先欠着，涌泉同志二话没说，与院长同甘苦，与二团的同志们共患难。硬是在一个一穷二白的剧团，最终将该剧锻造成第七届中国艺术节上文华大奖第一名。条件不好，设备不好，戏要排好；钱不要，命不要，好戏要要。“戏不惊人死不休”，他的代表剧是这样代表的，他的成名剧也是这样成名的。戏德，人品，思想，技艺，品位，高度，这就是陈涌泉。而该剧久演不衰，享誉国际剧坛，世人惊艳！

他在河南省曲剧团任副团长期间创作的两部戏《婚姻大事》《阿Q与孔乙己》，成为省曲剧团的两部保留剧目。《婚姻大事》掐指算来，已演过数百场。《阿Q与孔乙己》，也通过曲剧名家杨帅学的高超演绎，捧回“梅花”。《阿Q正传》《孔乙己》本是鲁迅先生早年创作的两部不朽名作，而剧作家陈涌泉却把这两部“风马牛不相及”的作品，巧妙勾连，硬是让阿Q与孔乙己在戏中谋了面。人们在这部戏中，领略了陈涌泉在喜剧创作方面的天赋和智慧。他将封建礼教羁绊下的两个典型人物塑造得活灵活现，保留了鲁迅作品的精髓与内涵，并结合戏曲特点有了新的开掘。观众的笑声是酸楚的，剧场的效果是强烈的。

我和涌泉老弟有《江姐》《风雨故园》两次合作。《江姐》改编于阎肃的歌剧《江姐》文本。在征得了著名剧作家阎肃的同意后，涌泉同志在原著的基础上，融入了自己对人性的诠释：为革命者江姐加入丈夫、儿子的亲情线，道出了江姐不是只有革命的情志，在丈夫壮烈牺牲，自己身陷囹圄后，作为孩子母亲的江姐，为革命的受挫而惋惜，为同志的痛别而叹息，亦为幼小的孩子而担心。她嘱托自己的孩子：从小立下革命志，做好革命后代根；接过红旗爱红旗，要做革命接班人！母子情节的渗入，从另一个角度讲，丰厚了故事的情节，也揭示了江姐革命英雄主义的情操，并镶嵌着人文主义的人性色彩。让人看了不失革命性的一面，又更走近民心。“豫剧十大名旦”之一的李金枝饰演的豫剧江姐，耐人寻味，令人思绪万千。

《风雨故园》是陈涌泉的又一得意之作。此剧一上演，就引起不小的轰动。剧本曾获得曹禺戏剧文学奖，被编入《大学语文》教材。鲁迅长孙周令飞对本剧表示肯

● 陈涌泉近照

定，他说用戏曲这种传统形式来表现一个伟人的内心世界，表现一个有血有肉的人间鲁迅，从他和原配朱安的不幸婚姻这个小视角来反映当时剧烈的时代变革是个挑战。涌泉就是用戏曲的形式、独特的视角，塑造了同在蓝天下，又同是封建礼教受害者的鲁迅与朱安不幸的婚姻。经过10年的沉淀、提升和修改，复排后的《风雨故园》让人眼前一亮，专家学者对本剧的编、表、导、音、美给予了准确的评价和定位，称之为"中国现代戏的巅峰之作"。著名豫剧表演艺术家汪荃珍的成功表演，奠定了这出戏的坚实基础。相信此剧通过"小蜗牛"的声音，会传得更远，走得更好。

成熟的剧作家，同时具备着诗人般的气质和风度。好的唱词有时就是一首诗，我在与涌泉弟的合作中，就曾领略到剧作家的风光，荡漾在美好唱词的海洋里。好的唱词，能让音乐插上飞翔的翅膀，能让美好的乐思奔腾流淌；能让你一步三叹，能让你激越奔放；能让你潸然泪下，能让你悲愤满腔！毫不夸张，也不是张扬。一个唱段的存活和流传，除作曲家和演唱者的功能外，唱词是根本，是母体和基因。像《风雨故园》中"丁香花"回味无穷，"黄花姑娘十八变"，洋溢着少女般的温馨，巧美可爱的律动。"我有老公，他是一个留学生"的自然流淌，"拨云见阳光"的场景描绘，"我回来了"的不可抑制，"洗衣，缝补，做饭，扫地"的抑郁之情。而核心唱段的"小蜗牛，小蜗牛，爬呀爬，不回头"，似童谣，具民风。其中的"昏惨惨，没了去路，哗啦啦，倒了高楼；荡悠悠，无着无落，痛切切，心儿似揪"，壮怀激烈，难抑难平。是元曲？是宋词？难以辨清。常规的"七字句""十字句"，有这么多变格的唱词错落有致，巧妙搭配，浑然天成。再笨拙的作曲家，有美好词句的引领，也会笔下生花，金门石开。感谢剧作家，我们的诗人！

陈涌泉是一位具有思想性、自觉性、理性、血性的全能剧作者。创作之余，他还担负着河南省剧协的繁杂事务：复刊《河南戏剧》，策划"黄河杯"，组织小梅花大赛，安排"中青年演员红梅奖大赛"。南来北往，不亦乐乎。为戏剧而奔走，为创作而忙碌；创作之外抓创作，工作之余再工作。期待陈涌泉老弟创作出更多的佳品，奉献给我们的衣食父母，让河南戏剧驰骋中原，享誉国内，走向世界！

陈涌泉"当代戏曲"的文化立场与本体意识

穆海亮

当中国戏剧的"河南现象"越来越引人注目时,陈涌泉先生及其戏曲创作也越发成为其中的显在标识。陈涌泉具有高度的理论自觉、勇敢的历史担当、明确的责任意识和深厚的人文情怀,这不仅体现在作为河南戏剧主事者,他为民族戏曲世界化、戏剧观众青年化、戏剧生态平衡化摇旗呐喊并身体力行,更体现在作为一名杰出的剧作家,他以《阿Q与孔乙己》《程婴救孤》《风雨故园》等一批优秀剧目,为传统戏曲现代化做出了卓有成效的探索。

陈涌泉的剧作以文学性强、思想深刻而见长,注重人文精神,坚持当代立场,富有文化意味;而这极强的文学意蕴和深刻的思想观念以高度戏曲化的方式呈现于剧场中,又充分彰显了戏曲艺术的本体意识。当代立场与戏曲本体交融互渗,陈涌泉剧作堪称"当代戏曲"的典型代表。所谓"当代戏曲",当然不是指题材的当代性,而是指思想指向、价值立场和审美情态的当代性。概而言之,"当代戏曲"是站在当代中国人的思想立场,用符合当代中国人审美情趣的艺术语汇,表现当代中国人的情感与追求,引领当代中国人精神取向的戏曲作品。在人文理念、时代担当、文体探索、美学坚守诸方面，陈涌泉的“当代戏曲”创作体现出深刻、融通，既富典型意义又具个性色彩的鲜明特点。

一、文化立场：当代人文理念呈现与时代精神担当

毋庸讳言，作为传统艺术的戏曲在当代文化生态中的境况并不理想。跟所有的传统文化一样，戏曲在与新时代发生碰撞时难免会出现水土不服或时空错位的隐忧。陈涌泉对此有着清醒的认识，但他绝不甘于现状，而是采取积极主动的文化策略，为戏曲在当代社会的生存发展乃至发扬光大寻求出路。“戏曲生态平衡化”是他的外在文化策略，而“传统戏曲现代化”是他的内在文化自觉。

如何实现现代化？首要的就是坚守当代立场下的人文理念。所有的戏剧都是表现人的，其精神价值和美学意义的高低直接取决于其人学意蕴的高度和深度。《风雨故园》的最成功之处，就在于塑造了两个极具人学深度的艺术形象——朱安和鲁迅。陈涌泉由《阿Q与孔乙己》走进了鲁迅的精神世界，又从鲁迅走近了他身后那个可怜的女人。在鲁迅被神化的时期，在其高大身影的遮蔽下，朱安是个似有实无的存在，为了成全鲁迅的伟大，一个微不足道的朱安牺牲在强大的权力话语之下似乎是再正常不过的事情。但是陈涌泉看到了这种逻辑的荒谬性甚至非人性。“人们可以找到一千个回避朱安的说辞、一万个她配不上鲁迅的理由，但无法否认她作为一个人的存在。在人格上，所有人都是平等的，她的人格必须得到尊重，她的尊严谁也无权剥夺。”朱安虽然目不识丁，可谁也无权泯灭其追求感情的权利；她虽然孤独落寞，可谁也不能无视其内心的痛苦；她生前可以没有爱，可死后绝不能失去名。于是，陈涌泉以饱含感情的笔触使一个既传统守旧、温顺敦厚又有自己的向往与追求的朱安从后台走上了前台。他对朱安的塑造发乎同情而并不止乎感动，《风雨故园》通过朱安的不幸折射了一个时代的悲剧，在对封建体制及观念进行深入揭示的同时，也对长期以来遮蔽朱安的那些权力话语以及建构这些话语的文化及社会生态进行了深刻的反思。陈涌泉在再现一个真实的朱安的同时，也就还原了一个真实的鲁迅，因为不管人们是否愿意承认，朱安其实都是决定鲁迅真实性的一个重要节点，对于神化鲁迅和贬斥鲁迅的双方都是如此。神化鲁

《风雨故园》剧照

迅的时期，朱安充满了不可言说的敏感性，除了刻意规避别无他途；而“贬鲁潮”则把朱安作为攻击鲁迅的工具。然而，刻意规避也好，视作工具也罢，其实质都是要放大或凸显鲁迅的某个侧面，客观上也就必然缩小甚至遮蔽鲁迅的其他侧面。隐匿一个朱安固然不足以使鲁迅稳坐神坛，鲁迅的复杂性早已为越来越多的人所认知，而凸显一个朱安也不足以实现对鲁迅的祛魅，更不足以把鲁迅贬倒，鲁迅在思想和文化上的伟大贡献丝毫不会因此而减色。那么，该剧的文化价值首先就表现在，当朱安浮出历史地表，世人看待鲁迅的视角就有可能从此前的一味仰视或刻意俯视改为真正的平视。平视的视角是直面人本身的，所以《风雨故园》中的朱安是一个有尊严的生命个体，鲁迅是一个饱含着人情味、体现着人性之真的伟人。这正是陈涌泉看待鲁迅的视角，正如魏明伦在《夕照祁山》中看待诸葛亮、陈亚先在《曹操与杨修》中看待曹操的视角一样，这样的视角只可能出现在思想解放的新时期以后，体现着鲜明的当代立场，富含深刻的文化意味。

坚持当代人文理念是戏曲实现现代化的原则立场，传统题材的现代转换则是实现现代化的必要途径。要重视传统题材，是因为“戏曲的现代化，一定要在充分尊重传统的基础上才能得以实现。传统剧目的改编，就是继承与发展在一个具体剧目中的实践与体现”;要实现现代转换,是因为“戏剧艺术既有历史稳定性,又有时代可变性,只有在传承中与时俱进,为传统剧目不断注入新的内涵,实现现代转换,才能使其重新焕发生命力,符合时代的审美要求,引起观众思想、情感上的共鸣”。带着这样的深刻理解,陈涌泉将纪君祥的杂剧《赵氏孤儿》改编为《程婴救孤》。原作冲突剧烈,戏剧性强,有着很好的改编基础,但这样一个原本侧重表现忠奸斗争、父仇子报的传统故事置于当代文化语境中,难免会存在某些抵牾。比如,原作中那些英雄义士为救孤前仆后继,虽赴汤蹈火也绝无怨言,既是由于对赵氏之忠,更是由于他们曾受惠于赵氏,因而他们的义举就带上了知恩图报的意味,甚至或多或少带有某些“愚忠”之嫌。这与当今的价值观念存在错位。再如,程婴舍子救孤的行为在古代被视为舍身成仁,乃人之大义,而在主张尊重每一个生命的今天,这样的行为难免惹人质疑。正如程婴在剧中所说:“别人的孩子是孩子,可我程婴的孩子也是孩子啊!”这个问题极为关键,如果解决不好,就使作品的真实性和可接受性大打折扣。张艺谋导演的电影《金陵十三钗》就存在类似的问题。尽管张艺谋极为精细地描述了妓女们从“商女不知亡国恨”的轻佻浅薄,到最终幡然醒悟、代替女学生慷慨赴难的转变轨迹,但始终让人生疑的是:谁能在女学生与妓女的生命价值之间分出高低贵贱呢?如果不能,那么用妓女的生命换取女学生生命的充分合理性究竟在何处?程婴的舍子救孤在今天同样面临这样的问题。针对这些问题,陈涌泉的处理是深刻精巧、令人信服且富有当代意蕴的。在主题立意上,《程婴救孤》淡化了原作知恩图报的色彩,以惩恶扬善、舍生取义作为背景,更加凸显的是重义然诺、忍辱负重、生死不渝、坚韧顽强的人格力量和精神境界。在人物塑造上,以程婴作为第一主角,不仅表现了其舍子救孤的大仁大义,更表现了其在做出舍子抉择时的灵魂煎熬,痛失亲人之后的撕心裂肺,遭人误解、忍辱含垢时的痛彻心扉,抚养孤儿时的含辛茹苦。纪君祥笔下的程婴是一个机智果敢的忠义之士,而在陈涌泉笔下,程婴不仅是一个可敬的义士,更是一个可亲的丈夫、慈爱的父亲,一个蒙冤受屈不后悔、万箭穿心不低头的无名英雄。无情棍打得程婴皮开肉绽,而比肉体磨难远甚百倍的,是程婴因做出巨大牺牲却不被理解,身背骂名又有口难辩而在灵魂深处留下深刻的烙印。最好的戏剧性是把人的灵魂撕裂放在火上烤,是与最基本、最普遍的人性息息相通,是让审美指向高度同一的剧场观众激起最强烈的情感共鸣,《程婴救孤》在这方面是成功的典型。该剧最打动我们的其实并非救孤本身,而是作为父亲的程婴亲手将儿子送入虎口时的灵魂撕裂,是作为普通人的程婴生命深处的精神苦痛,更是作为无名英雄的程婴在面对这样的苦痛时那虽九死而犹未悔的人格力量。这样的程婴就不再是民族大义或民族精神的道德符号,而以令所有人感同身受的巨大情感力量触及了最深的人性,是超越了时代、民族和文化差异而具有普遍价值的。这样的文化立场,体现的就是充溢着现代意味的人文理想。

在某种意义上说,今天我们面对传统,就是面对我们的历史,追寻我们的文化记忆,同时展现了我们今天的文化姿态。新世纪以来形成的《赵氏孤儿》改编热,恰是一个鲜明的例证。《赵氏孤儿》改编热的出现,不单是由于原作浓郁的戏剧性为改编者提供了较好的根基,更重要的文化内因,其实是由于此类题材折射着一种对传统的"修复型怀旧"。这是美国思想家博伊姆提出的概念,它是指当人们对现实中的境遇感到失落时,就倾向于从民族的传统或神话中寻求对"过去的纪念碑的完整重建",以"重建失去的家园和弥补记忆中的空缺"。在如今这样一个社会转型时期,现实中道德沦丧,人性滑坡,舍己为人、一诺千金之人越来越少,唯利是图、背信弃义、寡廉鲜耻之徒却越来越多,人们又不甘于此,希望通过传统记忆找回我们的理想秩序和精神家园,所以《赵氏孤儿》热的出现并非偶然,它是试图以传统的丰碑拯救如今的沉沦。但当下针对《赵氏孤儿》的两种主要改编态度却是颇为值得玩味的。一种是像北京人艺版的《赵氏孤儿》,对原作的崇高意旨进行了彻底的颠覆和解构,传达的主旨是人总是被情势所裹挟,人的主体性已经式微,呈现出显而易见的后现代气息。我并不认为这样的阐释不能成立,因为改编者理应有自己的第二主题;也不认为后现代的改编方式缺乏意义,它完全能成为戏剧多元形态中的一元。在我看来人艺版的《赵氏孤儿》是令人耳目一新的,但这种对待传统的态度是我无法认同的,因为它与我们的时代脱节。其一,取消赵屠之争的忠奸善恶之别而以无始无终的权臣党争视之,最终让孤儿放弃复仇,这样的改编不仅无法对当下的价值混乱和道德滑坡进行"修复",反而有可能会使我们陷入历史虚无主义的态度;其二,百年中国的现代化进程中,对个人主体性的张扬是其基本使命,在国人作为普通生命个体的意义和价值还未得到充分尊重的时候就公然宣扬人的主体性式微，似乎有规避时代担当之嫌；其三，西方的后现代主义是在现代主义充分发展的情况下自然出现的，而在中国理性启蒙尚未完成，现代主义刚刚起步的情况下，就以后现代主义的态度解构传统，似乎有些与时代错位。因此，人艺版《赵氏孤儿》引起争议是必然的。第二种改编态度就以陈涌泉的《程婴救孤》为代表，尊重传统又激活传统，敬畏经典又唤醒经典，唤醒是为了赋予经典以现代精神，激活是为了使传统与当下对接。由此观之，《程婴救孤》之所以毫无争议地获得专家和观众的一致赞扬，我认为就是因为它准确把握了时代脉搏，实现了与当下中国现实的共鸣，契合了今天观众的审美情趣，引领了一个时代的精神风尚，从而最大限度地发挥了动人之情、引人之思、启人之智的文化功能。深刻的立意、饱满的人物、充沛的感情、流畅的叙事赋予了《程婴救孤》优秀剧作的基本素质，也使深沉典雅的传统艺术呈现出强烈的现代气息，体现着作家鲜明的时代担当精神。

《阿Q与孔乙己》也可作如是观。该剧创造性地使鲁迅笔下最著名的两个人物出现在同一时空，甚至在情感生活上产生交集，这是再明显不过的“拼贴”之作了。众所周知，拼贴本是后现代主义的典型文本策略，在中国以林兆华、孟京辉为代表的先锋戏剧家最擅长此道，而他们的拼贴往往同时意味着解构。林兆华将《三姊妹》和《等待戈多》拼在一起，让契诃夫笔下的人物也传达出无奈而永恒的等待主题；孟京辉将《放下你的鞭子》和《沃伊采克》拼在一起，把一出悲壮严肃的抗战宣传剧模仿得滑稽可笑。《阿Q与孔乙己》虽然也做了拼贴，但它绝不是对经典的解构或颠覆，更不为诘屈聱牙或玩笑耍弄的后现代做注脚，而是面向当代的意义激发。在启蒙现代性的文化使命远未完成的当下中国，鲁迅的国民性反思仍有强烈的现实针对性，仍有振聋发聩的文化效用。陈涌泉的拼贴不仅没有进行所谓的文化改向，反而通过阿Q与孔乙己两个典型人物的互文见义，产生了1+1>2的剧场效果，将原作的深刻内蕴及当下价值充分发掘出来。

二、本体意识：戏剧文体探索与美学精神坚守

作为一个有着深刻理论认知和较高学术素养的剧作家，陈涌泉的戏曲创作具有开阔的视野和广采博收的意识，但他又始终十分清醒地认识到，视野的开阔和

对其他审美资源的兼收并蓄绝不能以失去戏曲自身的审美属性为代价。任何的借鉴吸收都要服务于戏曲艺术的审美创造,都是为了更好地突显而非泯灭戏曲艺术的审美属性,任何的发展创新都必须以坚持而非放弃戏曲自身的美学特征为前提。这是一种成熟而理性的戏曲本体意识。所谓戏曲本体意识,就是既要坚持戏曲美学的基本理念,使戏曲始终保持其区别于其他艺术门类的独特审美格调,又要探索戏曲发展的可能空间,开拓戏曲可能达到的新境地。

概而言之,陈涌泉的戏曲本体意识主要体现为四个方面:其一,在坚持当代人文立场的同时,实现了对中国传统戏曲艺术的精神回归。以中国现代文学精神为基色,熔铸着西方戏剧的人文意蕴,陈涌泉剧作的思想含量大大增强,人物的立体感和丰富性显著提升;同时自觉地向中国古典戏曲的精神靠拢,浓郁的情感、诗性的语言、诗化的意境乃至整体流露出的"剧诗"风格,都体现着古典戏曲的审美韵致:"写情则沁人心脾,写景则在人耳目,述事则如其口出是也。"其二,在大胆借鉴姊妹艺术的技法和精神的同时,始终坚守戏曲艺术的美学理想。借鉴话剧的块状结构和电影蒙太奇的剪辑手法,使得场面集中,结构紧凑,剧情进展迅速,时空转换灵活,从而更加符合当代观众尤其是青年观众的审美情趣;而这所有的借鉴都是为了丰富戏曲的艺术语汇,提高戏曲的艺术表现力,而绝不是要把戏曲变成戏曲化的话剧、戏曲化的电影或戏曲化的西方戏剧,所以戏曲的虚拟美学、自由时空、线性结构、程式规则,以及无声不歌、无动不舞的舞台呈现方式是陈涌泉剧作一以贯之的美学风范。其三,尊重剧种差异,彰显剧种特色。戏曲百花园的花色品种理应越多样化越好,可自 20 世纪 80 年代以来,地方戏京剧化、戏曲话剧化、剧种趋同化的倾向就日益明显。陈涌泉对此保持了高度的理论警醒和创作自觉。他为豫剧写《程婴救孤》,剧情推进大气磅礴,人物塑造激情澎湃,感情抒发酣畅淋漓,尤其是"哭惊哥""十六年"两个唱段,写得全情投入,唱得惊心动魄。这正是戏曲之美,更是豫剧之长。为曲剧写《阿 Q 与孔乙己》,机智诙谐,自由灵动,气韵洒脱,这恰是曲剧最为擅长,以丑角作为主人公,也最能体现曲剧特色。其四,积极探索戏剧文体的丰富可能性,使当代戏曲的悲剧和喜剧审美形态得到了一定程度的拓展。就陈涌泉戏曲本体意识的这四点表现而言,前三点在戏剧界已得到公认,此处不再赘述。下面单就其戏剧文体探索的成绩与价值进行具体分析。

中国传统戏曲原本没有悲剧、喜剧的概念，是王国维这代有着西学背景的学人将西方的悲喜观念引入中国。诚然，如果按照西方悲剧观念衡量中国戏曲，即使是被王季思先生选定的中国十大古典悲剧也算不得纯粹的悲剧，这其中就包括被王国维誉为“列之于世界大悲剧中亦无愧色”的《赵氏孤儿》。纪君祥集中笔墨渲染了众义士舍生取义的壮举，结尾是长大成人的孤儿毫不犹疑地快意恩仇，死难英灵受封，在世义士得赏。这是传统戏曲的常见模式，也体现出其经常被人诟病缺乏“真悲剧”的两个主要原因。一是“五四”先贤在批判传统戏曲时矛头指向的所谓“团圆之趣”：不管剧中人物经历多少磨难，剧作都要以某种形式的“团圆”作结，仙圆、梦圆、大仇得报、沉冤得雪、归隐山林、浪迹天涯，成为传统戏曲的惯用结局。二是传统戏曲中苦难被“提纯”到极致，充满了悲壮气息，体现着崇高之美，最大限度地激发人的怜悯和恐惧的悲剧人物并不多见。而陈涌泉的《程婴救孤》对《赵氏孤儿》的改编恰在这两个方面用力最甚，效果最佳。从人物塑造来看，《程婴救孤》浓墨重彩渲染程婴施义反被诬、蒙冤无处诉的悲剧性命运，尤其是补写 16 年后还遭公主痛骂、魏绛毒打的场景并作为全剧的情感高潮，这极为精彩的创造既把程婴的苦难推向了极致，也为展现程婴面对任何苦难都坚韧顽强的精神力量提供了充分的情感支撑。程婴所遭遇的精神磨难、迸发出的坚强意志及其因此而达到的悲剧高度不仅是历代孤儿故事所未有，而且即使放在整个传统戏曲范畴内也是极其罕见的。程婴悲剧形象的最终完成，落实在陈涌泉对《赵氏孤儿》结局的成功改造上。在纪君祥的时代，孤儿做出复仇的抉择是轻而易举的；而在今天，这个问题却值得推敲了。屠岸贾虽是杀死赵氏满门的仇人，可毕竟又是养育孤儿的义父，孤儿能够轻易举起那复仇之剑吗？可如果放弃复仇，那赵家 300 余口的惨死就变得毫无意义，程婴为救孤做出的牺牲、为养孤付出的心血、承受的超乎寻常的精神痛苦就付之东流，那么正义何存呢？所以仇是一定要报的，而怎么报则需要仔细斟酌。陈涌泉对此的处理十分妥帖且令人信服。孤儿得知真相，为自己身世和家族的不幸而伤悲，为程婴的巨大磨难而心痛，为程婴的伟大精神所感动，同时也因屠岸贾对自己的养育之恩而纠结。于是，让屠岸贾自裁或许是最切合孤儿百感交集之情感状态的选择。然而，谁也没想到的是，屠岸贾提起宝剑突然刺向孤儿，程婴挺身而出挡在孤儿身前。这样的处理堪称神来之笔！孤儿必须报仇，屠岸贾必须得死，这才使得天理昭彰。程婴再次救孤，而且为此付出了自己所唯一能够付出的血肉之躯，这实现了程婴人格的最后升华，也是对传统戏曲团圆主义的彻底扬弃。可以看出，《程婴救孤》尽管整体上仍然继承了《赵氏孤儿》的情节主线和人物基调，可它对程婴形象的崭新塑造超越了此前《赵氏孤儿》的任何版本，它对“团圆之趣”的彻底抛弃使之成为彻头彻尾的大悲剧。它站在现代文学的立场，浸润着西方悲剧的观念，体现出明显的现代意味和普遍价值，这也正是该剧能够唱响世界的重要原因所在。

另外，《程婴救孤》又继承了传统戏曲实际“潜在”的悲剧理念，而与一般意义上的西方悲剧存在明显不同。西方悲剧有个传统，较多注重精神、欲望、命运乃至生命本体的困境，这类困境往往并不是指向现世的，一般也不在世俗的道德伦理层面做出清晰的界定。从古希腊的命运悲剧、莎士比亚的性格悲剧，到奥尼尔的心理悲剧、萨特的存在主义悲剧，基本都是如此。与此相关，西方自黑格尔开始就十分推崇所谓“无罪冲突”的悲剧，从古希腊索福克勒斯的《安提戈涅》到今天弗雷恩的《哥本哈根》，都难以做出道德意义上的善恶评判。传统戏曲与此截然相反。戏曲不管展示怎样的人类苦难，最终都是指向现世的，所有的矛盾和困惑都要在世俗伦理层面求得解决，必须以泾渭分明的善恶区分传达清晰的道德判断。这两种不同的悲剧观念并不存在高低优劣之分，而是不同文化传统、情感方式、人生观念的体现。从这个角度来看，《程婴救孤》尽管在外在形态上借鉴了西方悲剧，而在本质精神上仍然跟传统戏曲血脉相通。

历史地看，继承传统又超越传统、借鉴西方又不同于西方的悲剧观念，是 20 世纪以后戏曲悲剧观的基本倾向；吸收传统美学精神，又深受五四新文学及西方戏剧影响的悲剧创作，是 20 世纪以后戏曲发展的一条基本轨迹。陈仁鉴的《团圆之后》、魏明伦的《巴山秀才》、郭启宏的《南唐遗事》、陈亚先的《曹操与杨修》、罗怀臻的《金龙与蜉蝣》都在传达新的悲剧精神、探索新的悲剧形态方面做出了重要贡献。如今，陈涌泉的《程婴救孤》显然接续并发展了这一序列。

《程婴救孤》是一出彻头彻尾的大悲剧，而《阿 Q 与孔乙己》则是一出审美形态相当复杂又十分独特的悲喜剧。说它复杂，是因为该剧从多个层面存在悲喜并置、悲喜交融，以及悲喜之间一体两面的复杂情形，堪称一出多层次、复调式的悲喜剧；说它独特，是因为它与传统戏曲、现代西方及当下中国的悲喜剧均有明显差异。从整体剧情发展的表层来看，该剧巧妙地将阿Q和孔乙己两条发展线索系在一起，时而交织，时而并行，阿Q主要出之以喜，孔乙己主要出之以悲，二者同时或交互出现，使该剧的总体美学风貌呈现为悲喜并置的状态。更进一步来看，单独考察这两条线索中的任何一条，它们各自又是不同形式的悲喜交融。阿Q的行动、语言、性格、心理处处存在矛盾，必然显得滑稽可笑，甚至从某种意义上说，其最著名的"精神胜利法"也带有一点"超脱"的喜剧感。阿Q的追求是盲目的而非理性的，轻浮的而非严肃的，并不具备充分的实体性价值，所以即使其追求无法实现，甚至处处碰壁，事事不顺，他自己也并没有太大损失，也就不太当回事，因而自欺欺人的精神胜利法就足以使之心满意足了。这多少带有莎士比亚笔下福斯塔夫式的喜剧性超脱感。但阿Q的生活是不幸的，命运是悲惨的，而比这更可悲的，是他麻木于自己的不幸和悲惨，浑浑噩噩，从未觉醒，所以骨子里折射出深深的悲剧意味。孔乙己的外在行动基本是严肃的，态度是庄重的，遭遇是不幸的，总体上呈现出悲剧气息；而在封建体制的束缚和黑暗社会的压迫下，他的人格发生畸变，精神已经扭曲，行事偏离了正常的轨道，身上经常表露着矛盾，言行举止与其所处环境之间存在明显错位：站着喝酒而穿长衫，机械地讲着之乎者也，吃个茴香豆还要考究"茴"字的多种写法，执着而可笑地在"偷书"与"窃书"之间做着文字游戏。矛盾和错位是产生喜剧性的重要源泉，孔乙己身上就带有苦涩的滑稽气息。可见，《阿Q与孔乙己》的审美形态十分复杂，我们至少可从三个角度发掘其悲喜融合的不同形式：阿Q与孔乙己两条线索放在一起，形成剧作整体的悲喜并置；阿Q的线索是以富有喜剧感的外在形式传达了深沉的悲剧意蕴，是喜于表而悲于里；孔乙己的线索是以浓郁的悲剧意蕴裹挟着苦涩的滑稽表征，是悲于神而喜于形。两条线索悲喜并置，属于同一平面上的悲喜融合；阿Q线索的"表里对立"与孔乙己线索的"形神分裂"则各自体现着悲剧性和喜剧性的一体两面：当我们理智地去分析他们的言行，滑稽可笑之处比比皆是；当我们感性地去体味他们的遭遇，又不能不同情他们的不幸、怜悯他们的悲哀，为之扼腕叹息。这两个人物之所以如此丰富地兼具个性特征、典型意义甚至普遍价值，在很大程度上就在于他们如此真实地展现了悲喜人生的一体两面。

《阿Q与孔乙己》这种十分复杂的悲喜剧形态，既有对传统戏曲、现代西方和当下中国悲喜剧审美特点的兼容并蓄，也与之存在显而易见的差异，其独特性就在这差异中得以彰显。与传统戏曲的悲喜剧类似，《阿Q与孔乙己》同样以情节发展的悲欢离合实现剧作风格的悲喜交融；但它又打破了传统戏曲那种始于悲者终于欢、始于离者终于合的定式，更把传统戏曲基本不曾关注的人物性格自身的悲喜两面性作为刻画的重点。与契诃夫式的抒情悲喜剧类似，《阿Q与孔乙己》带给观众的审美感受同样是一种"含泪的笑""引人沉思的笑"；但契诃夫笔下是一群因被时代抛弃而显得既滑稽又可悲的人，作家以幽默的温情抚慰人物的精神创伤，而陈涌泉则继承了鲁迅的反思批判精神，侧重于对国民劣根性的深沉叩问。与皮兰德娄、迪伦马特式的黑色幽默悲喜剧，以及贝克特、尤奈斯库式的荒诞悲喜剧相似，《阿Q与孔乙己》同样是以悲写喜或以喜写悲，形式与内容在审美原则上不具同一性；但皮兰德娄、迪伦马特惯以人物和情境的怪诞、夸张、变形而见长，贝克特、尤奈斯库更以完全违反逻辑、解构语言、颠覆情节、消解人物的姿态表现人类生存的永恒荒诞，而陈涌泉仍然孜孜于个性人物、现实情境的精细描摹，孜孜于典型环境中典型人物的真实塑造。与余笑予的《徐九经升官记》《膏药章》等新时期以来的优秀戏曲悲喜剧相似，《阿Q与孔乙己》同样是小人物的"悲剧喜演"、丑角当行，与赖声川的《暗恋桃花源》等当下的优秀话剧悲喜剧相似，《阿Q与孔乙己》同样是以"拼贴"的方式展现人生的悲喜两面性；但《阿Q与孔乙己》的悲喜交融状态显然更为复杂，从整体到部分、从情节到性格、从内容到形式的多角度、立体式、复调结构的悲喜交融，显示出其在戏剧文体探索方面的独特价值。

总之，人文理念的当代呈现和时代精神的勇敢担当体现着陈涌泉剧作的文化立场，美学精神的顽强坚守和戏剧文体的大胆探索体现着陈涌泉剧作的本体意识，二者交相辉映，共同体现着陈涌泉"当代戏曲"的精神品格和美学追求。罗怀臻先生从三个维度为陈涌泉戏曲做出基本定位：在中原剧作家群中，陈涌泉的创作具有先锋性；在中国当下青年剧作家群中，陈涌泉的创作具有引领性；在新时期以来的戏曲作家群中，陈涌泉的创作具有识别性。这样的评价堪称中的之言，陈涌泉"当代戏曲"的时代意义和文化价值，正是在这共时性的戏剧文化生态和历时性的戏剧发展进程中彰显出来。

从陈涌泉的“入场”方式看他的戏剧创作

李红艳

数年前，在和陈涌泉的一次聚餐闲聊中，他向在座的朋友说了这样一番话：我和李红艳的从艺经历惊人地相似：同是大学中文系毕业，毕业之后同样选择到剧团工作，后我搞创作，她搞评论，到今天都小有收获，我俩算是殊途同归吧。涌泉兄这番话，说得十分真诚，既是一种经验的分享，也是一种路径的指引。显然，他是尝到了这种特殊的“入场”方式给他带来的“甜头”。这番话我印象极深。在此后的数年间，每每观看陈涌泉的作品，思考他的创作，我就会不由自主地想到这番话，而且不由自主地由他的这个“入场”方式去观照他的作品和创作。窃以为，研究陈涌泉和他的戏剧创作，不可忽视的是他的这种“入场”方式，它在创作观念、题材选择、视角切入、艺术风格等方面深刻影响了陈涌泉的创作。

一、以戏剧的方式“反刍”文学

陈涌泉从中学时代就爱好文学，在大学期间，在文学创作方面就多有尝试。

1991年，从河南师范大学中文系毕业的陈涌泉，来到河南省曲剧团工作。从小对文学爱好和系统的文学教育，奠定了他扎实的文学基础，也培养了他的文学敏感。而置身剧团的濡染，使他能够以最近的距离、最密切的方式、最深切的体会，熟悉戏剧，感知戏剧，融入戏剧。二者结合，无疑加速了他"入场"的速度。几年之后，当他以剧作者的身份投入到戏剧创作中时，当人生和生活的阅历尚不够丰富、丰厚时，文学经验和那些熟知的文学作品便近水楼台、顺理成章地进入他的素材范围，成为他戏剧创作的"抓手"和依托。

1993年，小戏《阿Q梦》成为青年编剧陈涌泉出场的"垫戏"，陈涌泉由这个小戏逐渐蔓延开来，创作出了大型曲剧现代戏《阿Q与孔乙己》。众所周知，《阿Q正传》《孔乙己》是鲁迅先生的两部小说名篇，内容并无太多关联。但这两部小说有一个共同点，那就是阿Q和孔乙己这两个人物都是鲁迅小说中重要的一类形象——"庸众"中之一员（李欧梵：《铁屋中的呐喊》）。这就有了把他们融合在一个戏中的可能。陈涌泉正是在此基础上展开了大胆的想象和创造。《阿Q与孔乙己》既忠实于小说中的某些情节，又根据作者的理解，对原著中潜藏的人物心理和动机进行了发掘和拓展，通过一些情节的设置，大胆地把他们融合在一起，让他们交流、碰撞，让他们各自在扮演公众"看客"角色的同时，也彼此成为对方的看客和笑料。这样的发掘和拓展，既较好地传达了原著的批判国民性及"庸众"的精神内涵，又做了强化和渲染。

1996年，陈涌泉这个进入戏剧队伍时间不长的新青年，以新颖独特的《阿Q与孔乙己》，发出了他作为戏剧新青年的第一声"呐喊"，以戏剧的方式，实现了他对文学的一次深情"反刍"。文学作品与生俱来的现代思想和深刻内涵，加上陈涌泉独特的解读和诠释，使这个作品显示出它的独特性、深刻性、现代性。陈涌泉的"入场"方式，使他在题材选择上显示出他的独特，在手法上显示出他"初生牛犊不畏虎"的大胆。

《阿Q与孔乙己》为陈涌泉赢得了始料未及的关注和赞誉。几乎没有经历成名前必然的冷寂和必须的"热身"，陈涌泉初一"试水"便获成功。这与他善于利用自己的资源优势有关，与他年轻无畏的闯劲有关，更与他对题材价值的认知和把握有关……没有这些，他的"一举成名"便无从谈起。继《阿Q与孔乙己》之后，陈涌泉以豫剧《程婴救孤》，完成了对戏剧文学经典《赵氏孤儿》的又一次"反刍"。

现在大家评价豫剧《程婴救孤》的意义，往往把它放在十年前国内众多名家、众多剧种一哄而起改编这个题材的大背景下。似乎是说，陈涌泉的改编是一哄而起的跟风之作，在一些大家、名家颠覆经典引发的众怒中，他的这个相对"保守""规矩"的改编正好满足、抚慰了大众受伤的感情，这是个"机会"之作。其实不然！《程婴救孤》走红全国，是在2004年秋天的第七届中国艺术节，但是《程婴救孤》的创作却是在两年前的2002年1月，同年9月参加河南省第九届戏剧大赛，获得金奖。而国内一哄而起的"赵氏孤儿"热，则是2003年后半年或者更晚的事。豫剧《程婴救孤》并不是"颠覆风潮"中的"反击"之作，而是陈涌泉对这个中国戏剧文学史上的戏剧经典进行反复咀嚼、反复品咂后做出的个性解读，而这种解读，既符合中国传统的价值认同，又契合当代中国对舍生取义精神的呼唤，还符合深扎在中原这块文化沃土上的豫剧这一剧种的文化价值取向和审美气质。这种解读后来能实现"颠覆"潮流中对经典"捍卫"的意义，恰恰是因为陈涌泉对这个题材在当下价值的预见和开掘的自信。这种意义的实现看似巧合，却又必然。前提是，陈涌泉的文学功底和他对传统文学经典价值的认识。

2005年，和《程婴救孤》一并参加河南省第九届戏剧大赛的还有陈涌泉的另一部作品《婚姻大事》。这个戏部分情节取材于河南作家焦景周的《五男二女》。陈涌泉撷取了其中梅大狗的情感故事作为主线，写了大狗和两个女人情感的失而复得和两个女人之间的理解、宽容及尊重。戏是喜剧，非常轻松，也很有味道。陈涌泉抓住河南曲剧委婉细腻、善于抒情的剧种特质，非常细腻地描写了两个女人的情感历程。这个戏，也是陈涌泉以戏剧"反刍"文学的代表之作。虽然它在全国的影响不及《阿Q与孔乙己》《程婴救孤》，但它实现了市场意义和传播意义上的巨大成功，成为河南省曲剧团的保留剧目，并被文化部作为优秀剧目向全国基层剧团推荐。

《阿Q与孔乙己》《程婴救孤》《婚姻大事》这几部作品，对文学作品进行了不同向度、不同深度、不同幅度的改编和创造，均取得了成功，同时也为陈涌泉带来了巨大的荣耀。依托自身所熟悉的文学资源，以戏剧形式对文学"反刍"，陈涌泉迅速完成了他"入场"之后的身份确立，以此建立了自己的题材特长和艺术个性，并以让人始料未及的速度把自己的戏剧人生推向令人向往的高峰。

二、以现代文学精神观照戏剧

从文学经历、文学背景、文学经验中，陈涌泉获得的不仅是题材资源，还有现代的观念、批评的勇气、反思的意识。如果说上述作品是陈涌泉以戏曲的方式完成对文学的“反刍”，那么，豫剧《朱安女士》（复排时更名《风雨故园》）的创作，便是以文学的精神灌注戏剧、观照戏剧。

鲁迅，这位中国现代文学史上的精神领袖，长期以来，被赋予了极强的象征意义，被整个民族赋予了英雄的地位，甚至被推上神坛。“正是由于这种大规模的偶像化，使鲁迅生平的某些方面被夸大得失去了分寸。”（李欧梵:《铁屋中的呐喊》）鲁迅的原配朱安，就是在这种“造神”意识下被有意湮没在岁月的沙尘中。改革开放后，在日渐宽松的政治氛围和文化氛围中，有关鲁迅的不少事件开始进入人们的视野，鲁迅的原配朱安才得以被人们知晓。陈涌泉创作的《风雨故园》，就让鲁迅的这位原配夫人朱安由幕后走到了台前。

尽管文化环境相对宽松了，但是，较之于文学，戏剧的宣教功能和大众意义更强一些，其作为喉舌的工具意义也较之文学更强。学者戴锦华说，在当代中国的历史上，“戏剧始终是某种意义的国家艺术”。所以，戏剧的创作题材，顾忌还是很多的，特别是涉及敏感的题材，是有风险的。像鲁迅这样在人们心目中几成偶像的人物，要写他的情感生活，而且还是不太“光鲜”的情感生活，还是需要很大的勇气和胆量的。深受鲁迅批判精神浸润的陈涌泉，对这个看准了的题材，拿出了鲁迅的“批判精神”“勇士精神”，在明知其难、其险甚至可能遭遇坎坷的情况下，仍以非凡的胆识和勇气走进了它。被历史尘沙淹没的朱安，由此走上了戏曲舞台，走进了普通观众的视野。

在中国现代文学史上，鲁迅以他深邃的目光洞悉国民的愚昧麻木，时刻思索着中国人应有的“新的人生”，而自己面对命运的这一反讽式安排，却无法挣脱。在《风雨故园》中，陈涌泉既写了鲁迅面对“慈母之命”妥协的无奈，也写了他的痛苦、挣扎，甚至冷漠、冷酷。对于朱安，既写了她的封建、隐忍、愚昧，也写了她的期待、

2012 年 9 月,《朱安女士》获曹禺戏剧文学奖,陈涌泉在颁奖现场

压抑、痛苦,乃至绝望后的自省。有关爱,有同情,有无奈,有反思,更有批判。特别是戏的最后一场,朱安得知鲁迅携许广平南下的消息,绝望中对自己人生的回忆、反思(“来世再不把女人投”),既让人产生潸然泪下的同情和无奈,也让人有一种锥心刺骨的疼痛、惊醒,戏罢情感久难平复,深叹命运戏人、造化弄人、制度害人。全戏充盈着的批判精神和反思意识,决定了这部戏不俗的品位,同时也提供了可供研讨的诸多学术话题。

这部戏为文学之外的广大普通观众提供了一个走近鲁迅、走近朱安进而了解鲁迅及那个时代的一个视角和支点,受到了广大观众的关注和喜爱,甚至也得到了鲁迅儿子周海婴、孙子周令飞的认可。但是,也因为它写的是鲁迅,写的是一直被“掖藏”着的朱安,它的上演,还是引发了一场争议,引起了一些鲁迅“拥趸”的质疑。这部戏在首轮演出之后就搁浅了。然而,其剧本却在当代戏剧文学史上获得了应有的地位和尊重:2006 年,其剧本入选北京交通大学出版社出版的《大学语文》教材;后又获得中国戏剧文学奖金奖;2012 年,修改后的《风雨故园》更名《朱安女士》,获得中国戏剧奖·曹禺剧本奖。其作为戏剧文学的价值和意义得到了充分的认同和尊重。

可喜的是，10年之后，河南豫剧院三团再次复排该戏，豫剧演员汪荃珍拟以此戏去争夺“二度梅”，完成她艺术人生的再一次冲刺。10年的岁月虽不算长，但足够涌泉对这个戏沉思、过滤、修改、完善了，足够当初情绪激动的人们沉淀自己的情感、情绪甚至改变曾经的认识和看法了。前提是，这部戏经得起时间的检验和评价。

也许这部戏的“复出”正当其时，就在写这篇文章的时候，看到了陈丹青的一篇文章《鲁迅后院的蜗牛》，他在文中提出了一个大胆的看法：

“我认为鲁迅生命中的两个女人，朱安与许广平，若论谁对鲁迅的影响更大，不是许广平，而是朱安。正是朱安，使鲁迅深味了封建礼教对人性的压抑和命运的荒诞，断了他的后路，刺激他与传统彻底决裂，一往无前、义无反顾地反抗封建礼教，与命运进行‘绝望的抗争’。……鲁迅文风的阴冷、偏激、滞涩，也许与朱安这个背景有关。从这个意义上说，朱安成就了鲁迅。两个反差极大的生命体被捆绑到一起，激起巨大的思想和情感波澜，不谐和处被极端放大，化作鲁迅沉郁的文字和骇人的意象，惊现于世人面前。”

这个大胆的观点，无疑为研究鲁迅提供了一个新的视角，无形之中也为《风雨故园》提供了价值和舆论上的支持。这部戏，因其思想的分量、艺术的质量、学术的含量，注定已经成为并将继续成为陈涌泉的标志之作。

三、坚守中的“突围”和拓展

从1995年至2005年，是陈涌泉强势崛起的10年。在创作题材上，他借助戏曲“反刍”文学；在创作观念上，他体现出探索的锐气和勇气。从2005年至今，是陈涌泉的“突围”拓展期。在立足自己题材特长的基础上，陈涌泉不断扩大关注领域，拓展题材范围，扩张的态势非常强劲，似乎试图要从“改编名著”和“联手文学”的创作定式中“突围”出来。这种“突围”的底气，我想，一方面源于其生活阅历不断丰厚的资本积累，一方面源于其不断成功获得的心理自信。一个艺术家艺术王国的建立，首先要有建立在一定数量基础之上的丰富性，从这个意义上说，涌泉“扩疆拓土”的行为是自觉的，是无可厚非的，而且他这些作品在同类题材中应该说也都是很不错的，有的还可以说是非常好的。如表现反腐倡廉的现代戏《天职》（合作），经陈涌泉加盟主笔后，不但成为同类题材中的优秀作品，而且获得了第八届全国戏剧文化奖原创剧目大奖，剧本获得金奖，并被搬上银幕；歌颂王屋山人诚信品格的现代戏《王屋山的女人》应邀参加了第十六届中国上海国际艺术节演出；山东梆子《两狼山上》获得第十届中国艺术节文华优秀剧目奖；写南水北调移民生活和情怀的豫剧《丹水情深》参加全国少数民族文艺会演，获得金奖及最佳编剧奖……但是，笔者认为，陈涌泉通过这些作品，在实现"突围"初衷和目的的同时，可能也弱化、失去了一些作为创作者非常可贵的东西——独特和个性。以上题材，基本是河南剧作家群的整体特长和优势，即使写得非常不错，也无非是在同类题材中多了一个作品。况且，这些作品，从创作初衷上讲，并不是陈涌泉的灵感之作或兴趣之作，有的是"命题"作文，有的是中途加盟，既没有题材选择的自由，也没有另起炉灶的可能，这会影响和限制作者个人才能的发挥。这与那些作者自主选择题材，抱着强烈创作激情和创作冲动，带着艺术理想和某种艺术追求所创作的作品相比，肯定会有品相、成色上的差异。

涌泉兄还年轻，在创作上，还应该多一点"意气用事"，多一点"无所顾忌"；还应该写自己想写，在慕名而来的约请中有所筛选，在发挥优势时不忘初心；还应该发扬特色，释放个性，写出陈涌泉独特的、更有分量和个性的作品，因为大家对他有更高的期待。

作为和陈涌泉同代的戏曲工作者，我为他取得的艺术成就和产生的影响而自豪，他代表着一个"代际"的成长和崛起，在全国的戏剧舞台上发出了河南年轻一代戏剧人的声音。有了以陈涌泉为代表的年轻戏剧工作者的活跃和达到的高度，我们这一代才没有掉队，没有塌陷，河南戏剧人才的梯队才显得完整，结构才显得合理，气象才显得灵动。向涌泉兄学习，并祝他在艺术创作的第三个十年再创辉煌。

陈涌泉成功的几个要素

郑永勤

与涌泉交往多年,由同事而朋友而兄弟,见证了涌泉奋斗、成长的历程。涌泉之所以能取得今天这样辉煌的成就,促其成功的有多种因素,不揣冒昧,仅浅谈以下三点。

一、"我不入地狱,谁入地狱"——以几近殉道者的决绝矢志不移地坚守戏曲这片圣土

1991 年 6 月,陈涌泉从河南师范大学毕业分配到河南省曲剧团。像他这样的大学本科毕业生,在戏曲最低谷时期,自愿到剧团工作的,即便在全国也属凤毛麟角。

涌泉报到之初,尚未接受创作任务,就暂时安排在省曲剧团办公室工作。我时任办公室主任,与涌泉朝夕相处,很快我们就成为无话不谈的好朋友。时间已过去 23 年,我仍清晰地记得涌泉初到省曲剧团联系工作的情景:那是 1991 年初夏一个

阳光明媚的下午，河南省曲剧团破旧的办公楼里迎来了建团以来的第一位大学本科生。涌泉上身穿了件旧旧的白衬衣，下身穿了条廉价的牛仔裤，背了一个挎包，里面装着厚厚一摞获奖证书。涌泉为人热情，谈吐朴实又儒雅。

涌泉投入戏曲行，恰是戏曲走入低谷，艺术表演团体最为困难的时期。曲剧团工资只能发到一半左右，1993 年我已担任省曲剧团副团长，每月实发工资也只有 280 多元。省直几个团都差不多，市、县级剧团更为困难，艺术表演团体普遍面临着生存危机，据说基层剧团的职工为了生计甚至去卖血等。

当时团里没有房子，在距剧团不远一个叫东关虎屯的都市村庄，单位为他和另一位刚分配来的学生租了一间民房。涌泉当时每月只能拿到 150 元。这样低的收入，不要说养家糊口，连自己也养不活，他不得不利用业余时间到省会一家新闻单位打工。

生活清贫、不被理解倒也罢了，创作上受到的不公正待遇，则是对陈涌泉更严峻的考验。拿他的成名作《阿 Q 与孔乙己》来说，剧团上演不但没给一分稿费，而且还要求他拉赞助。作为一个刚出大学校门的青年人，没有任何关系、背景，去哪里拉赞助？没办法，只有认罚，自己向同学借 1800 元钱印了说明书，而这个数字在当时是他一年的工资。

剧团一位多年从事戏曲创作的老前辈深有感触地说："涌泉啊，你这是何苦啊！我们这一代不管咋说还经历过戏曲的辉煌，以你的才华干啥不中，为啥苦守着这一行？"老先生说这话时，心里肯定在流血。

其实，当初涌泉本不必非到剧团不可。他背着一包获奖证书到省文化厅联系工作时，本可以首选到艺校当教师，但他却选择了剧团。入了戏曲行，这个河师大中文系才子，亦远未到走投无路的地步。在人才跨单位、跨区域甚至跨国流动的改革开放时代，他更没必要死死吊在戏曲这棵树上。涌泉为打工的那家报社破纪录赢得了省好新闻一等奖的荣誉，总编十分欣赏他的才华，多次催他调转关系；省政协管人事的领导一次看了他为政协委员演出写的串台词后，也曾问他是否愿意调入，他却一次又一次谢绝了幸运女神的召唤，并自嘲为"卖艺不卖身"。

经得住诱惑，熬得住清贫，受得住委屈，耐得住寂寞，抱定"我不入地狱，谁入地狱"的决绝信念，如同一个殉道者矢志不移地坚守着戏曲这一方日渐"沉没"的圣土，不舍昼夜地追寻自己的梦想。正是由于这种执着坚守，成就了剧作家陈涌泉；也正是因为有了像涌泉这样有抱负、有才华的有志之士的坚守，戏曲这一方“沉没”的圣土在低谷中上升，在新世纪文艺的春天焕发出勃勃生机。

一年复一年，在东关虎屯那间陋室里，涌泉忍受着经常停水断电的痛苦，冬如冰窖，夏似蒸笼，一盏孤灯，一摞摞凝结心血的手稿，伴他度过了一个又一个漫漫长夜。就这样，《阿 Q 梦》，包括《阿 Q 与孔乙己》这部在全国产生重大影响的作品诞生了。

二、一仰一俯之间——走进历史最深处，站在时代最前列，在巨匠肩膀上激活传统经典里面活在当下的基因

按涌泉自己的话说，改编名著应从“仰视”“平视”发展到“俯视”。“仰视”即改编者对名著要有敬畏心，“平视” 即改编者要有与名著平等对话的平常心，“俯视”即改编者必须具有一定高度和勇于创新的勇敢心，要发现并突破名著局限。

在一仰一俯之间，涌泉以自己独有的姿态，走进历史最深处，站在时代最前列，在巨匠的肩膀上激活传统经典里面活在当下的基因。

2001 年，受河南省豫剧二团李树建团长的委托，涌泉创作了豫剧《程婴救孤》。这个戏改编自元杂剧《赵氏孤儿》。《赵氏孤儿》是一部伟大的艺术经典，是被大学者王国维称为“列之于世界大悲剧中亦无愧色”的作品。这部经典名著在中国戏曲史、文化史上有着广泛而深远的影响，它不仅被历代的艺术家所看重，被改编成多种艺术形式，而且早在 18 世纪就传入法国，成为最早传入欧洲的中国戏剧作品。涌泉创作《程婴救孤》时，在尊重原著精神的基础上，以当代人的视角和理念，站在新的历史制高点上，重新演绎这段让无数中华儿女为之震撼的悲壮历史。

与元杂剧《赵氏孤儿》相比，《程婴救孤》的情节更加紧凑，戏剧冲突也更加合理，特别是主题立意的改变，程婴舍子救孤的目的，由原作的个体复仇变为对社稷正义的匡扶，从而使该剧成为一支高扬民族精神的火炬，更加突显了这部作品鲜明的时代和文化意义。

2002 年《程婴救孤》由河南省豫剧二团搬上舞台，经过两年的千锤百炼，2004

年9月，《程婴救孤》在第七届中国艺术节上一举夺得第十一届中国"文华大奖"第一名、第七届中国艺术节"观众最喜爱的剧目"第一名，同时获得了文华剧作奖等多个单项奖。至此，《程婴救孤》一发而不可收，又先后荣获2004—2005年度国家舞台艺术精品工程十大精品剧目第一名、中宣部"五个一工程"奖、"中国戏曲学会奖"等诸多国家大奖。

与有些"获奖一大摞，就是不上座"的剧目不同，豫剧《程婴救孤》深受社会各界、各个知识层面、各个年龄段的城乡观众乃至国外观众的欢迎，可谓老少咸宜，每年商演逾百场，从农村的田间地头一直唱到美国百老汇。《程婴救孤》堪称河南戏剧在新世纪的突围之作，就这个剧目荣获国家大奖的数量、演出的场次和观众的反响、在中外文化交流中外国观众的接受程度，以及被全国其他剧种移植的次数，在河南当代戏剧史上都是前所未有的，在全国也是极为罕见的。可以说，《程婴救孤》创造了当代戏剧的一个神话，它不仅能进赛场也能进市场，不仅能让豫剧演也能让其他剧种演，不仅能在国内演也能到国外演，打破了当代戏剧"改编经典却难成经典、获得大奖却难占领市场、国人欣赏却难走出国门"的怪圈，成为当代豫剧的扛鼎之作。

以弘扬民族精神为主旨的《程婴救孤》，与市场经济条件下信奉利益至上的当代观众，尤其是传统文化明显缺失的青年观众，不仅没有产生审美心理的阻隔，相反，所到之处竟然处处受到观众的追捧，其根本原因在于它深深植根于民族文化的厚土，把传统文化博大精深的文明成果化入人心，激活经典里面活在当下的基因，从一个新的维度找准了传统经典与当代观众的心灵契合点。

三、信念追逐着梦想——永不放弃，永不自满

就精神气质而言，成就涌泉的还有一个更为重要的因素：无论自己身处何种境遇，始终高举信念的火炬追逐着自己的梦想，一旦确立了目标，永不言弃。

这种精神特质在他少年时代就已表现出来。

一个偶然的机会，涌泉与我谈及了他少年时期险些辍学的一段经历，说着说着，竟动了感情，不禁潸然泪下。我的心也为之一震：这该是一段怎样刻骨铭心的

记忆啊!

也许,仅有两年知青经历的我,还很难真正理解断了求学之路,对于一个志向高远的农家子弟意味着什么?!

涌泉在本村上完小学,到邻近的刘庄中学读初中。没上多长时间,刘庄中学就被撤销了。他不得不转到另一所村办中学王营中学读书。在王营中学上了不到半学期,听说刘庄中学在家长们的强烈呼吁下又复课了,于是,涌泉又回到刘庄中学。孰料好景不长,刘庄中学复学后仅仅开办了一个学期,就再次被撤销。更让涌泉求学无门的是,这次被一起撤销的还有他曾经就读过的王营中学。在短短一年多的时间里,涌泉与那些和他一样穷苦的农家孩子,在两个学校间转来转去,最后两个学校都被撤销——他们连一个临时的校园也没有了。这意味着辍学的危险迫近了,换句话说,这些穷苦的农家子弟期盼通过苦读来改变命运的路径断了,这也许是他们走向外部世界唯一的路啊!

就在涌泉陷入几近失学的极度痛苦之中的时候,他获悉了一个令人振奋的消息:全乡镇唯一的重点中学张店中学正在招生,入学考试就在当天举行!不过,涌泉心里非常清楚,这消息来得太晚了!上苍给他带来了招生的信息,却没有留给他赶考的时间——陈岗距张店六七里路,他跑得再快,都难以赶上这次考试了。然而,这毕竟是一次机会,就像茫茫黑夜里划过的一道闪电,明知抓不住也要扑上去!正在吃饭的涌泉一听这消息,饭也不吃了,头顶一张装化肥的编织袋,鞋也顾不得穿就冲进了大雨中,箭一般向着张店飞奔。

多年后,我在剧作家陈涌泉的泪眼中,又读到了那段刻骨铭心的风雨路,路上那个在绝望中追寻梦想的乡村少年,少年眼中熊熊燃烧的火苗分明写着四个字:永不放弃!

与涌泉交谈,有时我会想起诗人顾城的诗句:“你/一会儿看我/一会儿看云/我觉得/你看我时很远/你看云时很近”。我感觉,他有时把目光投得很远很远。他在看什么——楼之外,是城,这座现代大都市。城之外是山,山之外是河,五千年文明史如西坠的残阳扑入母亲河,一半是血水,一半是火焰。再远,在看不见的远方,是长城。大黄河与古长城,正等待一支年轻的笔,蘸着母亲河的血色波涛,书写我们民族精神的史诗。

●《丹水情深》剧照

视戏曲创作为生命的涌泉，在事业追求上不会浅尝辄止，也没有因为些许成绩沾沾自喜；他的目标永远是下一个——永不自满，这是涌泉的又一个精神特质。

从 1993 年根据鲁迅先生的《阿 Q 正传》创作的第一个小戏《阿 Q 梦》开始，到他的成名作《阿 Q 与孔乙己》，到《黄河十八弯》《婚姻大事》，再到横空出世轰动全国戏剧界、堪称河南戏剧突围之作的《程婴救孤》，从被誉为“不仅是中原文化前卫性动态的一个标志，而且是我省文艺界对当代中国文化的一次开拓性贡献”，在中国戏剧舞台上第一部描写一代文豪鲁迅与其原配夫人朱安不幸婚姻的戏曲作品《风雨故园》，到《当代孝子》《李香君》《贞观家事》《城市的星空》，再到《天职》《两狼山上》《丹水情深》《陈蕃》《都市阳光》等等，涌泉的笔触在改编与原创之间，在厚重的历史与鲜活的现实生活之间，纵横捭阖，游刃有余。他在一步一个脚印地走着，不重复别人，也不重复自己。

剧作家陈涌泉的奔“四化”之路

王新荣

著名剧作家罗怀臻曾这样解读陈涌泉，他说，对陈涌泉应该从几个维度上考察：他为戏剧创作输入了现代文学意识和自觉向传统戏剧文学回归的意识，同时他还具有一代青年剧作家的职业担当意识。其实，罗怀臻的这席话字里行间中言说的不是别的，也就是陈涌泉奔“四化”的过程。当然，这里所说的“四化”并非我们惯常理解的“四化”，而是指剧作家陈涌泉在戏剧艺术之路上所始终坚持和践行的“四化”——传统戏曲现代化、民族戏曲世界化、戏剧观众青年化和戏剧生态平衡化。从豫剧《程婴救孤》《风雨故园》到曲剧《阿Q与孔乙己》，从山东梆子《两狼山上》到豫剧《丹水情深》《王屋山的女人》，几十年来，陈涌泉笔耕不辍，思如泉涌，为人民而写戏，写人民喜欢的戏。正如他在“涌泉相报——剧作家陈涌泉专场晚会”主题歌里所写的那样：“你是清澈的泉源，把我心灵滋润；你是丰富的宝藏，供我采掘不尽；你以崭新创造给我精神厚度，你以多彩生活筑我笔底乾坤。啊，人民，亲爱的母亲，离开你我何处寄托灵魂？”

一、传统戏曲现代化

综观陈涌泉所有的戏剧作品，我们可以清晰地看到，他的创新都是在尊重传统基础上的创新，他的发展都是有深厚传统作支撑的发展，作品中贯穿着他对传统文化的理性审视，对戏剧使命的热情呼唤，对主体价值的充分张扬，对剧种特色的一贯强化，体现出一种高度的文化自觉和明确的文化追求。

陈涌泉的戏剧创作体现出一种文化创新意识。他认为，中国戏曲虽有着深厚的传统积淀，但要获得良好发展，必须在更高的形态上完成现代转换，契合当代观众的审美心理，实现传统戏曲现代化。在创作《程婴救孤》时，陈涌泉一改原作忠奸斗争的简单框范，而是集中展示主人公的心路历程和精神世界，表现程婴在绝境之中的不屈与坚韧，彰显出生命的巨大能量。剧中视死如归的老臣公孙杵臼、慷慨就义的将军韩厥、宁死不屈的丫环彩凤，他们用热血书写了生命的价值，闪耀着光辉的人格魅力。程婴等人救孤的历史正是中华民族忍辱负重、自强不息、不畏强暴、舍生取义的历史，当代观众在欣赏《程婴救孤》时，能够在历史与现实、情感与理智的互动沟通中，感悟到生命的意义，领略到人格的魅力，在回归历史、回归人性、回归纯真的审美冲动中，心灵接受了洗礼，灵魂找到了归宿。

其荣获第十届中国艺术节文华优秀剧目奖的山东梆子《两狼山上》，同样体现出陈涌泉的这种创作追求。杨家将的故事在中国家喻户晓，但传统戏的基本模式都是奸臣当道、忠良蒙难。但该剧没有停留在忠奸对立的简单层面，而是从历史的高度、社会的广度、人性的深度，着力刻画以杨业为代表的杨家忠烈，在国家利益、民族大义面前舍生取义的英雄情怀。故事情节由原来杨家将因家族恩怨被奸臣害死转化为杨家将为国家荣誉战死，突出了他们对国家和民族的赤胆忠诚，强化了他们牺牲的价值意义。全剧除了表现了横刀立马的英雄气概，还表现了他们对亲情的眷恋、对故土的热爱、对和平的向往。与传统戏相比，剧中的杨家将更加血肉丰满，他们身上既有英雄的光芒，又有常人的情感，因而也更容易与现代人产生强烈的情感共鸣。

二、民族戏曲世界化

陈涌泉的戏剧创作体现出一种强烈的文化输出意识。他认为，在全球化时代，中国戏曲要以主动的姿态走向世界，在与人类一切优秀文明的交流碰撞中，得到检验与提升，实现民族戏曲世界化。这种宽广的国际视野，使陈涌泉很早就开始参与跨文化交流的探索与实践，由他创作的《程婴救孤》《阿Q与孔乙己》《王屋山的女人》多次参加国家和地区间的文化交流。特别是《程婴救孤》先是演遍港澳台地区，后赴意大利、法国演出，成为登陆欧洲的第一个大型豫剧剧目；两次赴美开展文化交流，并登上纽约百老汇舞台，而且完全按照百老汇的游戏规则，采用市场化的商业运作模式，开创了中国地方戏首登百老汇舞台的先河；戏曲电影《程婴救孤》荣获第十五届美国洛杉矶国际家庭电影节最佳外语音乐片奖，刷新了中国戏曲电影在该领域里的空白，成为中国戏曲走向世界的一张名片。

陈涌泉认为，中国的崛起必然伴随着中华文化的全面复兴，当前是中国戏曲走出去的最好时机，但中国戏曲走出去不能只局限于形式的展示，还必须站在全人类的高度输出中国文化中最有价值的思想和内容，成为人类和谐发展的重要思想源泉。程婴16年的育孤过程，如同《老人与海》中只身出海的老渔夫与大海84天的生死搏斗，如同《热爱生命》中独自跋涉在广袤荒原上的淘金者与饿狼比拼生命的极限，展示了人类无可战胜的刚毅与坚强。这种普世价值取向，犹如一支耀眼的火炬，使《程婴救孤》穿越了历史和国界，架起了中西文化沟通和互信的桥梁，成为外国人了解中国历史、中国文化和中国人的重要载体。

曾在台湾成功演出并入围第十六届上海国际艺术节的《王屋山的女人》，同样具有与人类一切优秀文明交流对话的品质。彩云作为一个普通的农村妇女，面对丈夫留下的巨额外债，她没有被眼前的困难所吓倒，而是像王屋山一样坚强地挺立起来，并向乡亲们郑重做出承诺："只要王屋山还在，绝不少大伙一分钱！"彩云代表的不仅是一个当代中国女性，更代表了中华民族的形象，她博大的胸怀、诚实的品质、坚韧的性格，不仅是中华民族的优秀品质，更是全人类共同追求的精神价值。在中国不断被一些别有用心的国家大肆丑化的今天，这种文化交流的深刻意义在于它向世界表明：中华民族是一个敢担当、负责任的民族，是一个有韧性、有

● 陈涌泉在河南省实验小学举办戏剧讲座

● 陈涌泉在中国戏曲学院讲座后与同学们合影

● 陈涌泉在母校河南师范大学做学术报告

作为的民族，中华民族不仅能凭借自身的文化传统完成自身的更新与提升，同时也一定会承担起维护人类和谐发展的道义。

三、戏剧观众青年化

陈涌泉的戏剧创作也体现出一种深刻的文化忧患意识。他认为，戏曲观众老化是戏曲危机的主要原因之一，戏曲能够健康发展的关键因素是要尽快改变戏曲观众结构，实现戏剧观众青年化。所以，他特别注重对戏曲观众的培养，尤其是具有一定文化层次的青年观众。早在1996年，陈涌泉就开始了戏曲观众青年化的尝试，他经常带领剧团到郑州大学等高校演出《阿Q与孔乙己》《婚姻大事》等作品，积极推进“戏曲进校园”的实践。2001年，他还策划实施了曲剧《阿Q与孔乙己》进校园“123”工程，即到100所大学演出200场，观众达到30万人次以上。实践证明，那些过去没有机会看戏的大学生，一旦接触到戏曲，他们不仅喜爱甚至还有一种相见恨晚的感受。这让陈涌泉对戏曲青年观众的培养更加充满信心。近年来，陈涌泉多次到中国戏曲学院、河南大学、河南师范大学、台湾大学等高校和国家大剧院作专题讲座，不遗余力地向青年学子们宣传普及戏曲文化知识。与此同时，他还不断邀请戏曲表演艺术家、戏曲理论家一同深入高校现身说法，引导大学生对民族戏曲的认知和接受。

陈涌泉之所以把戏曲观众青年化的重点放在高校，主要基于以下几方面的考虑：一是他坚信青年人不是不喜欢戏曲，而是他们没有机会接触戏曲。二是戏曲的传承需要有源源不断的从业人员，而高校是培养人才的摇篮。一场甚至几场演出如果能吸引一名大学生走上戏曲创作之路，对戏曲发展就功莫大焉。三是未来的决策者必定会从今天的在校大学生中产生，让他们及早地接触戏曲，培养他们对戏曲的感情，等他们走上工作岗位之后就会为戏曲的发展创设良好的环境。

四、戏剧生态平衡化

2008年底，陈涌泉接到组织部门调令，从河南省文化艺术研究院调到河南省剧协,任省剧协驻会副主席兼秘书长,主持省剧协的全面工作。对于一个剧作家而言,最宝贵的莫过于充足的时间、宁静的环境。可陈涌泉主持河南省剧协工作以后,他的创作环境被彻底改变,他面临更多的是创作之外的事情,他经常思考的是筹备赛事、组织活动、上通下达,以及来自方方面面和工作有关的各种事务,他从一个戏剧创作者变成了一个戏剧管理者。对此,陈涌泉曾明确表示:“如果我埋头创作,也许可以长成一棵大树,名利双收,但到剧协工作之后,我就给自己定了一个更大的目标,那就是要为河南戏剧发展营造出一片森林。”

陈涌泉的这种远见卓识,缘于他20年艰辛的创作经历,缘于他对复兴民族艺术所寄予的美好希望,也缘于他对戏剧人的理解与尊重。他知道,在当前这个欲望泛滥、诱惑不断的大环境下,一个戏剧人的坚守需要多么大的毅力,他们的成功更是需要百倍的付出。同时他更清晰地意识到,要想使一个泱泱大省的戏剧事业走向真正繁荣,不是一两个人所能完成的,它需要千百万人的共同努力。正是鉴于这种认识,陈涌泉希望能把河南省剧协这个平台真正办成全省广大戏剧工作者温馨的家园。从创办黄河戏剧节到提升黄河戏剧奖的透明度、信誉度和影响力,再到恢复已中断十年之久的《河南戏剧》杂志,从河南省剧协成立梅花奖艺术团,多次深入基层演出,到联合黄河流域十省市剧协成功举办首届黄河流域戏剧红梅奖大赛,促进黄河流域戏剧艺术的交流与合作……陈涌泉用他的实际行动,改善了河南戏剧的生存条件、发展环境,通过打造戏剧精品、推出戏剧新人,促进了河南戏剧生态的平衡化,使河南戏剧事业走向了良性快速发展之路。

尽管陈涌泉身处各种繁杂的事务之中,但他始终给自己定位为一个靠书写去表达情感的剧作家,一个靠艺术去为人民服务的文艺工作者,一个靠劳动而自食其力的普通人。就在不久前,他的新作《都市阳光》在河南公演,反响良好。陈涌泉在这部戏里又将主人公定位于普通老百姓——农民工,又一次体现了他创作中的“百姓情怀”;而主创团队在这部戏里加入了电声乐器、爵士鼓、街舞等新的元素,给人一种“新豫剧”的感觉,而这也正契合了陈涌泉创作之“戏曲观众青年化”的理念和思维导向。正值艺术创作盛年的陈涌泉,每天都孜孜不倦地追求着他所挚爱的戏剧艺术,相信陈涌泉还会有很多个不一样的“下一部”,我们热切期待着。

先锋性　引领性　识别性

——剧作家陈涌泉作品研讨会综述

贺宝林

2014 年 11 月 27 日，“河南省艺术名家推介工程——剧作家陈涌泉作品研讨会”在郑州召开。40 多位来自全国的专家学者参加了会议，围绕陈涌泉的创作思想、创新理念、创作经验和创作成果进行了深入研讨，并在多方面达成共识。

一、陈涌泉戏剧创作的特点

（一）敬畏传统经典

陈涌泉视传统经典为创作母体，不论是他的改编剧目还是原创剧目，都有深厚的传统经典作支撑。他在经典名著和经典小说改编方面都取得了突出的成就，创作出了属于这个时代的新的经典。中国剧协分党组书记、驻会副主席季国平认为，陈涌泉从成名作《阿 Q 与孔乙己》到国内外产生重大影响的《程婴救孤》，再到荣获曹禺剧本奖第一名的《朱安女士》，一直充满了挑战精神，但他挑战的前提是敬畏，不是肆意地颠覆。其价值远远超过了剧目自身，戏剧创作产生了巨大的激励和引领作用。中国戏曲学会会长薛若琳认为,陈涌泉对传统的敬畏表现在他正确的创作理念上,《程婴救孤》的成功创作是对解构颠覆古典名著的一种有力矫正。中国现代戏研究会会长姚欣认为,《程婴救孤》在张扬原著所蕴含的民族精神的同时,又在人性的崇高方面进行了深入开掘,对传统经典做了进一步的升华,是传统文化实现现代转换的成功范例。

(二)关注社会现实

关注现实生活是河南戏剧创作的优势,文化部艺术局原局长曲润海认为,陈涌泉继承了这一良好传统,并不断实现新突破。他的作品塑造出了有棱有角、有血有肉的现代人物形象,《王屋山的女人》中替夫还债的彩云,《天职》中全力支持丈夫工作的玉洁,都是这个时代的新人形象;同时他还关注那些被遗忘的小人物,如鲁迅寥寥几笔的吴妈,在他的笔下成了阿Q与孔乙己联系的桥梁;一生默默无闻的朱安,在他的笔下成了舞台上的主角。这些人物都是陈涌泉苦心孤诣发掘出来的,当然也是他所独有的。

(三)富有创新精神

创新是陈涌泉戏曲创作的灵魂,特别是他对经典名著的改编,能从"仰视""平视"到"俯视",勇于突破名著的局限。《中国戏剧》原主编姜志涛认为,《阿Q与孔乙己》想象丰富,手法大胆,把鲁迅两篇小说中的人物,放在同一时空、同一事件中,使得一贯以演传奇见长的戏曲,增加了思辨性、厚重感,引发的是沉甸甸的思考和无奈的感叹。文化部政策法规司原司长康式昭认为,陈涌泉具有"反潮流"思想,《程婴救孤》一反当时流行的解构主义和抽象人性论,继承发扬了原著所蕴含的民族精神,但他没有重复别人编织的情节,而是做出了新的贡献,程婴用生命将救孤进行到底,最后倒在屠岸贾的剑下,这一点在同类题材当中是唯一的,也是陈涌泉独特的贡献。

(四)充满现代理念

陈涌泉有胆识,更有实力,而且作品充满了现代理念,契合当代观众的审美需求。剧作家喻荣军认为,在《阿Q与孔乙己》中,陈涌泉把自己对阿Q和孔乙己的理解、认知和评判,巧妙地放入自己的套索之中,然后和观众直接进行沟通。他对人物的把握非常准确,对鲁迅的作品非常熟知和理解,几乎和鲁迅的作品融在了一起，既水乳交融又交相辉映，为观众走进名著、走近伟人打开了另一条捷径；《程婴救孤》直抵人性的深处，观众在欣赏这部戏时，隔着时间的废墟，历史走进他们的心里，他们可以和历史进行对话。《程婴救孤》不是一个历史剧，而是一个现实剧，只不过是披着历史的外衣在演给现代的观众。《赵氏孤儿》是一个经典，《程婴救孤》随着时间的流逝注定也会成为一个经典。

（五）追求文化意蕴

陈涌泉的戏剧创作除了具有较高的文学性，还具有深厚的文化意蕴。他将戏曲艺术的文化功能发挥到了极致，他创作的人物形象不仅具有极高的审美价值，而且还有巨大的认知价值，达到了历史与逻辑、美学与人学的统一。季国平认为，陈涌泉立足传统又紧扣时代脉搏，不仅高扬民族的精神火炬，还传递出可供人类接受的价值观念，他的成功经验表明只有站在中国优秀传统文化基础上才能走向世界，传统文化是出发的母港。河南师范大学文学院教授郭运恒认为，陈涌泉以历史作为现代的参照，从历史的纵深来揭示人性的深刻和丰富，重新梳理出中华民族亘古不变的民族精神，并将这种精神转化为当下民族的思想动力。河南省文化艺术研究院贺宝林认为，陈涌泉的《阿Q与孔乙己》是站在世纪之末回望历史，《程婴救孤》是立在世纪之初瞻望未来，《朱安女士》是对传统文化的反思，《都市阳光》则是对民族人格的重塑，他不仅密切地关注现实，而且还走进了历史的深处，始终与时代同步，与历史并行。

（六）注重艺术本体

陈涌泉具有高超的编剧技巧，了解舞台演出的规律和不同戏曲行当的表演特点，并且熟知不同剧种的艺术特质和剧种生存的文化土壤，因此他创作的剧本具备舞台演出的一切要素。中国文艺评论家协会副主席毛时安认为，陈涌泉注重戏剧性、舞台性与文学性的融合，他创作的剧本都能让演员的唱、念、做、打得到全面的展示，同时他的剧本又有着强烈的文学性，对人物内心的刻画极其细腻丰富，情节细节的流动和人物性格的发展，始终保持着同步的可能性，实现了舞台性和文学性的完美结合。河南省文艺评论家协会副主席刘景亮认为，陈涌泉能把人物的情感逻辑、性格逻辑和生活逻辑兼顾起来，对戏剧对立元素有独到的把握，具有极高的艺术含量。作曲家赵国安认为，陈涌泉注重剧种特色，善于发挥剧种优势，唱词既符合剧种的格律，又能在里面加入现代审美元素，如将长短句穿插到里面，为后来所有的二度创作打下了坚实的基础。中国戏曲学院戏文系主任谢柏梁认为，陈涌泉坚持为演员写戏、为剧团写戏、为剧种写戏，继承了以剧作家为主体的戏曲创作传统。

二、陈涌泉对当代戏剧的贡献

（一）传统戏曲现代化

陈涌泉对戏曲传统有着理性的审视。他尊重传统而又不拘泥于传统，在继承传统精华的基础上，赋予它崭新的时代意义，在更高的形态上完成现代转换，实现传统戏曲现代化。戏剧理论评论家王安葵认为，陈涌泉解决了传统文化和传统道德、传统道德与新道德之间的矛盾，是真正的创造性继承和创新性发展。如《程婴救孤》削弱愚忠复仇等负面因素，保留原著中担当诚信等积极因素；山东梆子《两狼山上》削弱忠奸斗争的主题，突出爱国和忠贞的精神；《朱安女士》写出了鲁迅与朱安婚姻悲剧的必然性，将戏剧创作引向了对悠久历史传统文化和五四新文化进行更深刻的反思，体现出了历史的复杂性、深刻性。作家田中禾认为，陈涌泉在创作观念上解决了写作的立场问题和作品的价值观问题，站在人生的立场上去写作，为表达生命的真实情感去写作，立足于戏剧文学的本质去写作；在艺术实践上，解决了自觉追求文学性与大众审美之间的矛盾，体现出一种强烈的文学忧患意识、批判思想和创新精神。

（二）民族戏曲世界化

陈涌泉具有强烈的文化输出意识，多部作品参与了国家和地区间的文化交流。他认为，在全球化时代，中国戏曲必须以更加主动的姿态走向世界，在与人类一切优秀文明的交流碰撞中得到检验和提升，实现民族戏曲世界化。导演李杰认为，从现代传播学的角度去看陈涌泉的作品，它至少有三个特征：一是可传播性，二是可推广性，三是可继承性。他的作品能选入大学教材，能在大学生中流传，能够向国外传播，就是这三个特征很好的体现。贺宝林认为，《程婴救孤》具备与人类一切文明交流对话的品质，在历史与艺术之间，具备丰富的文化内涵，传达出热爱和平、追求正义、忍辱负重、舍生取义的历史精神，架起了中西方文化沟通互信的桥梁；在传统

“河南省艺术名家推介工程——剧作家陈涌泉作品研讨会”现场

与现代之间，着重突出人的主体价值，彰显出生命的巨大能量，表现了对生命的崇高礼赞；在民族与世界之间，营造了一种和谐交融的文化空间，使外国观众由对异域文化的猎奇上升到真正的平等对话，从而站到了中华文明与人类文明交流的前沿。

（三）戏剧观众青年化

陈涌泉具有强烈的戏曲忧患意识。他坚信观众是戏曲的上帝，戏曲观众的老龄化是戏曲危机的主要原因之一，要想使戏曲健康地发展，关键的因素是要尽快改变戏曲观众的结构，从创作剧本之初，就有意识观照青年观众的审美期待，实现戏曲观众青年化。陈涌泉 20 年前就开始有意识地带领剧团到高校演出，并多次到高校开展戏曲专题讲座，不遗余力地向青年学子们宣传普及戏曲文化。他认为，既能让喜欢传统的观众看后耳目一新，又能使青年观众产生惊艳和相见恨晚的效果，才是一部优秀戏曲作品应该达到的境界。正是基于这种理念，陈涌泉将戏曲创新融入戏曲创作和推广之中，不仅让青年观众能够近距离地接触感受戏曲，还为戏曲培养出有较高文化素养的观众群体和潜在的创作人员，为戏曲的发展注入新生力量。

（四）戏剧生态平衡化

陈涌泉不仅是一位优秀的剧作家，还是一位出色的戏剧管理者。他担任河南省戏剧家协会驻会副主席兼秘书长以来，改善河南戏剧生存条件，优化河南戏剧发展环境，打造戏剧精品，推出戏剧新人，促进河南戏剧生态平衡化。河南文艺评论家协会名誉主席王洪应认为，陈涌泉具有开阔的视野、宽广的胸襟和甘当人梯的精神。他上任之后，完善"黄河戏剧奖"各种奖项；恢复中断10年的《河南戏剧》；组织梅花奖艺术团深入基层演出；联合黄河流域十省市剧协举办首届黄河流域戏剧红梅奖大赛；连续举办河南省红梅奖大赛、河南省戏曲小梅花大赛；积极组织推荐戏剧作品及艺术家、剧作家、评论家参加中国戏剧奖优秀剧目奖、梅花表演奖、曹禺剧本奖、理论评论奖等的评选。让久居幕后的主创人员得到了应有的尊重，让年轻的主创人员拥有了施展才华的平台，让戏曲的幼苗在关怀呵护中茁壮成长，实现了戏剧生态的平衡化发展。他之所以这样做，正如他自己所说，他是河南戏剧的一棵树，但他更希望河南戏剧能长出一片森林。

三、陈涌泉在当代剧作家中的地位

(一)新世纪河南戏剧的先行者

陈涌泉从20世纪90年代投身于戏剧创作，他的作品为世纪之交一直处于艰难徘徊之中的河南戏剧吹进一股清新之风，一改河南戏剧"粗俗浅陋"的弊端，并实现了河南戏剧在新世纪的重大突破。毛时安认为，《程婴救孤》是新世纪河南戏剧的一声春雷，河南戏剧从此异军突起，标志着河南戏剧吹响了进军全国乃至世界的冲锋号。可以说，河南崛起是文化先行，而文化先行是豫剧先行，豫剧先行又是《程婴救孤》先行，《程婴救孤》先行就是陈涌泉先行。戏剧评论家徐培成认为，陈涌泉的戏剧创作传承了中原文化基因，体现出一种高度的文化自信和文化自尊，强调把道德从金钱中解脱出来，把情义从利益中解脱出来，从而使他的戏剧创作具有了更深刻的文化内涵。陈涌泉是在用戏曲讲述中国的故事，阐述中国的精神，喊出了中国的声音，他的创作之路和创作经验，对培养中青年艺术家和剧作家都有引领和示范作用。

(二)全国青年剧作家的领军人物

陈涌泉是中原剧作家群中的杰出代表，他的影响早已超出了河南，正在辐射

● 陈涌泉与著名剧作家杨兰春亲切交谈

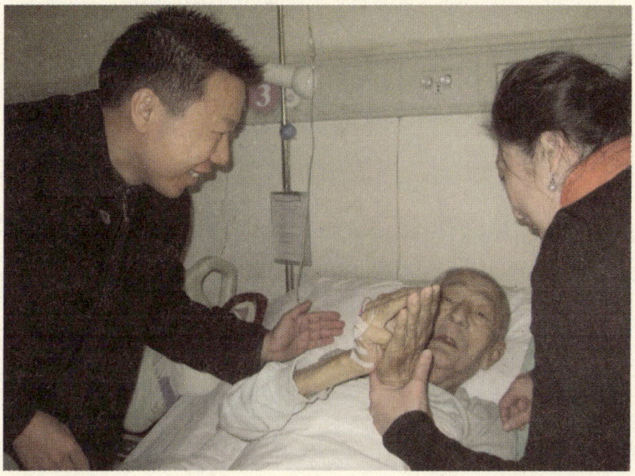

● 陈涌泉到医院看望病中的杨兰春老师

● 杨兰春先生去世后，陈涌泉陪同贺敬之看望其夫人

到全国，成为全国青年剧作家的领军人物。中国剧协副主席罗怀臻认为，他的创作成就及在当代剧作家中的地位应该放在三个维度来考量：

第一个维度是中原剧作家群。在这个群体中，陈涌泉具有先锋性。和其他剧作家相比，陈涌泉有着自觉和强烈的现代文学意识，并把这种意识输入到地方戏创作之中，因而他的作品更具有现代文学气质。《阿 Q 与孔乙己》在经典名著与通俗戏曲、传统艺术与现代观念之间开辟了一条新路。《朱安女士》在第二十届曹禺戏剧文学奖评选中唯一获得全票，评委们都没看过演出，正是看重了剧本的文学性。这是陈涌泉对中原剧作家群做出的不可替代的特殊贡献，同时也是他的创作优势。当先锋性成为陈涌泉的显著特征时，他又向传统戏剧文学回归，这种回归不是向上世纪杨兰春、吴祖光、田汉时代的回归，甚至也不是向昆曲、京剧、明清传奇回归，而是向宋元杂剧的回归。宋元杂剧中中原人的大义担当、民族风骨，成就了《程婴救孤》所张扬的民族精神。

第二个维度是当代中国青年剧作家群。在这个群体中，陈涌泉具有引领性。他是全国青年剧作家研修班班长，他的艺术成就、艺术理念、合作意识、大局意识，使他在这个群中说话掷地有声。如果说全国 50 岁以下的剧作家谁是领军人物，毫无争议就是陈涌泉。

第三个维度是新时期以来全国优秀剧作家群。在这个群体中，陈涌泉具有识别性。陈涌泉的创作成就不逊于新时期以来任何一个剧作家。从《程婴救孤》《朱安女士》《阿 Q 与孔乙己》到《两狼山上》《天职》《都市阳光》等，可以看出陈涌泉是两条腿走路，一条是古典戏曲文学的传统，一条是现代文学的意识，然后创作出两个序列的作品，并且作品在不断地增加，不断产生新的高度。陈涌泉的戏剧创作具有扎实的传统功底、鲜明的地域特色、强烈的时代意识和独特的个人气质，他的风格是别人不可代替的。

陈涌泉在最后的答谢词中表示，感谢河南这片厚重的文化沃土，感谢关心支持他的领导和老师，感谢在他戏剧创作道路上曾经的合作伙伴。他会一如既往，再接再厉，创作出更多更好的作品，奉献给生他养他的这片土地，奉献给这个充满希望的伟大时代，奉献给千千万万可亲可爱的观众！

陈涌泉创作年表

1967 年

10 月 23 日出生于河南省唐河县张店镇陈岗村。

1974 年

9 月入陈岗小学。

1981 年

因赶上农村合校，开始辗转于刘庄、王营、同乐三个村办初中之间。

1984 年

3 月，连续当选张店镇、唐河县、南阳地区"三好学生"代表。

8 月，以优异成绩考入南阳地区重点高中唐河一高。

1985 年

3 月，再次当选县"三好学生"代表。

3 月，课余时间开始参与学生文学活动，曾到县文化馆聆听著名作家田中禾先生的文学讲座。

● 陈涌泉高中时期照片

1986 年

5 月，在许照华、李文泉老师指导下，创办唐河一高竹林文学社，任首任社长，编辑出版油印社刊《竹林》。

1987 年

2 月，在《作文与指导》报发表处女作《慈父的心哟》。

5 月，因品学兼优，被保送到河南师范大学中文系。

8 月，入河南师范大学即开始参加校潮兴文学社活动。此后四年大学期间，相继在各类报刊发表小说、诗歌、散文、报告文学、杂文、新闻、论文等各种文体的作品近百篇（首），多次获奖，另创作电视剧本、电视专题片文本各一部。

10 月，在中文系迎新晚会上，与吴革宇同学演唱豫剧《朝阳沟》。

1988 年

4 月至 6 月，受命课余时间创作电视剧本《细雨无声》。

9 月，担任校团委《团讯》编辑。

10 月，担任河南师范大学广播站站长。

11 月，在系领导，特别是彭功智、潘万辉夫妇的关心下，创办河南师范大学中文系系刊《跋涉》，任主编。后创办中文系跋涉文学社。

1989 年

1 月，担任《河南师大报》编辑。

3 月，在校团委支持下，与薄学斌、冯兴阁、刘肖、赵武平同学联合创办河南师大华青通讯社，被誉为“华青五虎”。

4 月，加入新乡市作家协会。

小说《合作》获首届全国青少年“黄山杯”习作大奖赛佳作奖，并收入安徽文艺出版社出版的获奖作品集。

10 月，担任中文系学生会主席。

1990 年

1 月，杂文《“读书无用论”新注》获 1989 年度河南省高校好新闻一等奖。

3 月，因创作成绩显著，荣获新乡市文联颁发的年度文艺创作三等奖。

4 月，到郑州聆听碧野、马识途、杨沫、柯岩等著名作家、诗人报告会，并获得杨沫、柯岩给《跋涉》的题词。

5 月，小说《映山红哟，映山红》、报告文学《共产党人的光辉典范》同获由河南省教育委员会、共青团河南省委、河南省文化厅、河南省体委、河南省文联、河南日报社共同举办的河南省大学生艺术节“看今朝”征文比赛二等奖。

10 月，被河南省委宣传部、河南省教育委员会、共青团河南省委评为社会实践先进个人，报告文学《魂系千里大别山》获“求知于工农，奉献于社会”主题征文二等奖。

1991 年

4 月，担任电视专题片《美好的开端》撰稿。

6 月 10 日，放弃学校分配指标，自主到省文化厅联系工作，经人事处秦曙光推荐，到省曲剧团任编剧。

9 月，创作大型现代戏《慈母情》，该剧后被改编为广播剧在河南人民广播电台播出。

11 月，受委派回家乡唐河县体验生活，创作大型现代戏剧本《“倒霉二叔”的心事》。

1992 年

1 月,《"倒霉二叔"的心事》脱稿,返郑州。

5 月,创作大型现代戏剧本《情暖人间》。

11 月,开始在《河南商报》短暂兼职,编辑月末版,采访著名作家周大新等。

1993 年

2 月,结束在《河南商报》兼职。

5 月,创作小戏《阿 Q 梦》。

6 月,改编折子戏《包公钓鱼》《蒯彻装疯》《哭剑》。

7 月,小戏《阿 Q 梦》荣获首届曲剧演员电视大赛金奖。

10 月,创作的小品《小秘书与大老板》荣获河南省相声小品电视大赛三等奖。

12 月,因剧团生活难以为继,开始在《青年导报》担任兼职编辑。

1994 年

4 月,在《河南幼教》第二期发表小儿童剧《小猴儿过桥》。

4 月,《阿 Q 梦》获首届全国豫剧名丑大赛展演特别奖。

6 月,参与创作《李豁子离婚记》。

12 月,《李豁子离婚记》荣获第五届河南省戏剧大赛铜奖、编剧奖。

1995 年

2 月,开始创作《阿 Q 与孔乙己》剧本。

3 月,获河南省好新闻编辑一等奖。

多次为《梨园春》撰稿。

1996 年

3 月,加入河南省戏剧家协会。

4 月,《阿 Q 与孔乙己》获 1995 年度河南省新剧本奖。

5 月,小品《小秘书与大老板》在《河南戏剧》发表。

7 月 9 日,《阿 Q 与孔乙己》公演。

8 月,《阿 Q 与孔乙己》参加河南省第六届戏剧大赛,获金奖第一名、优秀剧本奖第一名。

9 月 23 日、24 日,《阿 Q 与孔乙己》进郑州大学连演两场并召开座谈会,引起广大师生强烈反响。

10 月 5 日,《阿 Q 与孔乙己》参加第三届中国戏曲“金三角”交流演出,获剧目奖、编剧奖。18 日,赴南阳采访二月河。

小戏、小品《丈母娘与小女婿》《家乡喜讯》等相继在《梨园春》播出。

1997 年

1 月,到卫辉体验生活,采访吴金印,创作剧本《太行公仆》。

5 月,《阿 Q 与孔乙己》剧本在《河南戏剧》发表。

7 月,在河南省创作会议上作报告《艺术贵创新》,谈《阿 Q 与孔乙己》的创作体会。

8 月,方城县豫剧团排演《太行公仆》,参加南阳市戏剧大赛,获特别奖。

12 月,《太行公仆》获河南省新剧本奖。

12 月,《阿 Q 与孔乙己》获 1996 年度河南省“五个一工程”奖。

1998 年

3 月,创作新编历史剧剧本《金瓯记》。

8 月,应山西电视台邀请,与作家焦景周赴山西吕梁山采风,并采访老作家马烽、西戎,着手创作电视连续剧剧本《吕梁英雄传》。

9 月至 11 月,创作电视连续剧剧本《吕梁英雄传》。

1999 年

4 月至 6 月在中国艺术研究院第六届全国重点编剧培训班学习。

7 月,借调河南省文化厅艺术处工作。

12 月,出席河南省第三次青年文艺创作代表大会。

12 月,加入中国戏剧文学学会。

2000 年

3 月,《黄河十八弯》获河南省新剧本奖。

6 月,《金瓯记》获首届中国戏剧文学奖创新奖,到太原出席颁奖活动。

10 月,结束在省文化厅艺术处的借调,回河南省曲剧团任团长助理。

11 月 23 日,《黄河十八弯》参加河南省第八届戏剧大赛,获金奖、优秀剧本奖。

● 著名戏剧家刘厚生先生观看《阿 Q 与孔乙己》前题词留念

2001 年

1 月，《黄河十八弯》获河南省“五个一工程”奖。

4 月，任河南省曲剧团副团长。

5 月，在《剧本》杂志第 5 期发表《黄河十八弯》剧本。

6 月，出席河南省第五次文代会。

7 月，受命突击创作《黄河汉子》。

9 月 24 日、25 日，《阿 Q 与孔乙己》应文化部艺术司、北京鲁迅博物馆邀请进京演出，并在文化部召开专家座谈会。27 日，在北京老舍茶馆参加中央人民广播电台“空中大舞台”录制《阿 Q 与孔乙己》专场。

10 月 27 日、28 日，中央人民广播电台播放《阿 Q 与孔乙己》。

2002 年

1 月，应李树建邀请开始创作《程婴救孤》剧本。

1 月，担任河南电视台文体频道《戏苑群英会》栏目首播撰稿，撰写《余音绕梁融古今——曲剧作曲家潘永长的创作风格》。

1 月，《金瓯记》获省剧本征集入选奖。

●《阿Q与孔乙己》应邀赴京演出时,陈涌泉与著名戏剧家郭汉城夫妇合影

2月,在《剧本》杂志第2期发表《阿Q与孔乙己》剧本。

4月,创作《婚姻大事》剧本。

6月,《阿Q与孔乙己》二次进京演出,演员杨帅学冲刺梅花奖,中央电视台录像后多次播放。

7月,河南省曲剧团排练《婚姻大事》。

8月,《程婴救孤》在郑州上街会堂首演,反响热烈。

10月,《程婴救孤》《婚姻大事》同时获得河南省第九届戏剧大赛金奖,其中《程婴救孤》获编剧奖。

11月,《阿Q与孔乙己》获第十五届中国曹禺戏剧奖·剧本提名奖。

12月,《婚姻大事》剧本在《东方艺术》发表。

2003年

3月,应邀为宁波市艺术剧院甬剧团创作《朱安女士》。

4月,《阿Q与孔乙己》《程婴救孤》同时入选"2003长安·河南戏曲节",这是《阿Q与孔乙己》第三次、《程婴救孤》首次进京演出。

4月,被河南省文化厅抽调参与"2003长安·河南戏曲节"组织工作,非典期间与杨丽萍副厅长等坚守北京。

8 月,《阿 Q 与孔乙己》获河南省第三届文学艺术优秀成果大奖,个人青年鼓励奖。

11 月,《婚姻大事》获第十一届中国人口文化奖金奖、最佳编剧奖。

12 月,《程婴救孤》二次进京,在政协礼堂演出,在中国艺术研究院召开研讨会,王文章、刘厚生、曲润海等众多领导、专家参会。

2004 年

2 月,《婚姻大事》获第六届河南省“五个一工程”奖。

3 月,与郑彦英、王仁海分别代表戏剧、文学、影视领域参加中宣部、中组部、中央党校联合举办的全国文艺创作骨干“三项学习教育”培训班。

4 月,调任河南省豫剧三团副团长。

5 月,《程婴救孤》取得了第七届中国艺术节的入场券。

5 月,应邀参与创作长篇电视连续剧剧本《咱们村的年轻人》。

6 月、7 月与贾璐合作创作《常香玉》剧本。

9 月,《程婴救孤》获第十一届文华大奖第一名,第七届中国艺术节“观众最喜爱的剧目”第一名,并夺得剧作奖、导演奖、舞美奖、表演奖等 5 个单项奖,实现河南零的突破。

10 月,《婚姻大事》被文化部评选为向全国基层剧团推荐的优秀剧目,剧本入选《国家舞台艺术优秀剧目集》。

2005 年

1 月 11 日,《程婴救孤》于上海逸夫剧院演出,李树建获“白玉兰”主角奖。

1 月,河南省人民政府召开隆重表彰大会,重奖《程婴救孤》荣获文华大奖,个人被记二等功。

2 月,《程婴救孤》获黄河戏剧大奖。

4 月,电视连续剧《咱们村的年轻人》在央视一套“经典剧场”播出。

5 月,调河南省艺术研究院。

6 月,被评为河南省“文化先锋”。

9 月,应河南电影制片厂邀请创作电影剧本《八月桂花遍地开》。

陈涌泉与李树建、孟祥礼、石振虎在2004—2005年度国家舞台艺术精品工程十大精品剧目颁奖典礼前合影

10月,创作现代戏《当代孝子》。

10月,《程婴救孤》获第四届中国民族文化博览会戏剧金奖、优秀编剧奖。

11月,《程婴救孤》获2004—2005年度国家舞台艺术精品工程十大精品剧目榜首。

12月,《风雨故园》由河南省豫剧三团立上舞台。

12月,应河南电台戏曲广播主持人张彤邀请录制专题《戏曲之美、别样人生——青年剧作家陈涌泉访谈录》,播出后该专题接连获得河南省广播文艺播音主持作品一等奖、中国播音主持"金话筒奖"。

12月,《程婴救孤》剧本在《东方艺术》发表。

12月,应李金枝邀请改编剧本《傲雪红梅》(排演时易名《江姐》)。

12月31日,河南省政府在郑州为《程婴救孤》召开了庆功座谈会。

2006年

1月9日,2004—2005年度国家舞台艺术精品工程十大精品剧目颁奖仪式在北京长安大戏院隆重举行,《程婴救孤》应邀在颁奖晚会演出。

1月,《风雨故园》剧本在《剧本》杂志第1期发表。

1月,《程婴救孤》获第七届河南省“五个一工程”特别奖;电视连续剧《咱们村的年轻人》获优秀作品奖。

3月至5月,在河南省委党校第十五期高级专家培训班学习。

3月,《程婴救孤》获“河南省知名文化产品”称号。

4月,《程婴救孤》应邀赴深圳担纲文博会艺术节首场演出。

5月,《程婴救孤》应北京大学邀请,前往北大百年纪念讲堂为北大师生演出。《程婴救孤》拉开全国巡演的序幕,先后赴成都、宁波、天津、武汉、长沙、广州、深圳、杭州、宁波、嘉兴、菏泽等地进行演出。

6月,当选河南省第六次文代会代表。

7月,被河南省委、省政府授予“河南省优秀专家”称号。

9月,《风雨故园》剧本入选北京交通大学出版社出版的《大学语文》教材。

10月,《当代孝子》在河南人民会堂首演。

12月17日,《程婴救孤》进京在北京民族文化宫演出,慰问在京农民工。

12月,中央电视台戏曲频道“空中剧院”转播《程婴救孤》,接受著名主持人白燕升访谈。

12月,被评为一级编剧。

2007年

1月,被共青团河南省委等部门评为“首届河南省自主创新十大杰出青年”。

1月30日,《程婴救孤》应邀赴香港参加庆祝香港回归十周年庆典演出。

5月,被评为河南省学术技术带头人。

5月27日,《程婴救孤》应邀赴澳门参加第十八届澳门国际艺术节,外交部驻澳门特别行政区特派员公署特派员万永祥及应邀专程从香港来澳门的捷克、波兰、阿根廷、荷兰、印度、芬兰、委内瑞拉、沙特、南非、瑞典、土耳其、尼泊尔等国家驻香港领事馆领事观看了演出。

6月1日、2日,《程婴救孤》在台北演出,中国国民党荣誉主席连战亲切会见演职员。

7月,为许昌市越调剧团改编《无佞府》。

8月,被评为河南宣传文化系统“四个一批”人才。

● 陈涌泉在井冈山参加“四个一批”人才学习，与同期的李金枝、肖秀莲、刘晓燕合影

8 月，创作戏曲电影《程婴救孤》剧本。

9 月 3 日，出席河南省戏剧家协会第六次代表大会，当选第六届主席团副主席。

9 月，《程婴救孤》获第十届中宣部“五个一工程”优秀作品奖。

9 月，在京西宾馆出席中宣部“五个一工程”奖获奖代表座谈会。

9 月，参加中央电视台中宣部“五个一工程”奖颁奖晚会。

9 月，《程婴救孤》在北京民族文化宫参加中宣部“五个一工程”优秀作品奖展演。

9 月，《风雨故园》获第三届黄河戏剧奖创新奖。

9 月，《无佞府》获第三届黄河戏剧奖优秀奖。

10 月，《风雨故园》获第五届中国戏剧文学奖金奖。

11 月，《程婴救孤》走进郑州大学，开展国家舞台艺术精品进校园全国公益巡演，并与郑大学子座谈交流。

12 月 7 日，应邀到河南大学作《古典名剧的现代转换》讲座。

2008 年

3 月，《程婴救孤》拍摄戏曲电影。

4 月，应邀为商丘市豫剧院创作《李香君》剧本。

5 月下旬至 6 月上旬，《程婴救孤》赴意大利、法国成功演出。

7 月 10 日、11 日，《程婴救孤》赴京演出，参加 2008 年北京奥运会重大文化活动。

7 月 24 日，河南省委宣传部、省委政研室、省文化厅、省文联等相关部门举办“《程婴救孤》欧洲行成果研讨会”。与会的专家、学者高度赞扬了该剧赴欧演出是一次具有里程碑意义的文化交流活动。

8 月，参与创作《台北知府》。

9 月，回母校河南师范大学文学院为 600 余名师生做了题为“戏剧视野里的名著改编热——从鲁著改编热到赵氏孤儿年”的学术报告。

9 月 27 日，《程婴救孤》参加第十届亚洲艺术节演出。

10 月，戏曲《当代孝子》《无佞府》，电影《八月桂花遍地开》(署名文学统筹)同获第八届河南省“五个一工程”奖。

11 月，《李香君》由商丘市豫剧院首演。

11 月，在河南省第十一届戏剧大赛上，《李香君》《台北知府》《无佞府》分获河南文华大奖、河南文华剧目奖、河南文华演出奖。

12 月，调河南省文联，任河南省戏剧家协会驻会副主席、秘书长。

12 月，改编《唐王家事》剧本(排演后易名《贞观家事》，即新版《三哭殿》)。

12 月 27 日，《程婴救孤》获 中国戏曲学会奖。

2009 年

1 月，明星版贺岁剧《贞观家事》上演。

2 月，增补为河南省文联委员。

3 月，应无锡市锡剧院邀请创作现代戏《城市的星空》剧本。

8 月，《程婴救孤》剧本入选高等教育出版社出版的《大学语文》教材。

8 月，戏曲电影《程婴救孤》《八月桂花遍地开》同获第五届河南省文学艺术优秀成果奖。

8 月 29 日，戏曲电影《程婴救孤》获第十三届中国电影华表奖。

10 月，戏曲电影《程婴救孤》获第二十七届中国电影金鸡奖提名奖。

● “涌泉相报——献给母校的歌”陈涌泉作品演唱会在河南师范大学演出，校党委副书记王海旺、副校长孙先科等领导与参演艺术家合影

10月，《城市的星空》由无锡市锡剧团首演。

11月，戏曲电影艺术片《程婴救孤》获第二十七届中国电影金鸡奖最佳戏曲片提名。

11月，感恩节，在母校河南师范大学举办“涌泉相报——献给母校的歌”陈涌泉作品演唱会，李树建、汪荃珍、贾文龙、杨帅学、刘晓燕、邱全福、李亚军、秦芳新、刘青等艺术家同台演出，中国戏剧家协会、中国戏剧文学学会分别发来贺电。

11月，被聘为河南师范大学兼职教授。

12月，被国家人力资源和社会保障部等部门评为新世纪百千万人才工程国家级人选。

2010年

3月，被评为国务院特殊津贴专家。

3月,《程婴救孤》获第十五届美国洛杉矶国际家庭电影节最佳外语音乐片奖。

5月,《阿Q与孔乙己》赴台湾演出。

6月20日,应邀到国家大剧院作《漫谈豫剧艺术》讲座。

6月,出席中国戏剧家协会第七次代表大会,当选中国戏剧家协会理事。

7月,应邀担任唐河县豫剧团现代戏《歧路冷雨》艺术指导。

9月,提升黄河戏剧奖评奖水准,创办黄河戏剧节。

11月25日,在中国戏曲学院出席第二届海峡两岸全国戏曲编剧高峰论坛,发言题目"戏曲如何实施走出去战略"。

12月9日,出席河南省荣获全国性文艺新闻出版大奖表彰大会。

12月,创作《阿Q与孔乙己》戏曲电影剧本。

2011年

1月,《程婴救孤》赴美演出,在洛杉矶视觉艺术中心、帕萨迪纳大学演出。

2月,应邀创作豫剧《天职》。

3月,应邀为郑州市文化广电新闻出版局创作现代戏《都市阳光》剧本。

3月,策划组织"爱在春天里"慈善晚会,为南阳市曲剧团演员、白血病患者黄玉募捐。

5月,李树建以《程婴救孤》在太原摘得"二度梅"。

6月,应邀为泰安市山东梆子剧院创作历史剧《两狼山上》剧本。

6月,被推举为黄河流域戏剧联盟主席团主席。

9月23日,《程婴救孤》赴厦门为国际剧代会演出。

10月6日、7日,《程婴救孤》在国家大剧院上演。

10月,参加中国戏剧家协会、上海戏剧学院共同举办的首期全国青年剧作家高级研修班,任班长。

11月,被上海市剧本创作中心聘为特约剧作家。

11月,出席中国文学艺术界联合会第九次全国代表大会。

12月,《天职》获第九届河南省"五个一工程"奖。

2012年

2月,当选河南人民对外友好协会理事。

● 在中国文联第九次文代会戏剧界联谊会上陈涌泉与中国文联副主席彭丽媛合影

● 在中国文联第九次文代会戏剧界联谊会上陈涌泉与中国文联党组书记赵实合影

● 陈涌泉担任国家舞台艺术基金资助剧目《老汤》验收评委时与河南省委常委、宣传部长赵素萍合影

2 月，协助中国戏剧家协会主办“戏剧与中原经济区建设高峰论坛”。

4 月，应邀加盟济源市戏曲艺术中心现代戏《王屋山的女人》创作。

5 月，为李树建专场晚会“根深叶茂树参天”创作主题诗《你是一棵树》，由著名影视表演艺术家刘劲朗诵。

5 月，担任戏曲电影《尘封的军功章》艺术总监。

7 月，《丹水情深》参加第四届全国少数民族文艺会演，荣获创作金奖、最佳编剧奖。

7 月，应邀到中国戏曲学院作《寻找那颗最亮的星》讲座。

9 月，《朱安女士》获第四届中国戏剧奖·曹禺剧本奖。

9 月，《王屋山的女人》获第五届黄河戏剧大奖、编剧奖。

9 月，《丹水情深》获第五届黄河戏剧金奖。

9 月，戏曲电影《阿 Q 与孔乙己》公映。

9 月，开始为河南师范大学文学院戏剧影视文学专业学生讲剧本写作课。

12 月 19 日，《程婴救孤》在北京梅兰芳大剧院参与全国地方戏精粹展演。

12 月，当选中国戏剧文学学会副会长。

2013 年

2 月 15 日至 25 日，《程婴救孤》二次赴美演出，成功登上百老汇舞台。

2 月，在美参加“豫剧与美国戏剧研讨会”，发表题为“《程婴救孤》与普世价值”的演讲。

4 月，《天职》获第八届全国戏剧文化奖剧本金奖等多项大奖。

5 月， 参加国家人力资源和社会保障部在井冈山举办的新世纪百千万人才国家级人选培训班。

5 月，《王屋山的女人》参加中国戏剧梅花奖大赛，主演刘雯卉获得梅花奖。

6 月，戏曲电影《天职》开拍。

9 月，《天职》获河南省第三届县（区）级暨民营文艺院团戏剧大赛河南文华剧目一等奖、河南文华剧作奖榜首。

10 月，《两狼山上》参加第十届中国艺术节，获文华优秀剧目奖。

10 月，《王屋山的女人》赴台，在台湾树德科技大学演出。

中国剧协分党组书记、驻会副主席季国平向陈涌泉颁发第二十一届曹禺剧本奖评委聘书

11月，赴台参加两岸新锐戏曲编剧研讨会，在台北大学作《从仰视、平视到俯视——名著改编"三步法"》报告。

12月，出席河南省第七次文代会。

12月，应邀为驻马店戏曲艺术中心创作新编历史剧《陈蕃》。

2014年

1月，戏曲电影《天职》公映。

3月至4月中旬，在中国文联第四期全国中青年文艺人才高级研修班学习。

4月，上旬担任第三届中国豫剧节评委，下旬赴浙江大学参加省委宣传部"四个一批"人才培训班。

5月，当选河南省文艺志愿者协会副主席。

5月，担任河南省第十届"五个一工程"奖广播剧组评委。

5月，《王屋山的女人》、戏曲电影《天职》同获河南省第十届"五个一工程"奖。

5月，创作新编历史剧《陈蕃》。

7月，《程婴救孤》第十次进京演出，参加"河南省优秀舞台剧目北京展演月"。

8月，《陈蕃》公演。

● “涌泉相报——剧作家陈涌泉戏剧作品专场晚会”上，王全书、蒋笃运、李志斌、张程锋、季国平、白建国、张秉义等领导与全体艺术家合影

相 报

● “涌泉相报——剧作家陈涌泉戏剧作品专场晚会”上，儿子给父亲陈涌泉献花

9 月，担任第二十一届曹禺剧本奖评委。

10 月，《王屋山的女人》参加第十六届上海国际艺术节。

10 月，《陈蕃》获河南省文华大奖、文华剧作奖。

10 月，《程婴救孤》应邀赴江苏泰州参加梅兰芳诞辰 120 周年纪念演出。

11 月，《都市阳光》公演。

11 月，由河南省文化厅主办的“河南省艺术名家推介工程”推出剧作家陈涌泉；26 日，在河南电视台《梨园春》举办“涌泉相报——剧作家陈涌泉戏剧作品专场晚会”；27 日，在郑州举办陈涌泉作品研讨会。

12 月，新版《风雨故园》公演。

2015 年

1 月，“许昌杯”第六届黄河戏剧节在许昌举办。

2015年8月29日，陈涌泉与河南省文化厅副厅长康洁、中国驻泰国大使馆文化参赞陈疆在《程婴救孤》赴泰国演出结束后合影

2015年9月2日，巴基斯坦文化遗产部常务副部长与陈涌泉和《程婴救孤》主演李树建在《程婴救孤》赴巴基斯坦演出结束后合影

2015 年 9 月 15 日，陈涌泉荣获第四届全国中青年德艺双馨文艺工作者称号，与河南省文联主席杨杰等在北京人民大会堂颁奖现场合影

2 月，《都市阳光》获第六届黄河戏剧节金奖。

3 月，“涌泉相报——剧作家陈涌泉戏剧作品专场晚会”在《梨园春》播出。

3 月，创作沪剧《上海往事》。

5 月，《陈蕃》应中国戏剧家协会邀请赴京演出。

5 月，参加全国首届青年戏剧创作会议。

7 月，参加中国戏剧家协会第八次代表大会并当选新一届理事。

8 月，《程婴救孤》赴泰国演出。

9 月，《程婴救孤》赴巴基斯坦演出。

9 月，荣获第四届全国中青年德艺双馨文艺工作者称号。